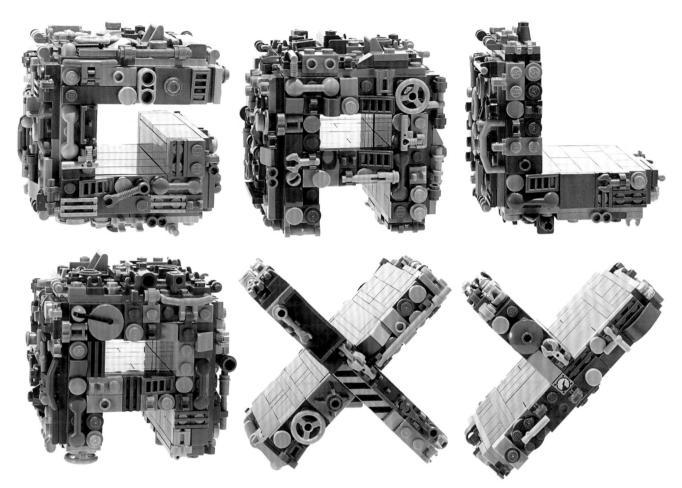

乐高大师　星际科幻

[德]尤阿希姆·克朗　[德]奥利弗·阿尔布莱希特　[德]鲁茨·乌曼　[德]蒂姆·比朔夫　著

中国乐客（China LUG）　审译

姚伟龙　译

U0146307

北京出版集团公司

北京美术摄影出版社

致Falcon（千年隼）　　　　　　　　　致Sophia　　　　　　　　　致Liam Lennox

鸣谢

感谢下列乐高资深爱好者和搭建技术创意先锋，其中有些与我们私交甚好，向他们致敬：

2LegoOrNot2Lego　Fredoichi　　　Legohaulic　　　Nannan Z　　　T.Oechsner
Arvo Brothers　　gambort　　　　LEGOLAS　　　　NENN　　　　　Théolego
Bricksonwheels　Henrik Hoexbroe　Legotrucks　　　"Orion Pax"　　tnickolaus
bricktrix　　　　Homa　　　　　_lichtblau_　　　Pepa Quin　　　x_Speed
Bruceywan　　　Joe Meno　　　marshal banana　RoccoB
Cole Blaq　　　Jojo　　　　　　McBricker　　　Sir Nadroj
DecoJim　　　　Karwik　　　　mijasper　　　　Sirens-Of-Titan
Eastpole77　　　lego_nabii　　　Misterzumbi　　Spencer_R

Alexander "Orion Pax" Jones更是给予这本书的出版以莫大的支持。为表敬意，请访问他的网站：www.orionpax.de，了解更多信息。

Tim Bischoff在非常短的时间内，履行了他的承诺，提供了许多惊人的、充满了奇思妙想的作品。

更要特别感谢Legohaulic，他拥有无与伦比的创意，并对我们创造"砖块头"大型人仔的想法做了改进。

在参加"星球大战欧洲周年展"之后，HJR-Holland花了很多时间帮助筛选模型，我们对此表示由衷的感谢！

图书在版编目（CIP）数据

乐高大师. 星际科幻／（德）尤阿希姆·克朗等著；中国乐客（China LUG）审译；姚伟龙译. — 北京：北京美术摄影出版社，2016. 9
ISBN 978-7-80501-921-5

Ⅰ. ①乐… Ⅱ. ①尤… ②中… ③姚… Ⅲ. ①智力游戏 Ⅳ. ①G898. 2

中国版本图书馆CIP数据核字(2016)第140456号
北京市版权局著作权合同登记号：01-2016-1770

责任编辑：马步匀
责任印制：彭军芳

乐高大师　星际科幻
LEGAO DASHI　XINGJI KEHUAN

[德]尤阿希姆·克朗 等　著
中国乐客（China LUG）　审译
姚伟龙　译

出　版　北京出版集团公司
　　　　北京美术摄影出版社
地　址　北京北三环中路6号
邮　编　100120
网　址　www.bph.com.cn
总发行　北京出版集团公司
发　行　京版北美（北京）文化艺术传媒有限公司
经　销　新华书店
印　刷　鸿博昊天科技有限公司
版　次　2016年9月第1版第1次印刷
开　本　889毫米×1194毫米　1/16
印　张　25
字　数　115千字
书　号　ISBN 978-7-80501-921-5
定　价　119.00元

如有印装质量问题，由本社负责调换
质量监督电话　010-58572393

目录

作者

尤阿希姆·克朗
Joachim Klang

以网名 "–derjoe–" 广为人知，
也会像通常那样在本书中陪伴你一
起阅读。这次他的精力更加充沛！

鲁茨·"埃尔–吕措"·乌曼
Lutz "El-Lutzo" Uhlmann

再次成为领军人物：他制作了
搭建步骤说明书并对本书中作品的
零件用量做了微调，向他致敬！

奥利弗·阿尔布莱希特
Oliver Albrecht

当他进入乐高工作时已经是个
玩乐高的老手了，在本书中更是挑战
了那些拿手领域之外的主题。

蒂姆·比朔夫
Tim Bischoff

我们当中最年轻的玩家，只有18
岁，在AFOL中更是标新立异。重点是如
何创造传奇，而不受年龄限制。

亚历克斯·"奥利安·派克斯"·琼斯
Alex "Orion Pax" Jones

他是如此家喻户晓，谁人不知！哪
怕他扫你一眼，就足够激发你的乐趣、
灵感和追求。

前言

太空，那些最后的先驱们……这些熟悉的名字赋予各种传奇故事以极大的想象空间，这些故事伴随我们几十年并融合进流行文化中。为了这本书，我们不得不从一长串科幻故事和电影中寻找出最有代表性的部分，并用LEGO诠释他们的本意。

当再次造访这些经典的电影，并深入研究它们，你会发现那些相对独立的元素在其中一次又一次地散发光芒并相互交错着影响了一代又一代的电影人。比如，弗里茨·朗（Fritz Lang）的著名电影《大都会》（Metropolis）中的女性机器人就被乔治·卢卡斯（Geoge Lucas）用来作为C-3PO的原型。另一部科幻巨作《2001太空漫游》中的太空胶囊变身成为《星球大战》第一部中瓦图的杂货店。同时，你也会发现本书中那些模型附有相当引人入胜的背景介绍。

就像我们之前的一系列书籍，您会在这本星际科幻搭建指南中找到不同比例的模型。本书中不仅为乐高标准人仔，而且为乐高桌游中的小比例人仔搭建了一些太空飞船和载具，这些尺寸的模型的零件用量也较少，对于那些迷你人仔刚刚好。相对应地，本书中我们也为自己设计开发的人仔准备了一些较大尺寸的载具，那些人仔被称作"砖块头"。有了以上这些，也许能给你一些灵感，再加上一点儿想象，就能用乐高砖块搭建出属于自己的太空英雄。

有一点是显而易见的，本书中设计的"砖块头"人仔尽可能地使用乐高零件，这使得它们看着像是乐高官方推出的人仔。其实比这更重要的是，我们希望能提供激发你的想象的火花，让你的创意奔涌而出。所以请继续阅读下去，尽可能地用你零件库存中的零件和颜色，如同书中的那个全地形装甲步行机就可以用不同的颜色来表现。又或者你可以设计搭建自己的"砖块头"，希望阅读本书能带给你无尽的想象和更多的可能性。

准备好你的乐高，预备，走起！

要点、技巧及搭建技术

乐高的几何结构

在进入乐高世界之前，我们首先了解一下关于乐高的基础知识和它使用的几何结构。读过我们的第一本关于乐高城市的书的读者，可能会更容易理解接下来的内容。不过我们在下面的篇章中增加了一些"去颗粒化"的搭建技巧，也调整了本书的关注重点。简而言之，就是关于砖块、薄板零件和光板零件的区别。砖块和薄板零件表面是乐高所特有的凸点单位。砖块的高度是标准乐高零件高度，薄板零件的高度是标准砖块的1/3。光板零件的高度和薄板零件相同，只是去除了板上的凸点，确保了表面的光滑性。（译者注：本书中对于Stud就统一称为"凸点单位"，比如1 stud，称为1个凸点单位，以此类推）。

1×4砖块零件

1×6光板零件

砖块类零件　　　　**薄板类零件**　　　　　**光板类零件**

为了更精准地辨识各种砖块、薄板零件和光板零件，你就需要来数凸点单位的行数（对于光板零件，它的行数等同于相同的薄板零件）。通常来说，小数作为短边，也就是宽度；大数作为长边，也就是长度。所有的零件按这个原则归类：

6×8薄板零件

将零件翻过来看，所有零件内部都有插孔（砖块零件的插孔直径大，孔壁薄；薄板零件的插孔直径小，孔壁厚；光板零件有新旧之分，旧版的和薄板零件类似，新版的只有卡口，没有插孔）。相比乐高最初发明的无内衬连接方式，现在采用的是凸点单位和中空的插孔互相嵌套的连接方式，使得这些零件在大规模搭建时能牢牢地层层堆叠在一起。所有零件中只有1×1的零件（砖和薄板）没有插孔，其他零件都至少在长宽任意方向上有一个插孔存在。

了解了乐高砖块的几何结构后，就要开始介绍零件之间的基本连接方式。最基本的有2种：一种是光板和薄板零件的较平坦的连接方式，另一种是标准砖块的连接方式。如前文所述，光板和薄板的高度是标准高度的1/3。堆叠3块薄板零件，或者堆叠2块薄板零件和1块光板零件就可以得到了1个标准砖块的高度。乐高的标准砖块（1×1）被设计成5:6的比例。如果你想搭出一个立方体，就要使用1个2×2的砖块、1个2×2的薄板零件和1个2×2的光板零件，或者使用4个2×2的薄板和1个2×2的光板零件。

乐高的色系

　　时至今日，乐高一直在使用下面几个色系：黄色、红色、蓝色、白色和黑色、绿色、灰色和透明色。不过，随着产品的迅猛发展，越来越多的色系出现在近年来的套装中（至今已经有120种，包括那些非常特别的，例如电镀铬色、乳白色和其他电镀效果的金属色）。但是这些颜色非常非常稀有，仅在极少数的套装中用到过，并且被使用的频率也很低。

　　这就导致了玩家们从乐高创始之初直到现在都亟欲解决的问题：由于没有足够的颜色可用，或者说在某种色系下没有足够种类的零件可用，以至于无法完成想要创造的作品，特别是要用到那些非常罕有的颜色时，更是困难重重。因为缺少某些色系的零件使得创作过程变得极具挑战性。一种解决办法就是将就使用已有的色系零件来搭建作品；另一种则是在现有的色系零件库条件下，通过削减作品的尺寸，凑出能用的零件种类来完成它。此外，也有玩家会选择使用不同的分色来表现一定的视觉效果。当然，你也可以在创作之前就设定好作品的零件颜色，以便于在相关色系零件库中系统地采购，并借此去展现你的创意。

缩写词义表

　　作为一个乐高的粉丝，需要了解一些在圈内广泛流传的缩写词的含义，部分如下所示：

　　ABS（丙烯腈–丁二烯–苯乙烯）——迄今为止，所有的乐高生产的零件基本上都是使用这种材料

　　AFOL（成年乐高玩家）

　　MOC（个人创意搭建）

　　TLG（乐高集团公司）——乐高公司自己给自己定义的缩写

　　BURP（又大又丑的岩石模块）——创建岩石场景中用到的那些零件

　　LURP（义小又丑的岩石模块）——小尺寸的版本

　　POOP（能用或者应该用乐高的零件完成的模组）

　　LUG（乐高玩家联盟）——乐高粉丝的团体

　　TLC（乐高火车俱乐部）—— 一个特别专注于火车系列的乐高粉丝团体

　　跳搭法—由二得一——基础是使用1x2的薄板零件，上部只有一个凸点

　　SNOT（凸点非向上）——这个缩写特指颗粒转向（Studs Not On Top）搭建技术，这种搭建技术用了很多小技巧。比如，两个零件的背面能以90°直角的搭建角度相互连接在一起。后面的内容将展示这些技巧。

　　芝士斜面——带斜面的零件，如1x1x2/3和1x2x2/3的砖块

乐高俱乐部

以下列举一些较有名的乐高俱乐部

www.freelug.com

FREELUG，法国很有名气的乐高玩家联盟

www.brickish.org

Brickish联盟，以英国为基地的成人乐高玩家社区

www.nelug.org

NELUG，新英格兰乐高玩家联盟

www.1000Steine.de

www.MBFR.de

模块化乐高玩家联盟，"搭建中的巴伐利亚"

检索和查找乐高零件方面信息的网站

一些在网络上有名的关于乐高的论坛和网站：

bricklink.com：很好用的检索网站（可以找到哪些套装中有哪些零件）

Peeron.com：脉络清晰的套装和零件的参考网站

Lugnet.com（乐高玩家联盟专用网络）：提供论坛、新闻、零件指南等等资讯

Ldraw.org：虚拟乐高软件设计网站

搭建技巧

通过本书，我们会向你介绍如何只需几步便能搭建一个模型或者载具和灵活使用一盒混装的乐高零件（其中包含各式各样或各种颜色的零件）。当然，越往后搭建过程会越复杂，从一盒能数得清楚的乐高零件开始，到那种相对高级复杂的专业模型。

我们不想在搭建理论上花很多时间来解释，但是为了保证让你在搭建第一个模型时就能轻松上手，还是要说一些基础知识。众所周知，互相搭接的搭建技术使得墙体更为牢固，就算是要做一条彩虹色的色带，逐步向上重复这个技术也是必需的。所以，在搭建过程中要保证下面多、上面少，下面有足够的放大稳固部分，才能防止整个模型倒塌。

SNOT（颗粒转向）搭建技巧

之所以称之为SNOT搭建技巧，是因为当你在搭建模型时想要转变搭建方向，那么这类技巧就会变得非常有用。同样，那些特殊的用于实现S搭建技巧的乐高零件使得向其他方向搭建变得可能，原因是它们在非向上的面上都留有凸点单位。

砖块类，1×1变形砖带车前灯

砖块类，1×1变形砖侧面带一个凸点

砖块类，1×1变形砖侧面带两个凸点

砖块类，1×1变形砖侧面带四个凸点

砖块类，1×2变形砖双侧各带两个凸点

砖块类
1×4变形砖单侧带四个凸点

人仔配件类
挂脖子
背后带一个凸点

支架1×2－1×4

支架1×2－2×2

支架1×2－2×4

砖块类
变形支架2×4－1×4
中间跳空2个凸点单位
两边带斜面过渡

砖块类
变形砖1×2×2/3
三面有凸点

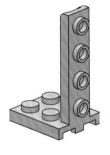

支架2×2－1×4

支架2×2－2×2

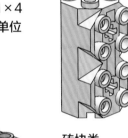

砖块类
变形八角砖2×2×3
1/3侧面带凸点

砖块类
变形砖2×4×2侧面带凸点

支架1×2－1×2
反转连接

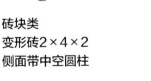

砖块类
变形砖2×4×2
侧面带中空圆柱

支架1×2－2×2
反转连接

砖块类
1×2变形砖单侧带两个凸点

支架1×2－1×2

薄板类
变形板
2×6×2/3单侧带四个凸点

薄板类
变形板
2×2×2/3单侧带两个凸点

除了上述的特殊零件用于SNOT的搭建外，还有一些像下图中的背靠背这样的搭建要求，即使是使用SNOT的技巧也无法完成：

举个例子来说，如何使得2块4×4的薄板零件背靠背牢固连接呢：其中的技巧就是在薄板背面圆柱的缝隙中嵌入2根控制杆零件，然后你就获得了一块双面都有凸点的薄板零件。（如下图所示）

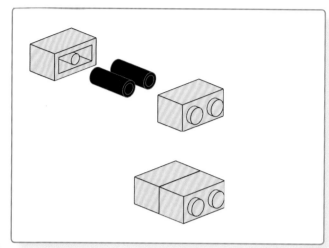

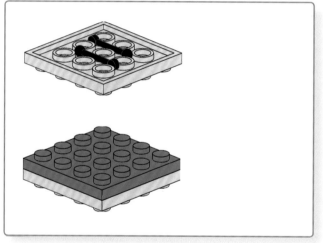

同薄板零件的例子相似，两个格栅零件可以通过在表面的格栅中嵌入2根控制杆，使得它们面对面牢固地连接在一起，你就可以在两个反面搭建其他东西了。

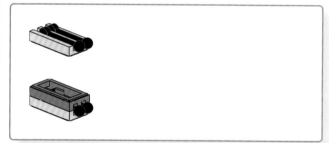

另一个选择是取出薄板铰链零件中的转动轴，使用一个机械系列中的长轴零件顶出来会比较方便。如果将2根转动轴插入1×2标准砖块零件背面的空隙中，就能将2个标准砖块背靠背牢固地连接在一起了。

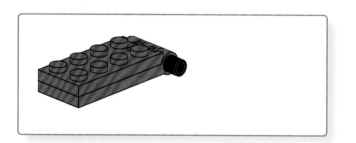

半个凸点单位的连接（错位搭接）

　　无论你是连接单独的砖块、薄板还是光板时，一个搭在另一个上面，长方向或者短方向堆叠都要保证至少有1个凸点单位搭接在一起。有些情况下需要只连接半个凸点单位，比如要表现出条形石小路就要在砖边留出空隙，又或者搭建屋前板的时候。

　　跳搭板就是为了这个目的而生的。这类板通常是1×2、2×2，特征是上部只有1个位于正中央位置的凸点单位。

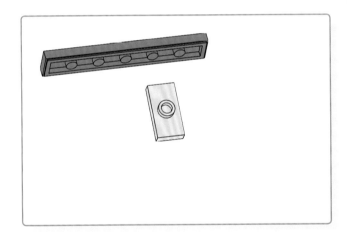

倒圆角

　　在搭建建筑和一些模型中，你有时会需要在边上倒圆角，下图是我们的解决方案：

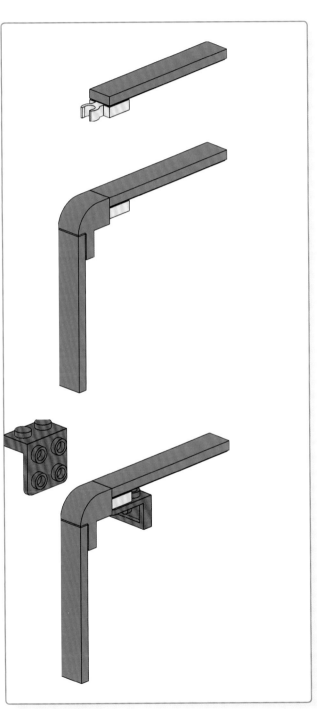

球体

　　搭建技巧中稍具挑战性的是用方方正正的乐高零件来模拟出一个有着光滑曲面的球体。目前，在各大乐高论坛网站上有各种解决方案，而下面是我们用的方法：

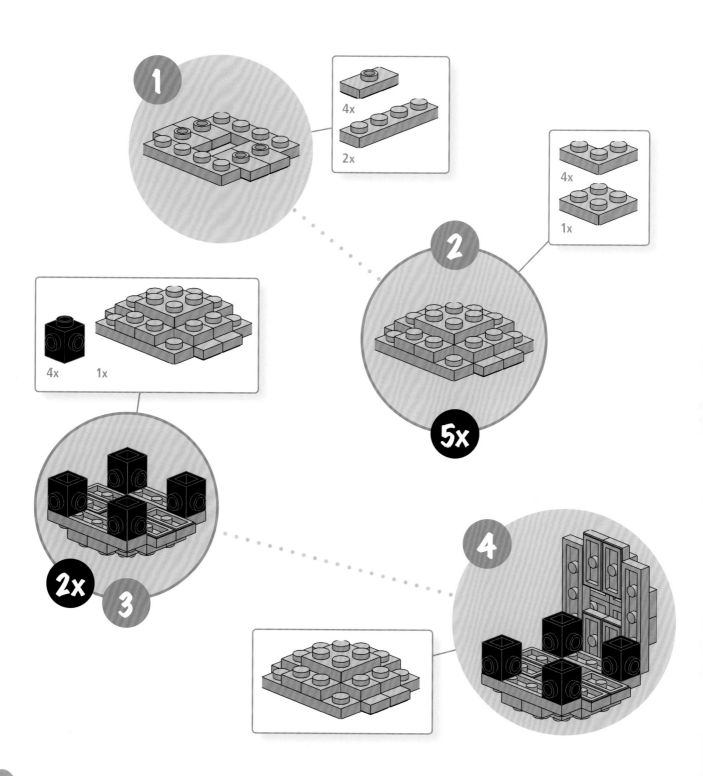

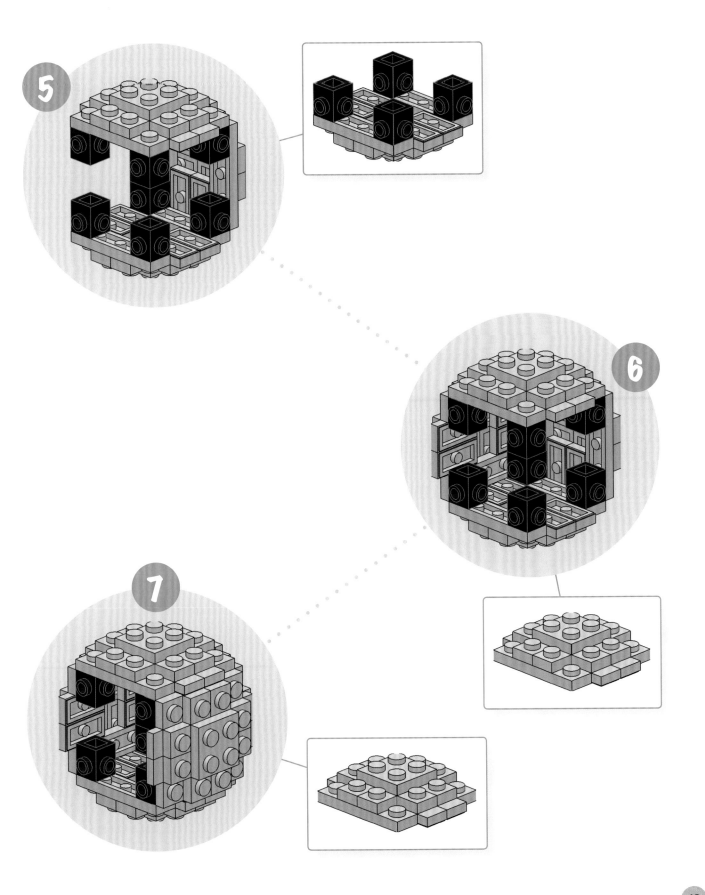

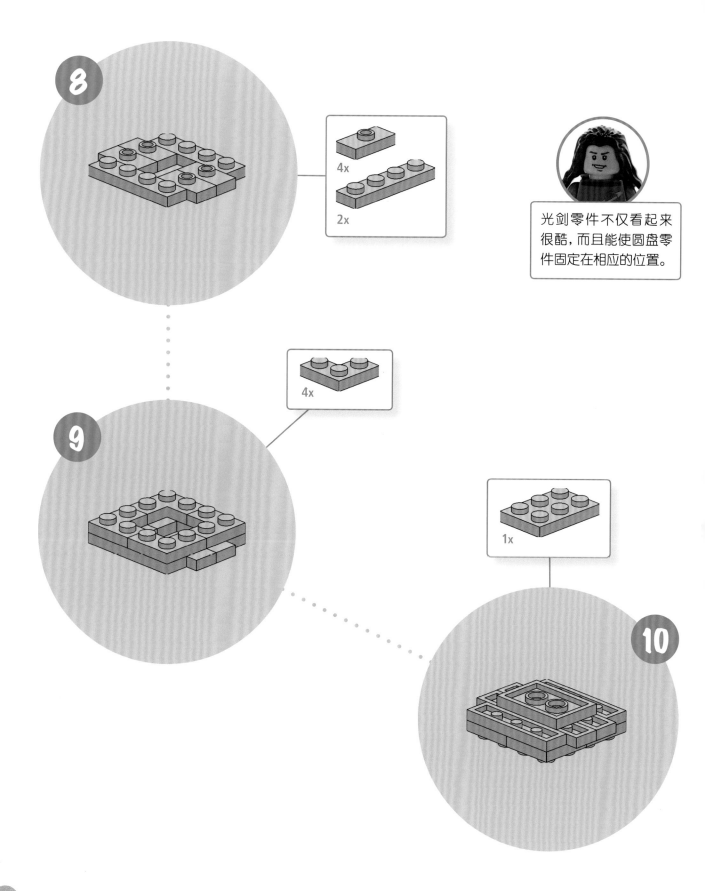

8

4x

2x

光剑零件不仅看起来很酷，而且能使圆盘零件固定在相应的位置。

9

4x

1x

10

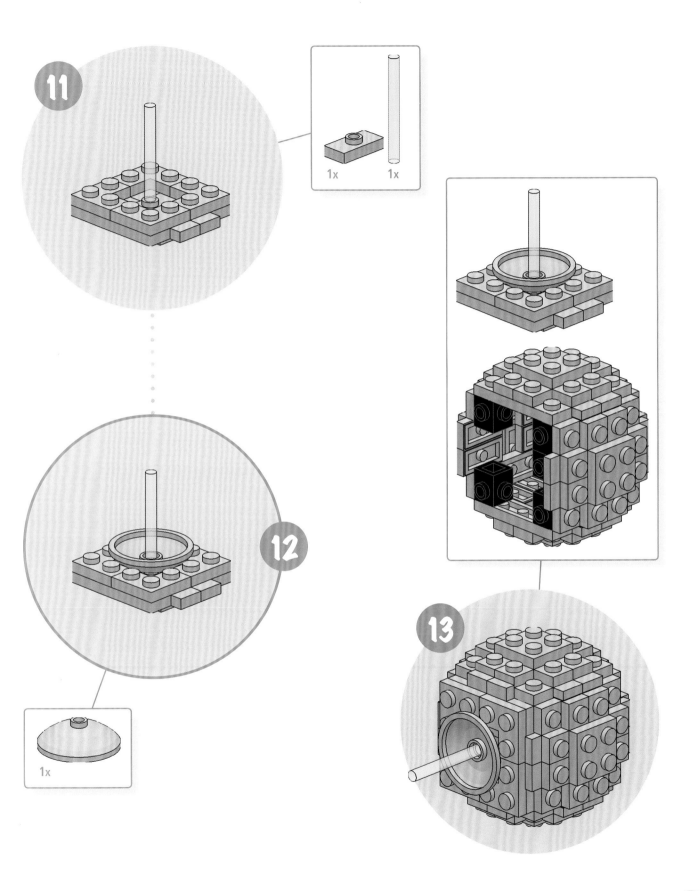

11

1x 1x

12

1x

13

Cliff Allister McLane船长

迪特马尔·舍思豪尔 (Dietmar Schönherr) 在1966年9月17日首播的系列科幻剧《太空巡航者——"猎户座"太空飞船的奇妙冒险》(*Space Patrol—The Fantastic Adventures of the Spaceship Orion*) 中出演了太空飞船的船长,这部德国科幻剧是真正意义上的第一部科幻连续剧,一共出了7季。

小百科:用于拍摄的三艘太空飞船道具最小的直径才30厘米,最大的也不超过160厘米。

Joe设计搭建

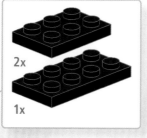

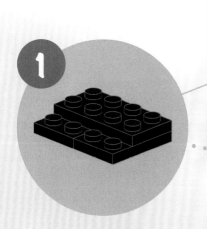

① 2x 1x

② 2x 2x

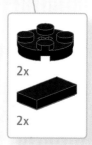

③

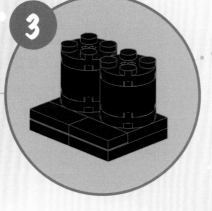

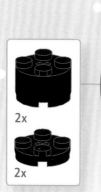

2x 2x

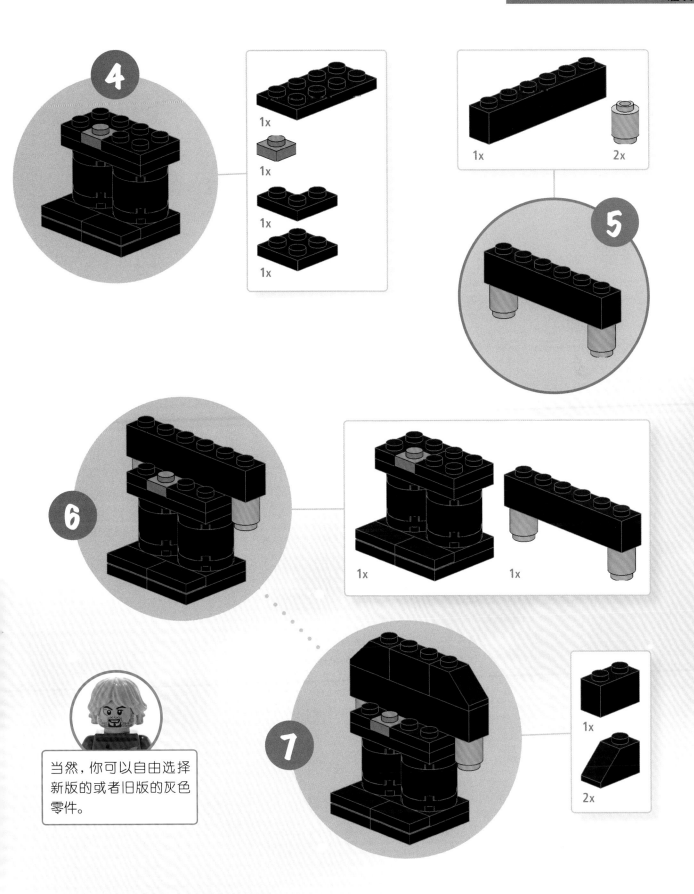

当然，你可以自由选择新版的或者旧版的灰色零件。

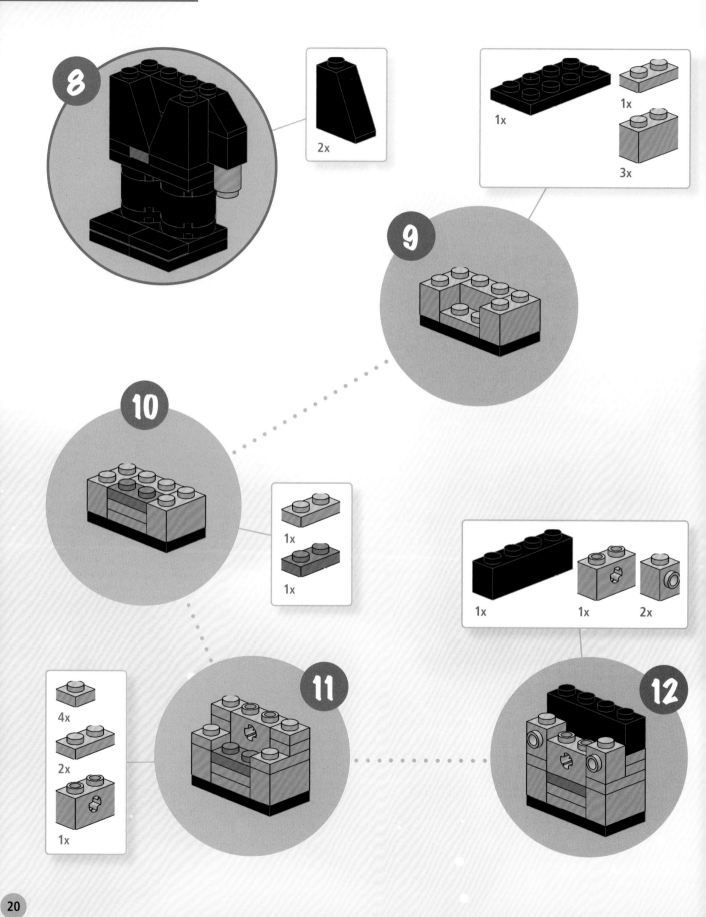

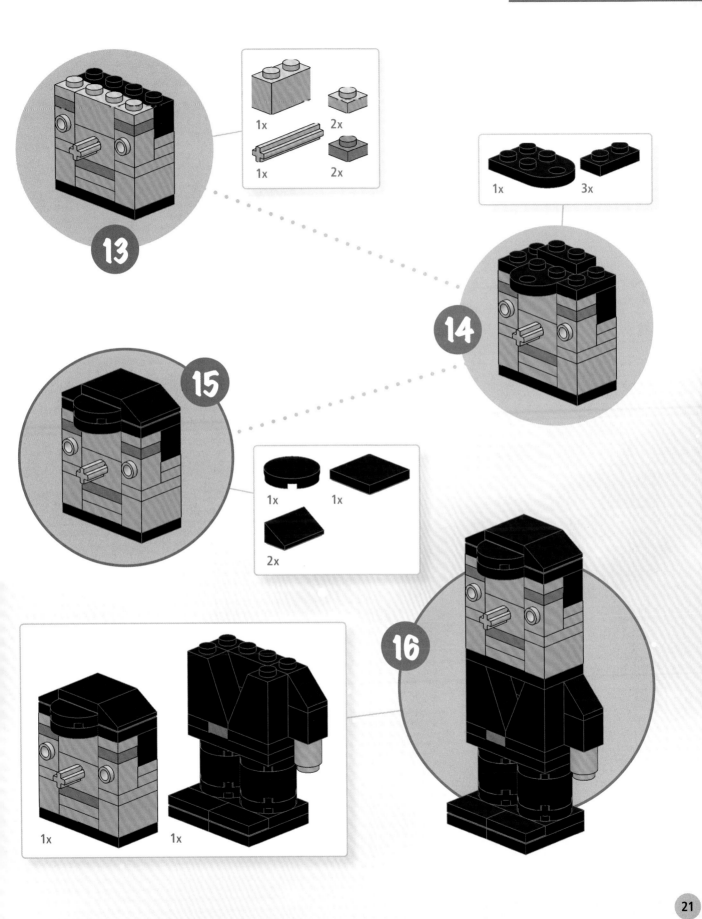

零件清单

2x

3x

2x

2x

1x

2x

1x

4x

2x

1x

4x

1x

1x

1x

4x

2x

1x

2x

2x

2x

3x

1x

3x

6x

1x

1x

数量		颜色	零件编号	零件名称
2		浅蓝灰	3062b	Brick 1 x 1 Round with Hollow Stud
2		浅蓝灰	87087	Brick 1 x 1 with Stud on 1 Side
1		黑	3004	Brick 1 x 2
4		浅蓝灰	3004	Brick 1 x 2
1		黑	3010	Brick 1 x 4
1		黑	3009	Brick 1 x 6
2		黑	3941	Brick 2 x 2 Round
3		深蓝灰	3024	Plate 1 x 1
6		浅蓝灰	3024	Plate 1 x 1
3		黑	3023	Plate 1 x 2
1		深蓝灰	3023	Plate 1 x 2
4		浅蓝灰	3023	Plate 1 x 2
1		黑	3022	Plate 2 x 2
1		黑	2420	Plate 2 x 2 Corner
4		黑	4032a	Plate 2 x 2 Round with Axlehole Type 1
2		黑	3021	Plate 2 x 3
3		黑	3020	Plate 2 x 4
1		黑	3176	Plate 3 x 2 with Hole
2		黑	85984	Slope Brick 31 1 x 2 x 0.667
2		黑	3040b	Slope Brick 45 2 x 1
2		黑	60481	Slope Brick 65 2 x 1 x 2
1		浅蓝灰	4519	Technic Axle 3
2		浅蓝灰	32064	Technic Brick 1 x 2 with Axlehole
2		黑	3069b	Tile 1 x 2 with Groove
1		黑	4150	Tile 2 x 2 Round
1		黑	3068b	Tile 2 x 2 with Groove

Tamara Jagellovsk中尉

Eva Pflug在剧中饰演星系安全委员会的保安官。她所表现的女性角色在当时起到了先锋作用,然而银幕之外她也有这样的能力。我们前面介绍页出现黑白单色的场景正是有意为之(因为1966年的电视剧为黑白片),零件本身的颜色在图中被保留下来。

让我们一起伴随"猎户座"和它的船员们航行至无边宇宙……

Joe设计搭建

1

2x

2

3

4x

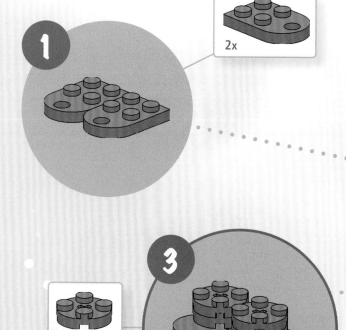

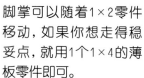

脚掌可以随着1×2零件移动,如果你想走得稳妥点,就用1个1×4的薄板零件即可。

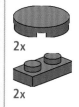

2x

2x

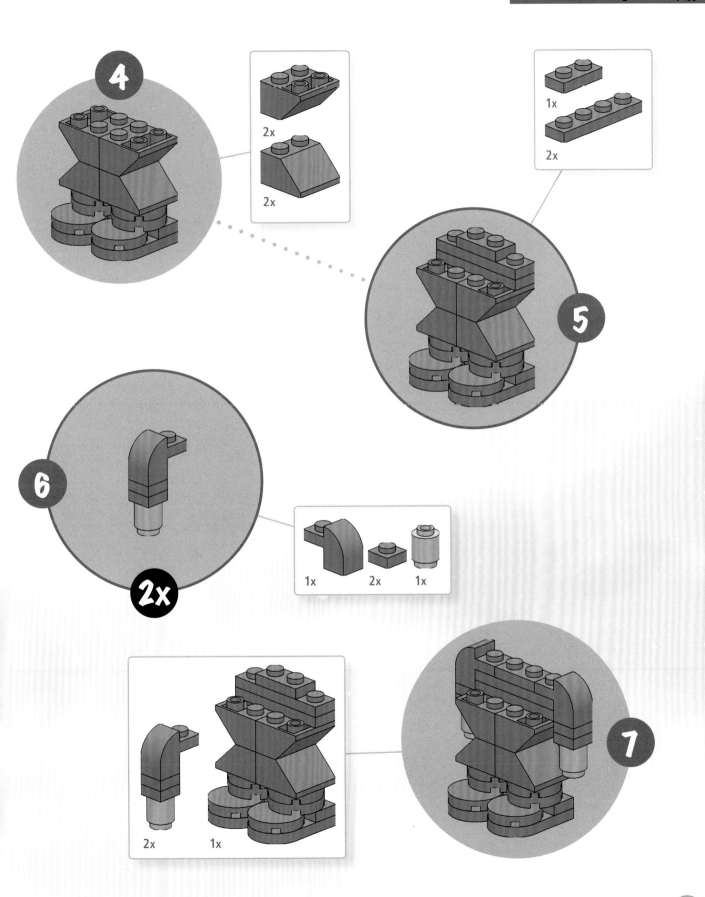

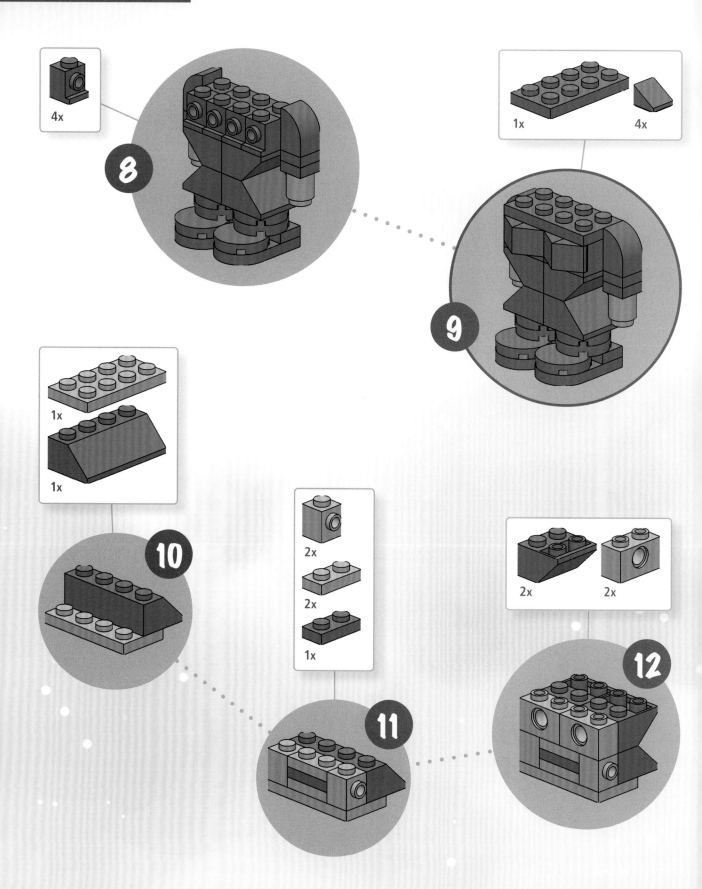

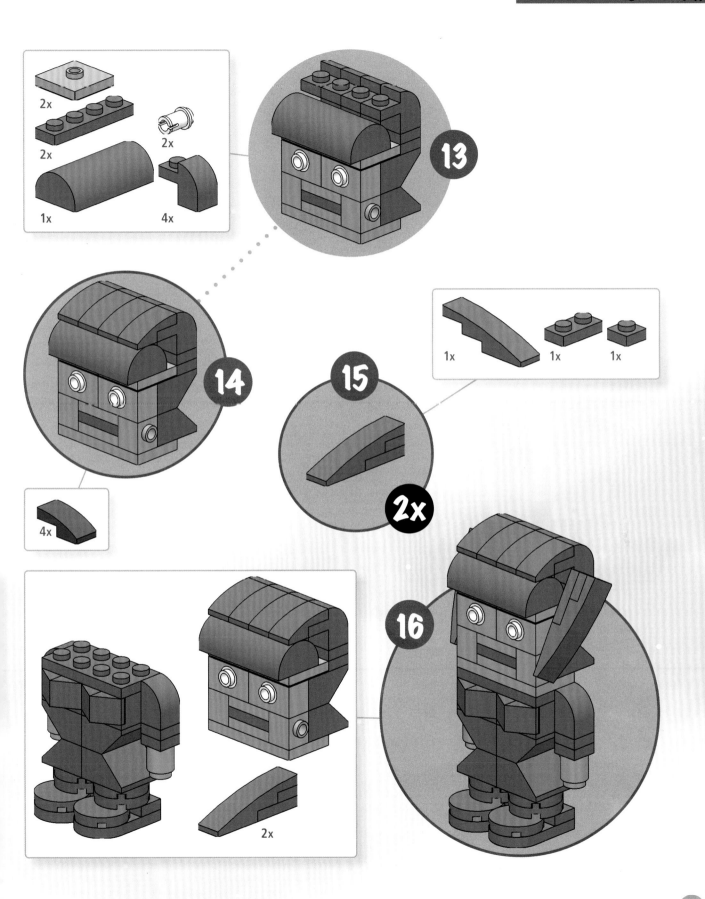

零件清单

 2x

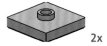 2x

 2x

 2x

 4x

 2x

 2x

 2x

 2x

 2x

 6x

 4x

 1x

 2x

 6x

 8x

 4x

 1x

 4x

 4x

数量		颜色	零件编号	零件名称
2		浅蓝灰	3062b	Brick 1 x 1 Round with Hollow Stud
4		深蓝灰	4070	Brick 1 x 1 with Headlight
2		浅蓝灰	87087	Brick 1 x 1 with Stud on 1 Side
6		深蓝灰	6091	Brick 2 x 1 x 1 & 1/3 with Curved Top
1		深蓝灰	6192	Brick 2 x 4 with Curved Top
6		深蓝灰	3024	Plate 1 x 1
8		深蓝灰	3023	Plate 1 x 2
4		深蓝灰	3710	Plate 1 x 4
4		深蓝灰	4032a	Plate 2 x 2 Round with Axlehole
2		浅蓝灰	87580	Plate 2 x 2 with Groove with 1 Center Stud
2		深蓝灰	3020	Plate 2 x 4
2		深蓝灰	3176	Plate 3 x 2 with Hole
4		深蓝灰	54200	Slope Brick 31 1 x 1 x 2/3
2		深蓝灰	3039	Slope Brick 45 2 x 2
4		深蓝灰	3660	Slope Brick 45 2 x 2 Inverted
1		深蓝灰	3037	Slope Brick 45 2 x 4
4		深蓝灰	11477	Slope Brick Curved 2 x 1
2		深蓝灰	61678	Slope Brick Curved 4 x 1
2		浅蓝灰	3700	Technic Brick 1 x 2 with Hole
2		白	4274	Technic Pin 1/2
2		深蓝灰	4150	Tile 2 x 2 Round

柯克船长 (James T. Kirk)

我们为你的星际飞船的船长装备了一个通信器，在这里他仿佛真的在说那句经典台词："传我过去，史考特！"

《星际迷航》这部科幻剧从1972年5月27日开播，其中的星舰企业号就闪亮登场了。而在美国，这部剧比前述的《太空巡航者》在德国上演时早了一周。

Joe设计搭建

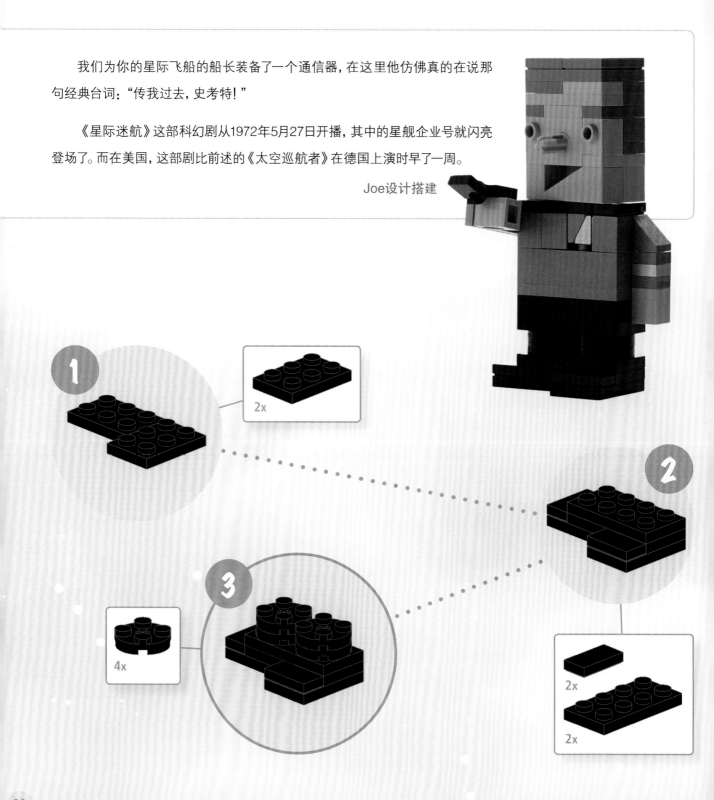

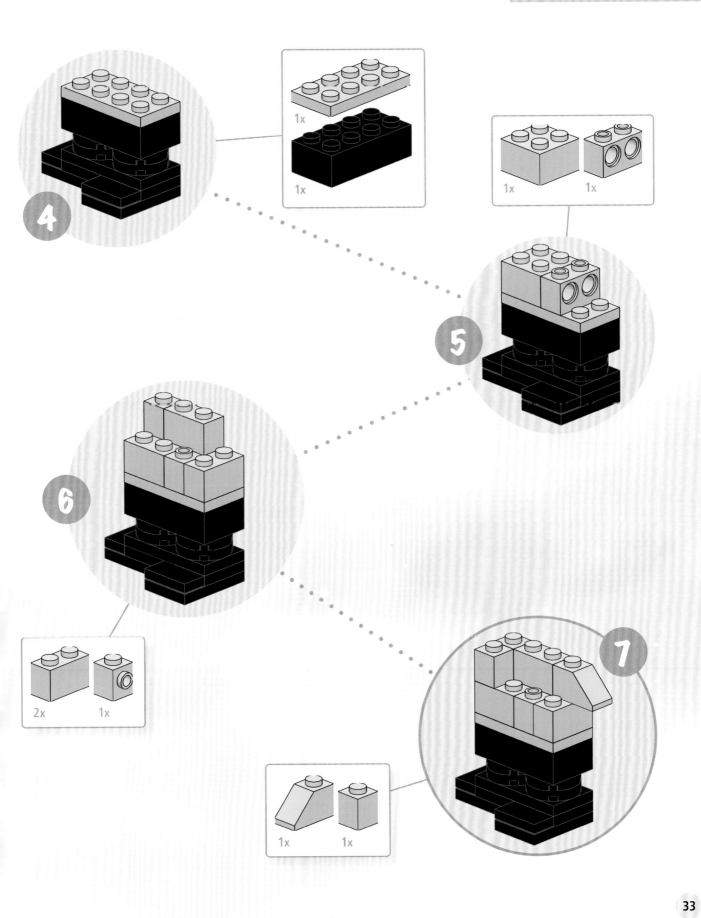

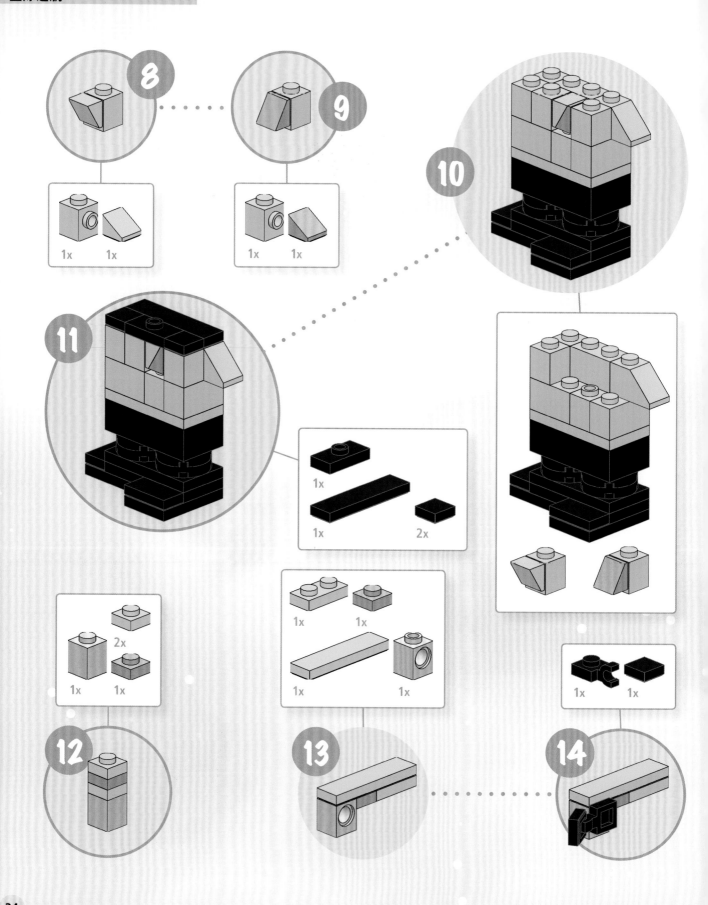

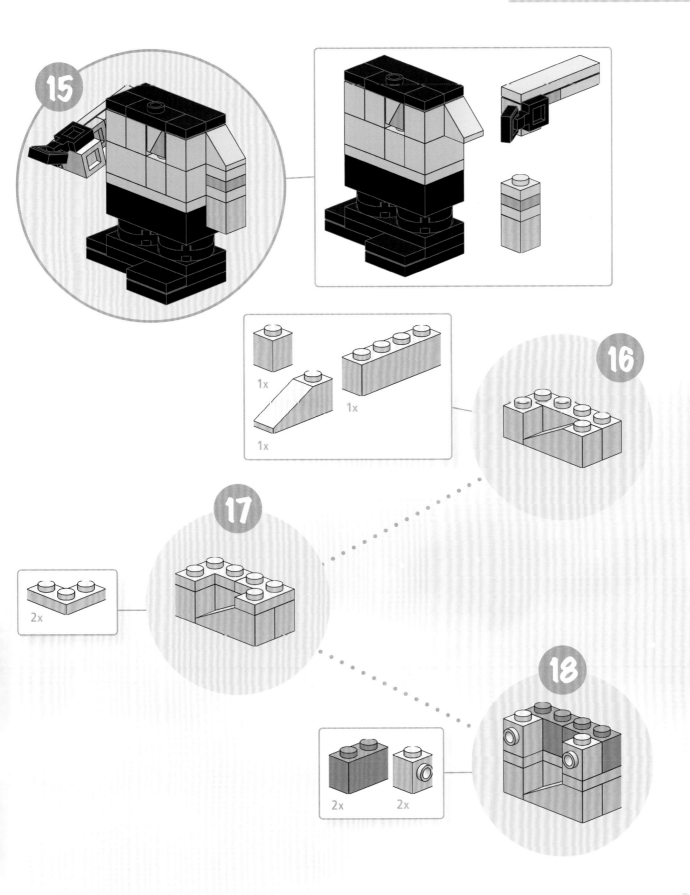

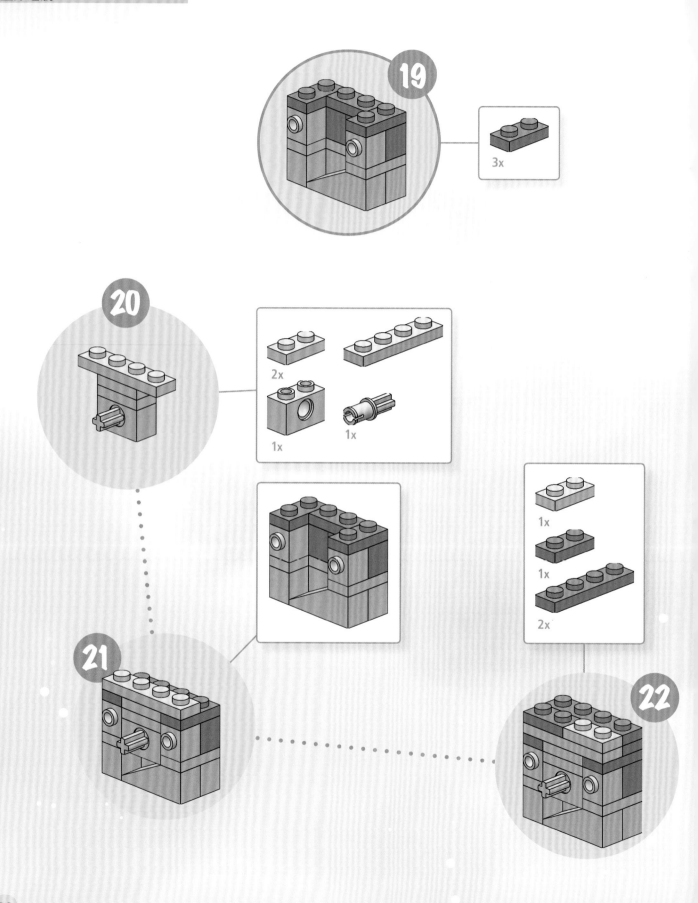

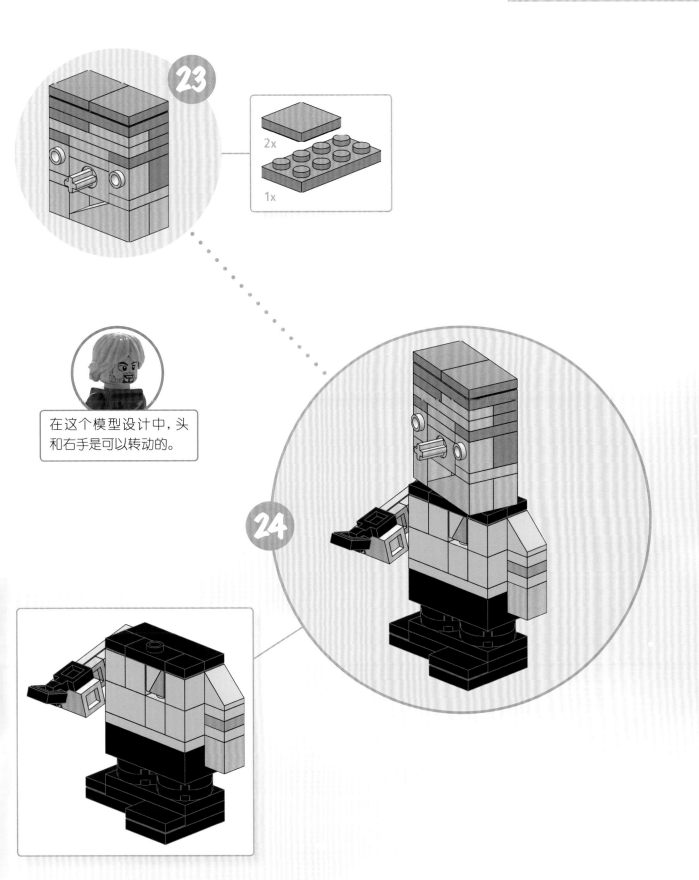

在这个模型设计中，头和右手是可以转动的。

零件清单

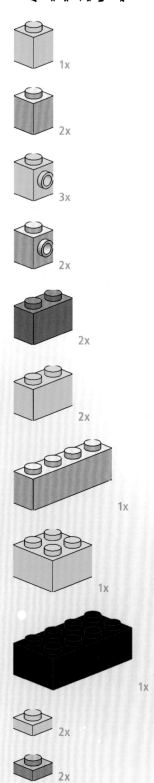

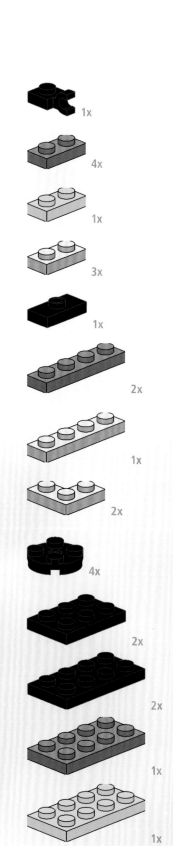

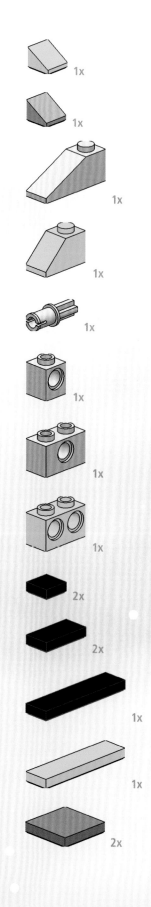

数量		颜色	零件编号	零件名称
1		柠檬绿	3005	Brick 1 x 1
2		米	3005	Brick 1 x 1
3		柠檬绿	87087	Brick 1 x 1 with Stud on 1 Side
2		米	87087	Brick 1 x 1 with Stud on 1 Side
2		卡其	3004	Brick 1 x 2
2		柠檬绿	3004	Brick 1 x 2
1		米	3010	Brick 1 x 4
1		柠檬绿	3003	Brick 2 x 2
1		黑	3001	Brick 2 x 4
2		柠檬绿	3024	Plate 1 x 1
2		金属银	3024	Plate 1 x 1
1		黑	6019	Plate 1 x 1 with Clip Horizontal
4		卡其	3023	Plate 1 x 2
1		柠檬绿	3023	Plate 1 x 2
3		米	3023	Plate 1 x 2
1		黑	3794a	Plate 1 x 2 without Groove with 1 Centre Stud
2		卡其	3710	Plate 1 x 4
1		米	3710	Plate 1 x 4
2		米	2420	Plate 2 x 2 Corner
4		黑	4032a	Plate 2 x 2 Round with Axlehole
2		黑	3021	Plate 2 x 3
2		黑	3020	Plate 2 x 4
1		卡其	3020	Plate 2 x 4
1		柠檬绿	3020	Plate 2 x 4
1		柠檬绿	54200	Slope Brick 31 1 x 1 x 2/3
1		金属银	54200	Slope Brick 31 1 x 1 x 2/3
1		米	4286	Slope Brick 33 3 x 1
1		柠檬绿	3040b	Slope Brick 45 2 x 1
1		米	3749	Technic Axle Pin
1		米	6541	Technic Brick 1 x 1 with Hole
1		米	3700	Technic Brick 1 x 2 with Hole
1		柠檬绿	32000	Technic Brick 1 x 2 with Holes
2		黑	3070b	Tile 1 x 1 with Groove
2		黑	3069b	Tile 1 x 2 with Groove
1		黑	2431	Tile 1 x 4 with Groove
1		柠檬绿	2431	Tile 1 x 4 with Groove
2		卡其	3068b	Tile 2 x 2 with Groove

斯波克（Spock）

我们用恐龙系列中的脚趾零件来表现Vulcan族典型的尖耳朵。如果你凑近看，会发现左面稍稍抬起的眉毛，太惊人了！

那个标志性的瓦肯举手礼贯穿整部电视剧，表达着反暴力的意愿。Leonard Nimoy自己发明了这个代表"生生不息、繁荣昌盛"的经典手势。

Joe设计搭建

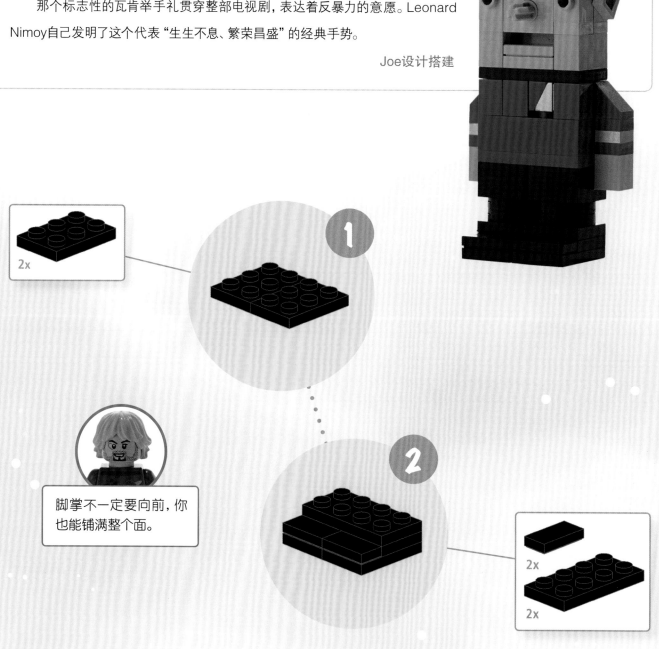

2x

脚掌不一定要向前，你也能铺满整个面。

1

2

2x

2x

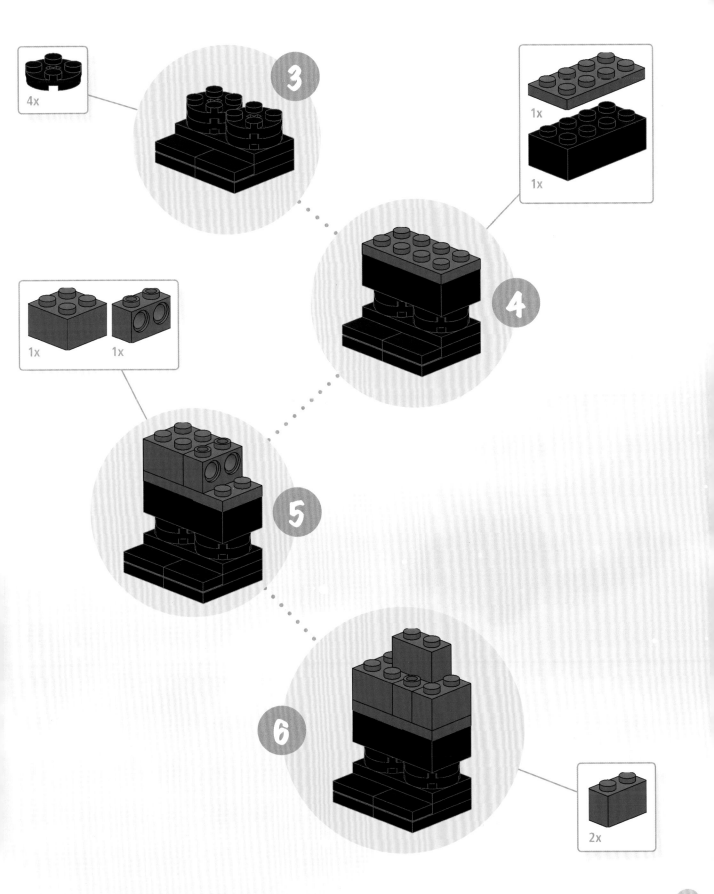

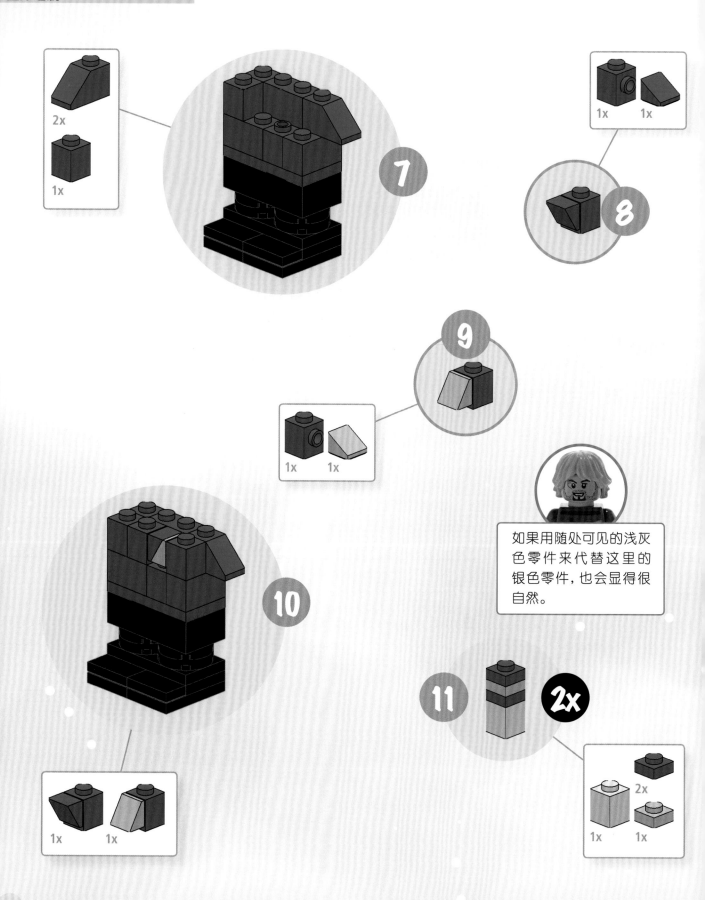

如果用随处可见的浅灰色零件来代替这里的银色零件，也会显得很自然。

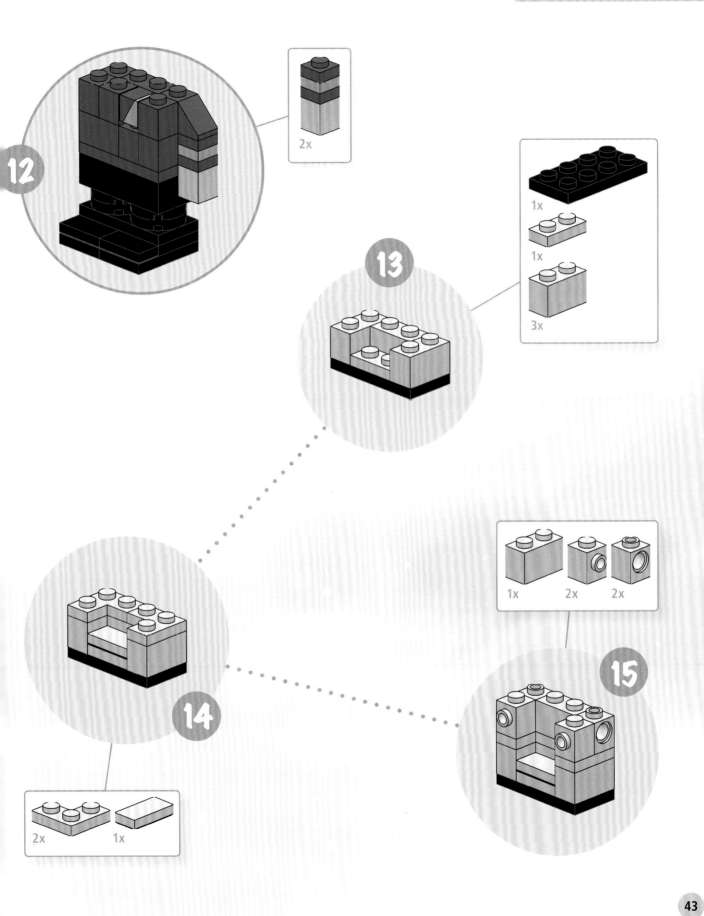

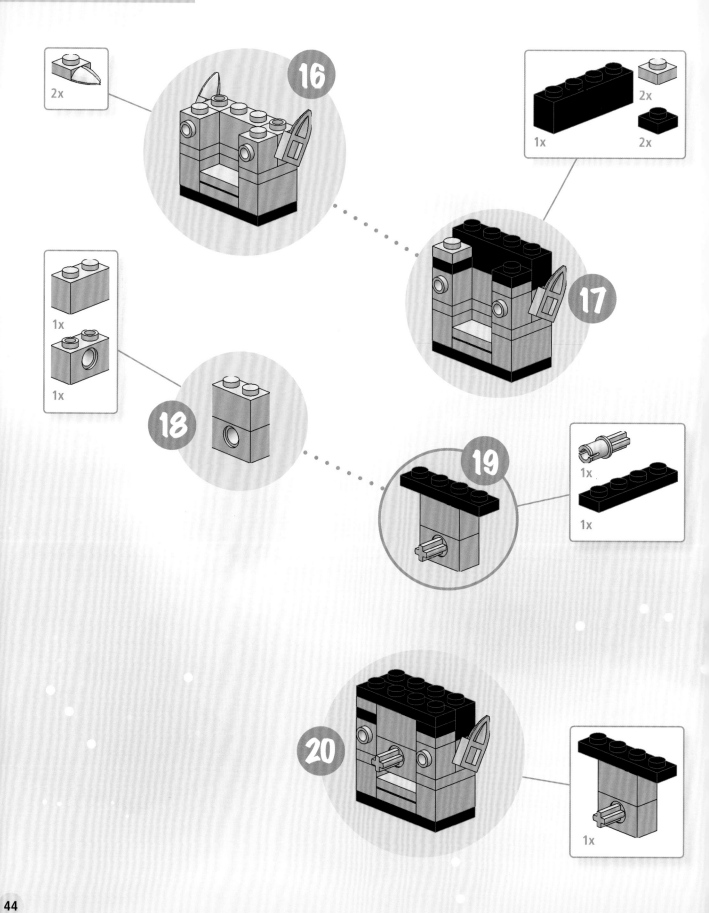

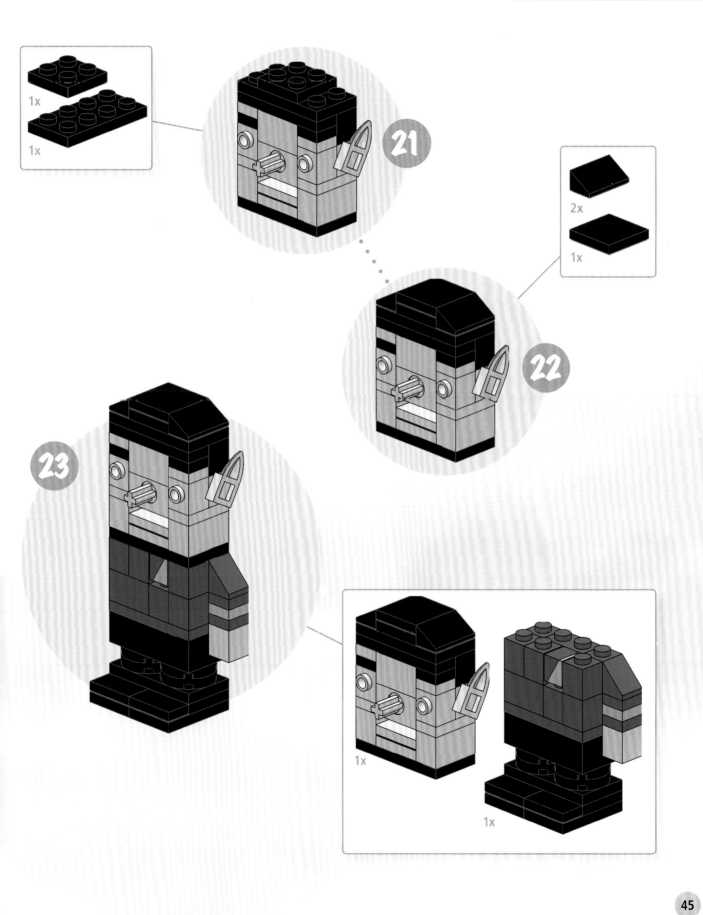

零件清单

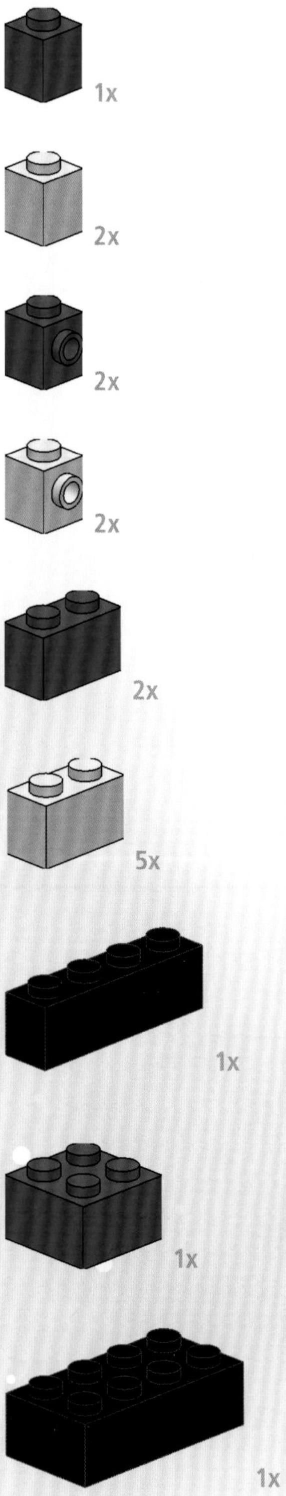

2x

1x

2x

4x

1x

2x

2x

1x

2x

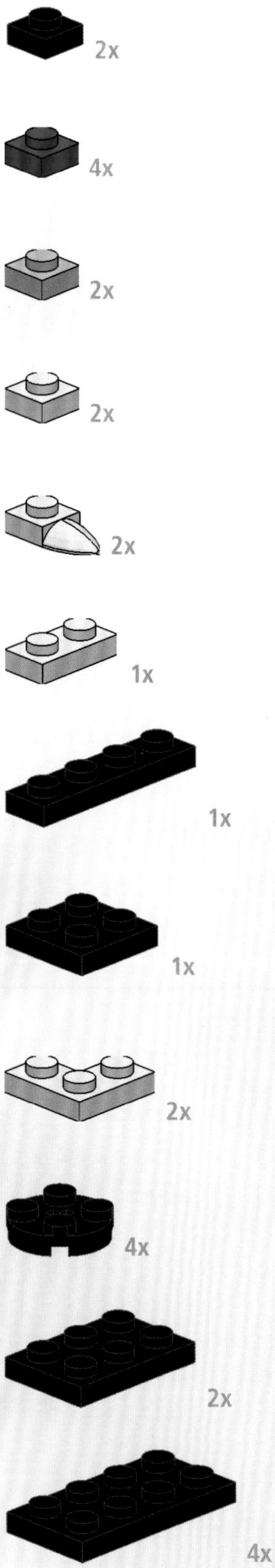

2x

2x

2x

2x

2x

2x

1x

5x

1x

2x

1x

1x

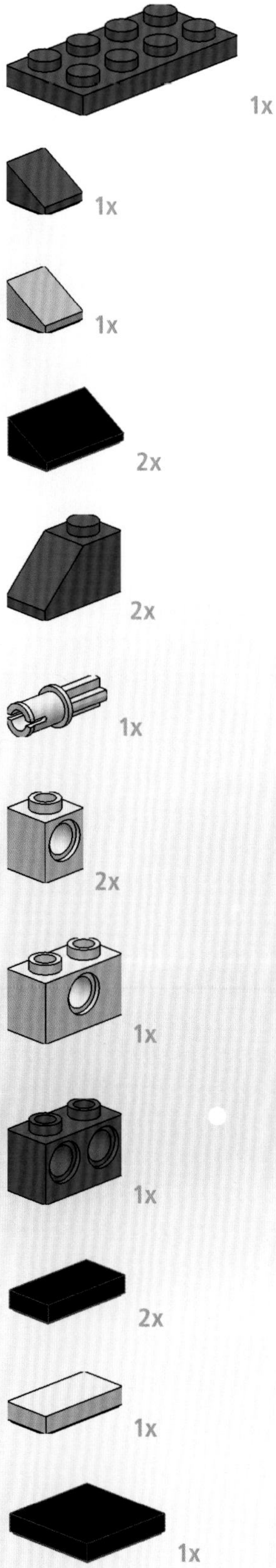

1x

2x

1x

1x

4x

1x

2x

2x

1x

4x

1x

数量		颜色	零件编号	零件名称
1		蓝	3005	Brick 1 x 1
2		米	3005	Brick 1 x 1
2		蓝	87087	Brick 1 x 1 with Stud on 1 Side
2		米	87087	Brick 1 x 1 with Stud on 1 Side
2		蓝	3004	Brick 1 x 2
5		米	3004	Brick 1 x 2
1		黑	3010	Brick 1 x 4
1		蓝	3003	Brick 2 x 2
1		黑	3001	Brick 2 x 4
2		黑	3024	Plate 1 x 1
4		蓝	3024	Plate 1 x 1
2		金属银	3024	Plate 1 x 1
2		米	3024	Plate 1 x 1
2		米	49668	Plate 1 x 1 with Tooth
1		米	3023	Plate 1 x 2
1		黑	3710	Plate 1 x 4
1		黑	3022	Plate 2 x 2
2		米	2420	Plate 2 x 2 Corner
4		黑	4032a	Plate 2 x 2 Round with Axlehole Type 1
2		黑	3021	Plate 2 x 3
4		黑	3020	Plate 2 x 4
1		蓝	3020	Plate 2 x 4
1		蓝	54200	Slope Brick 31 1 x 1 x 2/3
1		金属银	54200	Slope Brick 31 1 x 1 x 2/3
2		黑	85984	Slope Brick 31 1 x 2 x 2/3
2		蓝	3040b	Slope Brick 45 2 x 1
1		米	3749	Technic Axle Pin
2		米	6541	Technic Brick 1 x 1 with Hole
1		米	3700	Technic Brick 1 x 2 with Hole
1		蓝	32000	Technic Brick 1 x 2 with Holes
2		黑	3069b	Tile 1 x 2 with Groove
1		米色	3069b	Tile 1 x 2 with Groove
1		黑	3068b	Tile 2 x 2 with Groove

克林贡人

很显然，我们不能把克林贡人给忘掉。他在剧中出现的次数比其他人都要多，而且我们将他的脚掌设计成可转动的。

小百科："克林贡"这个名字是《星际迷航》的作者Gene Rodden-berry用他的一个好朋友"Wilbur Clingan"的名字的谐音来命名的。

Joe设计搭建

1

4x

2

1x

1x

3

1x

1x

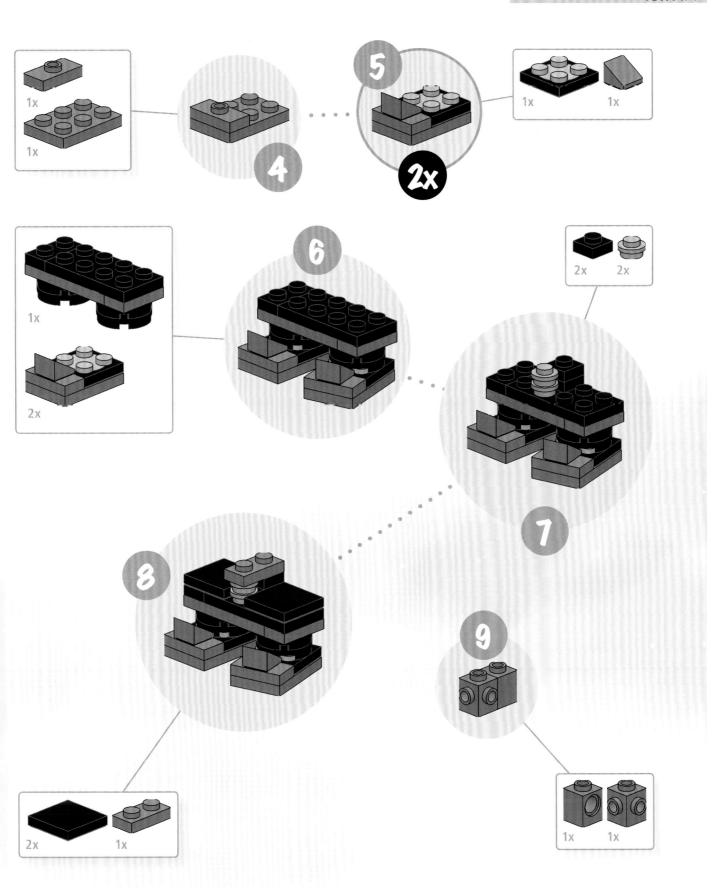

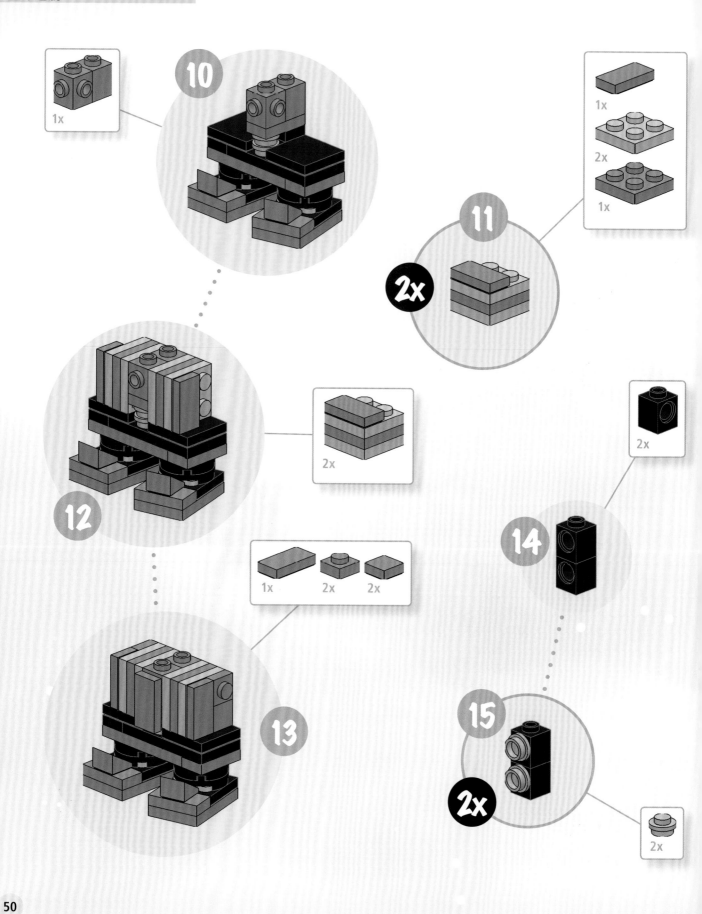

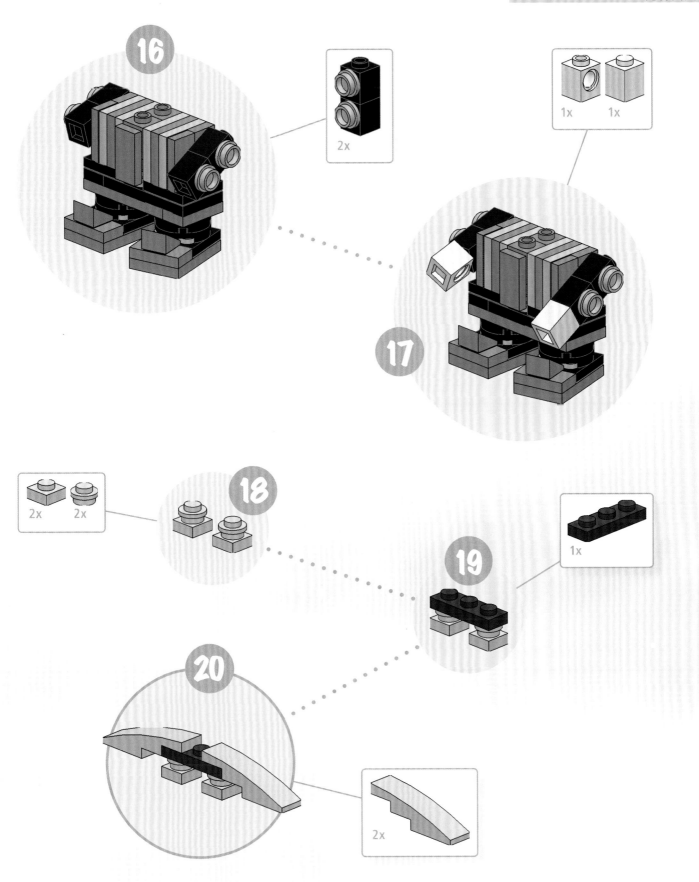

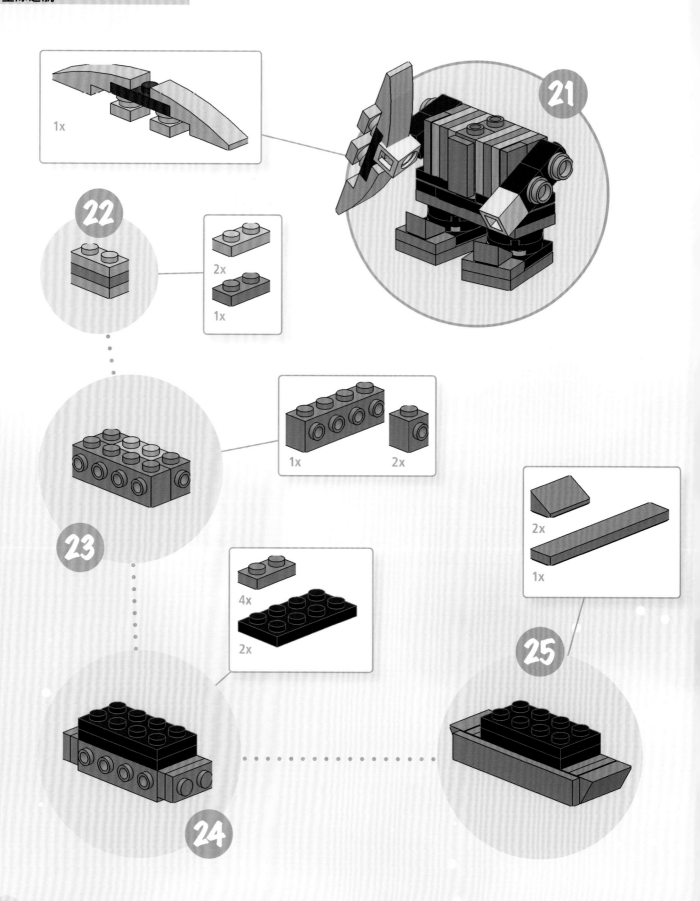

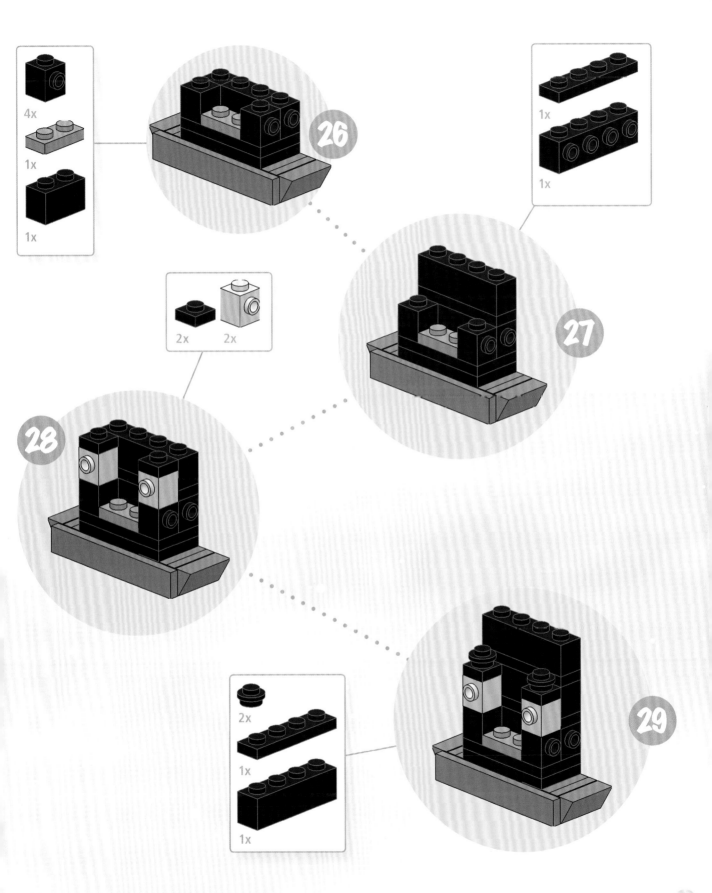

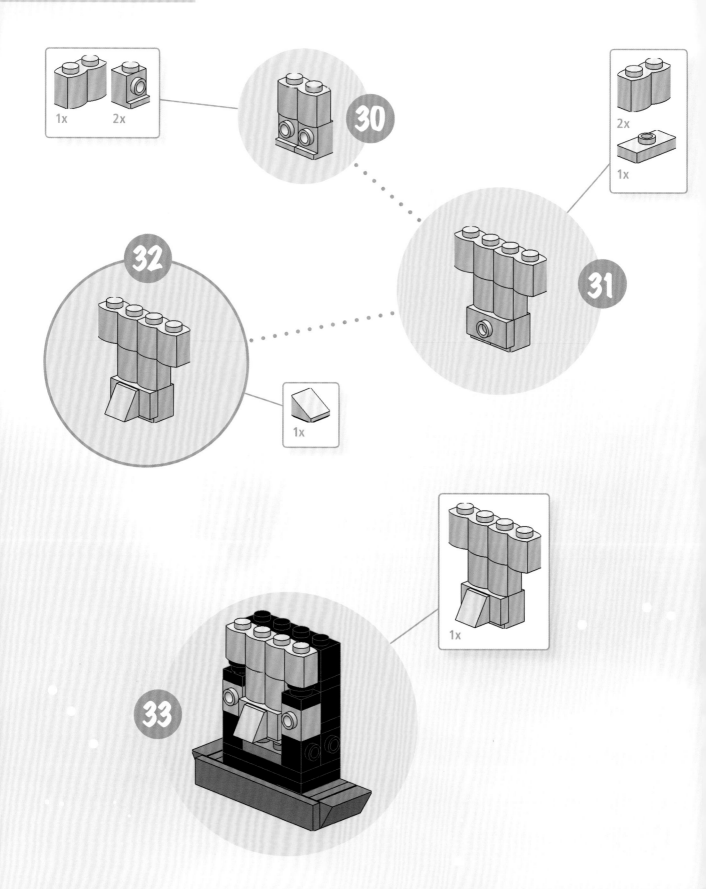

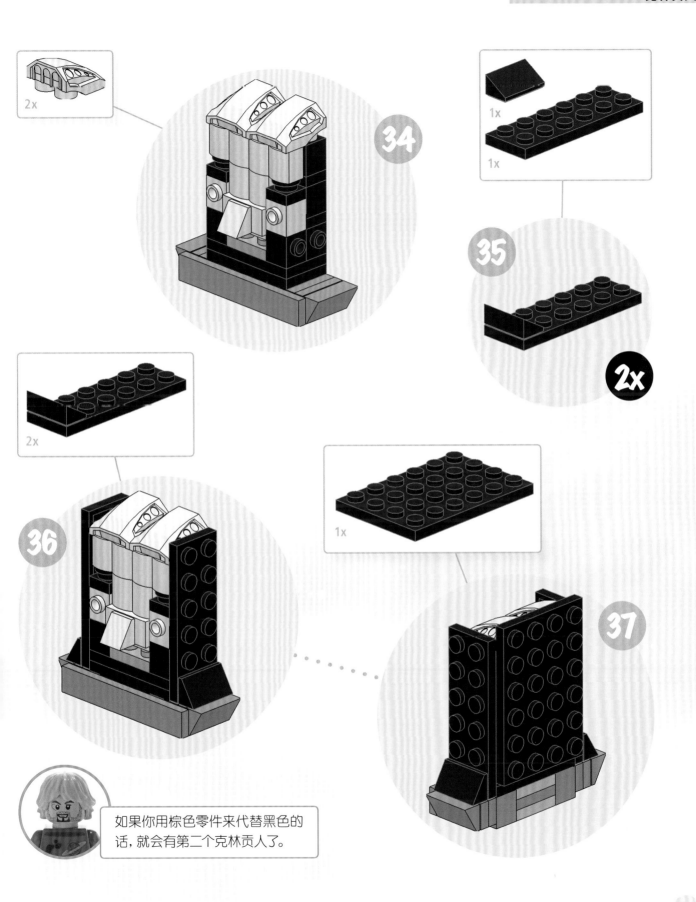

如果你用棕色零件来代替黑色的话，就会有第二个克林贡人了。

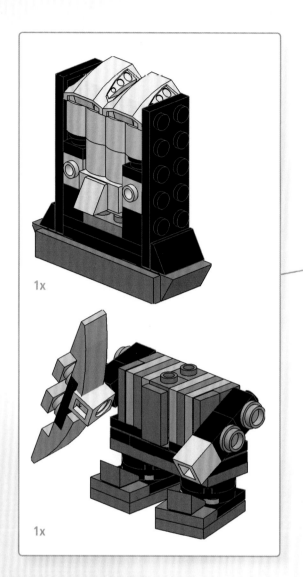

1x

1x

38

零件清单

 1x

 2x

 4x

 2x

 2x

 1x

 1x

 3x

 1x

 1x

 1x

 4x

 2x

 2x

 2x

 2x

 6x

 1x

 7x

 1x

 2x

 2x

 1x

 1x

 2x

 2x

 4x

 4x

 2x

 3x

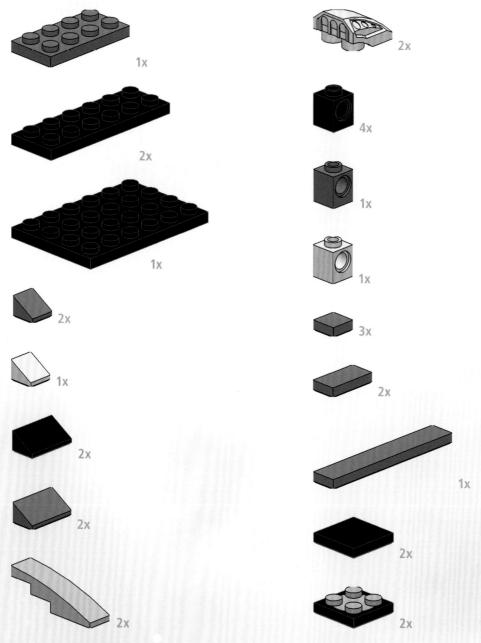

数量	颜色		零件编号	零件名称
1	米		3005	Brick 1 x 1
2	米		4070	Brick 1 x 1 with Headlight
4	黑		87087	Brick 1 x 1 with Stud on 1 Side
2	深蓝灰		87087	Brick 1 x 1 with Stud on 1 Side
2	米		87087	Brick 1 x 1 with Stud on 1 Side
1	深蓝灰		4733	Brick 1 x 1 with Studs on Four Sides
1	黑		3004	Brick 1 x 2
3	米		30136	Brick 1 x 2 Log

数量	颜色		零件编号	零件名称
1		黑	3010	Brick 1 x 4
1		黑	30414	Brick 1 x 4 with Studs on Side
1		深蓝灰	30414	Brick 1 x 4 with Studs on Side
4		黑	3024	Plate 1 x 1
2		深蓝灰	3024	Plate 1 x 1
2		金属银	3024	Plate 1 x 1
2		黑	4073	Plate 1 x 1 Round
2		金属银	4073	Plate 1 x 1 Round
6		珍珠金	4073	Plate 1 x 1 Round
1		黑	3023	Plate 1 x 2
7		深蓝灰	3023	Plate 1 x 2
1		卡其	3023	Plate 1 x 2
2		浅蓝灰	3023	Plate 1 x 2
2		深蓝灰	3794a	Plate 1 x 2 without Groove with 1 Centre Stud
1		米色	3794a	Plate 1 x 2 without Groove with 1 Centre Stud
1		红棕	3623	Plate 1 x 3
2		黑	3710	Plate 1 x 4
2		深蓝灰	3022	Plate 2 x 2
4		浅蓝灰	3022	Plate 2 x 2
4		黑	4032a	Plate 2 x 2 Round with Axlehole
2		深蓝灰	3021	Plate 2 x 3
3		黑	3020	Plate 2 x 4
1		深蓝灰	3020	Plate 2 x 4
2		黑	3795	Plate 2 x 6
1		黑	3032	Plate 4 x 6
2		深蓝灰	54200	Slope Brick 31 1 x 1 x 2/3
1		米	54200	Slope Brick 31 1 x 1 x 2/3
2		黑	85984	Slope Brick 31 1 x 2 x 2/3
2		深蓝灰	85984	Slope Brick 31 1 x 2 x 2/3
2		金属银	61678	Slope Brick Curved 4 x 1
2		米	44675	Slope Brick Curved Top 2 x 2 x 1 with Dimples
4		黑	6541	Technic Brick 1 x 1 with Hole
1		深蓝灰	6541	Technic Brick 1 x 1 with Hole
1		米	6541	Technic Brick 1 x 1 with Hole
3		深蓝灰	3070b	Tile 1 x 1 with Groove
2		深蓝灰	3069b	Tile 1 x 2 with Groove with Groove
1		深蓝灰	6636	Tile 1 x 6
2		黑	3068b	Tile 2 x 2 with Groove
2		黑	3680c01	Turntable 2 x 2 Plate (Complete)

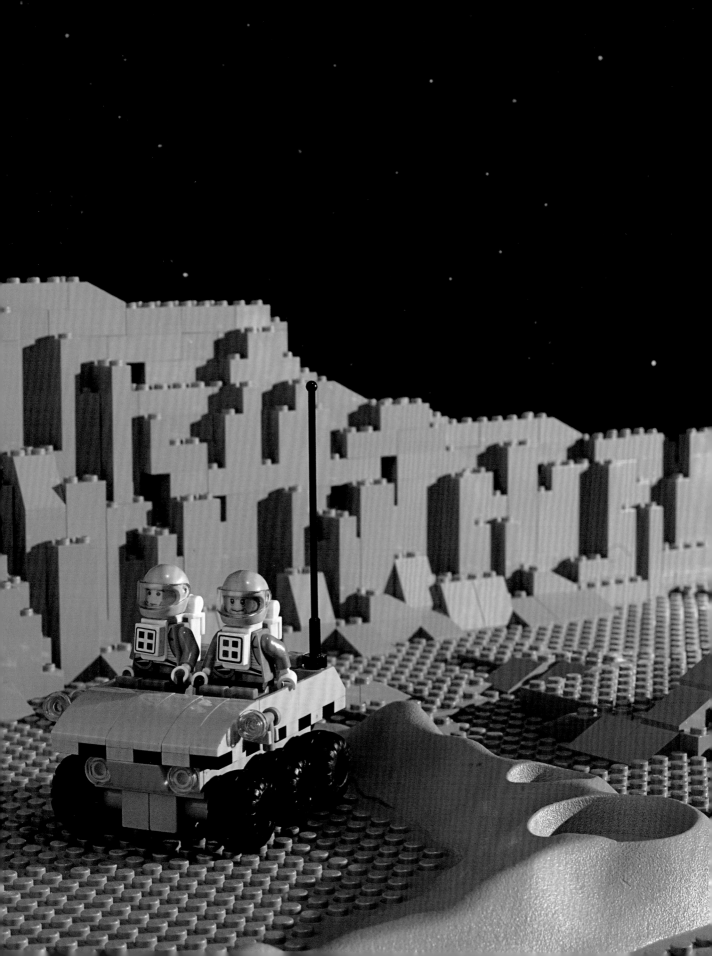

Moon Buggy月球车

我们很想在这里为大家献上前图中老鹰1号的搭建说明，它是按乐高标准人仔比例设计的，可是带数字印刷的光板零件和模型的尺寸已经超出本书的范围[译者注：此处的意思是本书以大家随手能找到的零件来做模型为原则，带数字印刷的光板零件属于非常稀有的乐高零件，市面上不太好找。另外老鹰1号（就是前页中的白色飞船）的比例可能稍大，需要的搭建步骤也会比较烦琐，与本书的原则不符]。所以，我们决定介绍这款能快速搭建的月球越野车。

老鹰运输机的设计起源于韩·索罗的千年隼号飞船，两者的原型设计惊人地相似。

Joe设计搭建

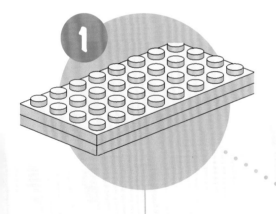

2x

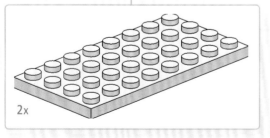

2x

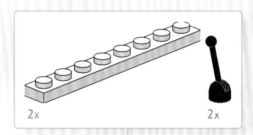

2x   2x

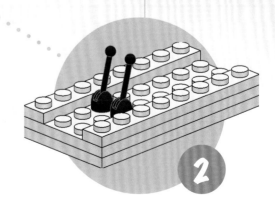

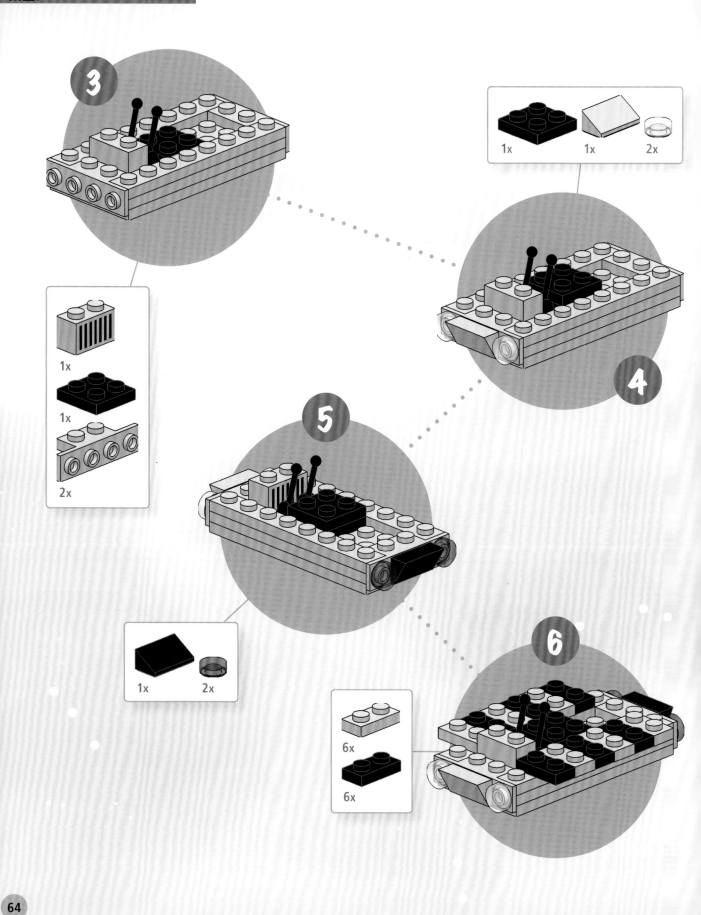

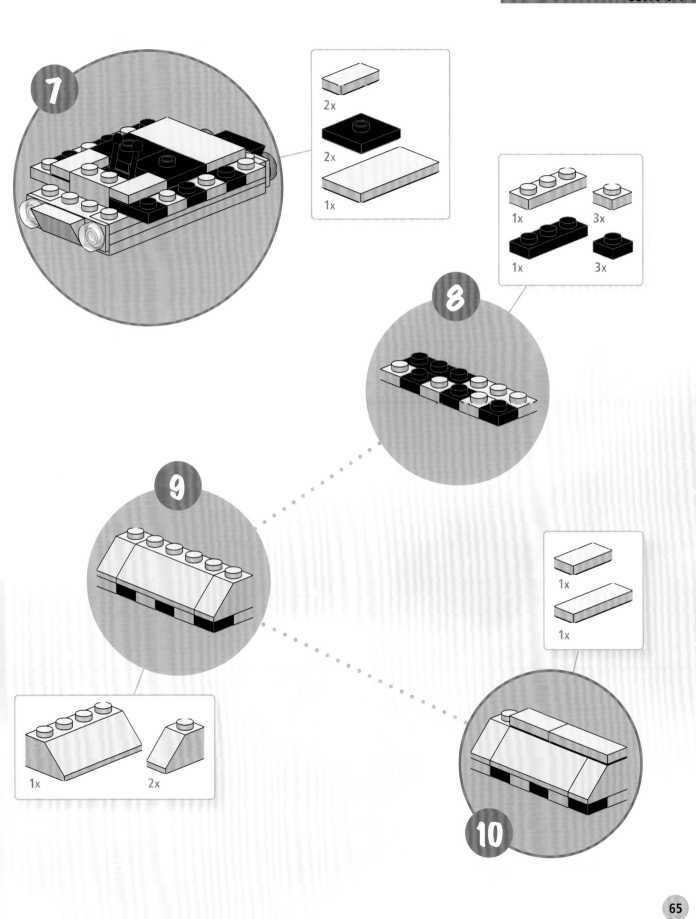

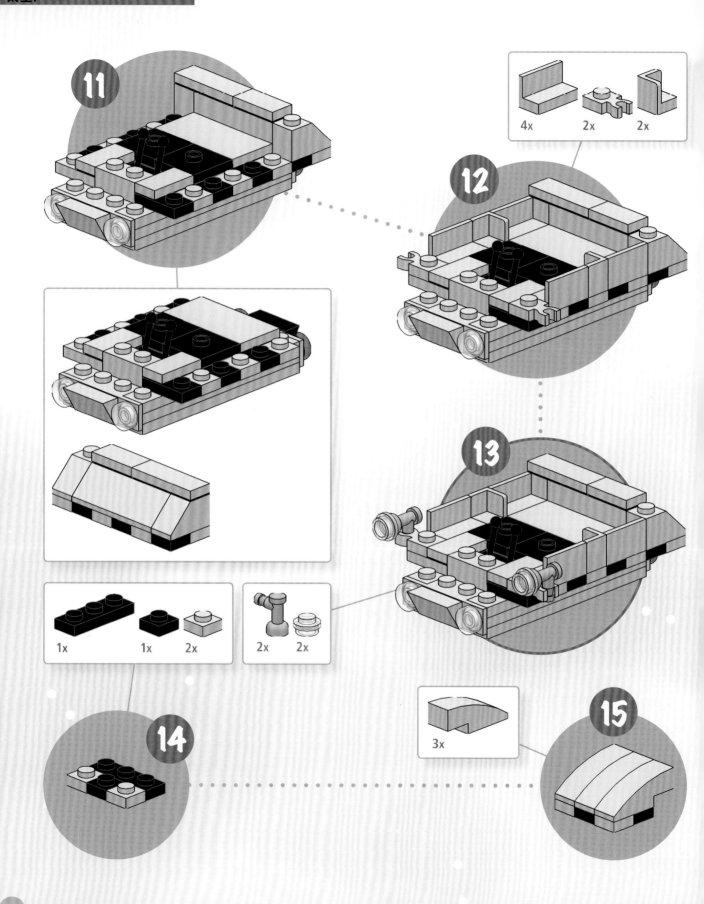

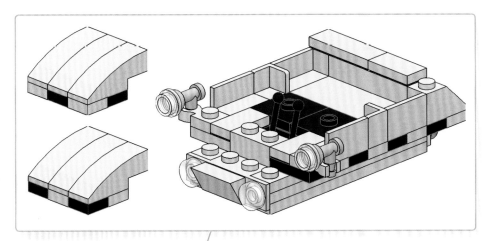

16

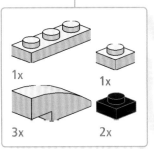

1x
1x
3x
2x

17

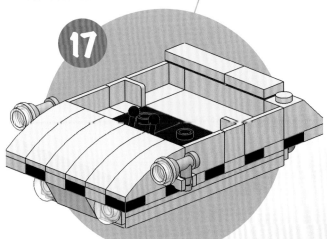

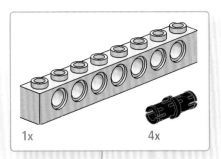

1x
4x

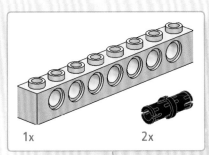

1x
2x

18

19

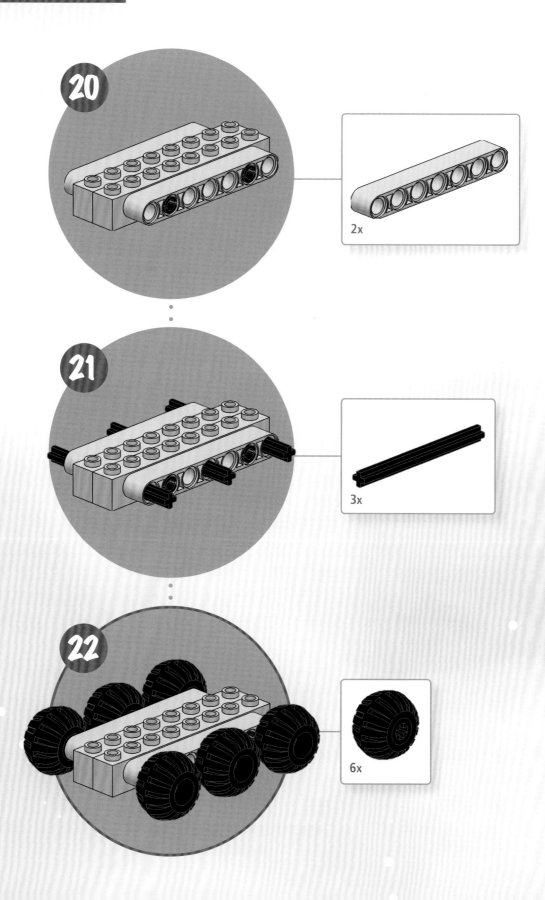

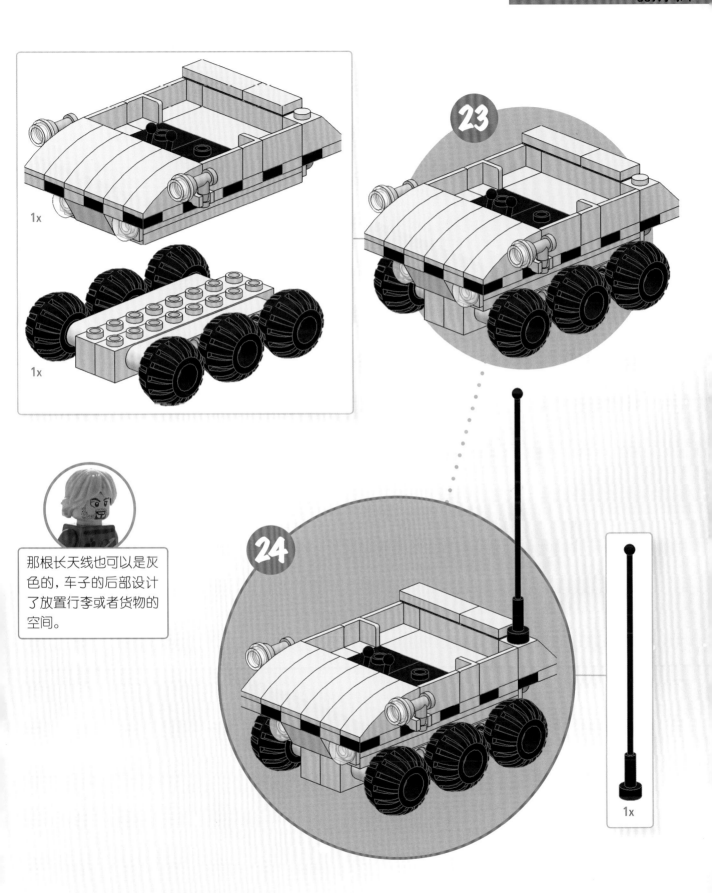

1x

1x

23

那根长天线也可以是灰色的，车子的后部设计了放置行李或者货物的空间。

24

1x

零件清单

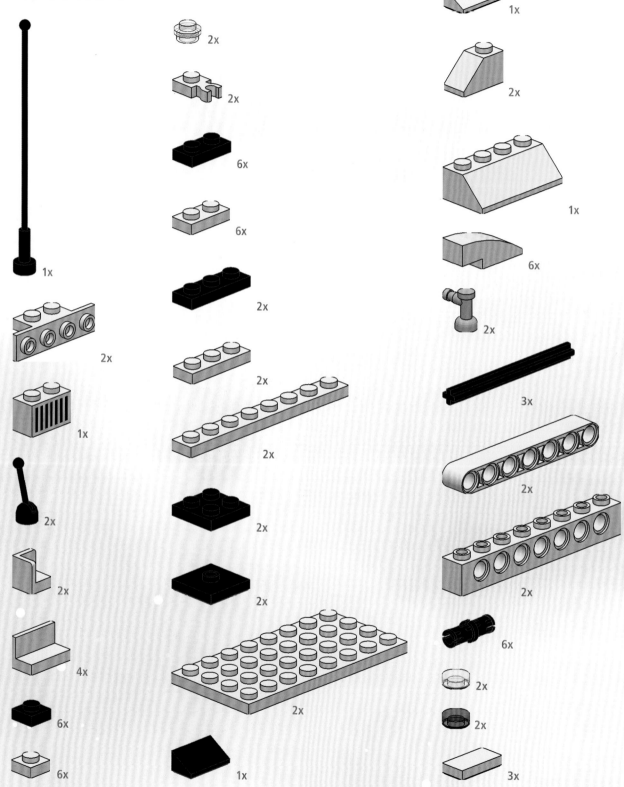

1x

2x

2x

6x

6x

2x

2x

2x

2x

2x

1x

2x

6x

6x

2x

2x

3x

2x

2x

4x

6x

2x

6x

6x

1x

2x

2x

3x

1x

 1x

 6x

数量		颜色	零件编号	零件名称
1	■	黑	2569	Antenna 8H Whip
2		黄	2436a	Bracket 1 x 2 – 1 x 4 Type 1
1		黄	3004p06	Brick 1 x 2 with 黑 Grille Pattern
2	■	黑	4592c01	Hinge Control Stick and Base (Complete)
2		黄	6231	Panel 1 x 1 x 1 Corner with Rounded Corners
4		黄	4865a	Panel 1 x 2 x 1 with Square Corners
6	■	黑	3024	Plate 1 x 1
6		黄	3024	Plate 1 x 1
2		纯透明	4073	Plate 1 x 1 Round
2		黄	4085c	Plate 1 x 1 with Clip Vertical Type 3
6	■	黑	3023	Plate 1 x 2
6		黄	3023	Plate 1 x 2
2	■	黑	3623	Plate 1 x 3
2		黄	3623	Plate 1 x 3
2		黄	3460	Plate 1 x 8
2	■	黑	3022	Plate 2 x 2
2	■	黑	87580	Plate 2 x 2 with Groove with 1 Center Stud
2		黄	3035	Plate 4 x 8
1	■	黑	85984	Slope Brick 31 1 x 2 x 2/3
1		黄	85984	Slope Brick 31 1 x 2 x 2/3
2		黄	3040b	Slope Brick 45 2 x 1
1		黄	3037	Slope Brick 45 2 x 4
6		黄	50950	Slope Brick Curved 3 x 1
2		浅蓝灰	4599	Tap 1 x 1
3	■	黑	3706	Technic Axle 6
2		黄	32524	Technic Beam 7
2		黄	3702	Technic Brick 1 x 8 with Holes
6	■	黑	2780	Technic Pin with Friction and Slots
2		纯透明	98138	Tile 1 x 1 Round with Groove
2		透明红	98138	Tile 1 x 1 Round with Groove
3		黄	3069b	Tile 1 x 2 with Groove
1		黄	63864	Tile 1 x 3 with Groove
1		黄	87079	Tile 2 x 4 with Groove
6	■	黑	4288	Tyre Balloon

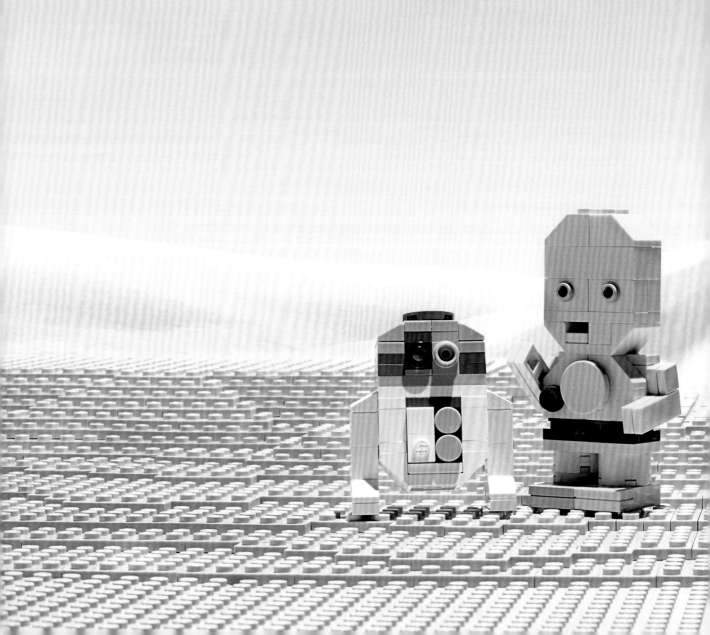

R2-D2

这个修理机器人的眼睛被设计成透明的红色, 是为了从后面向前展现出透光的效果。

当乔治·卢卡斯 (George Lucas) 在审阅《美国风情画》并做剪辑时, 一个小小的装置播放着那段影片, 于是自然而然地, 这个机器人被命名了。R2-D2的意思是第二卷, 第二个对话框。

Joe设计搭建

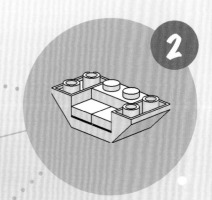

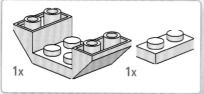

1x   1x

2x

1x

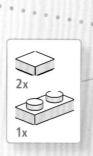

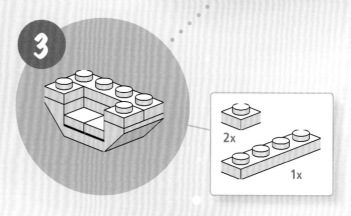

2x

1x

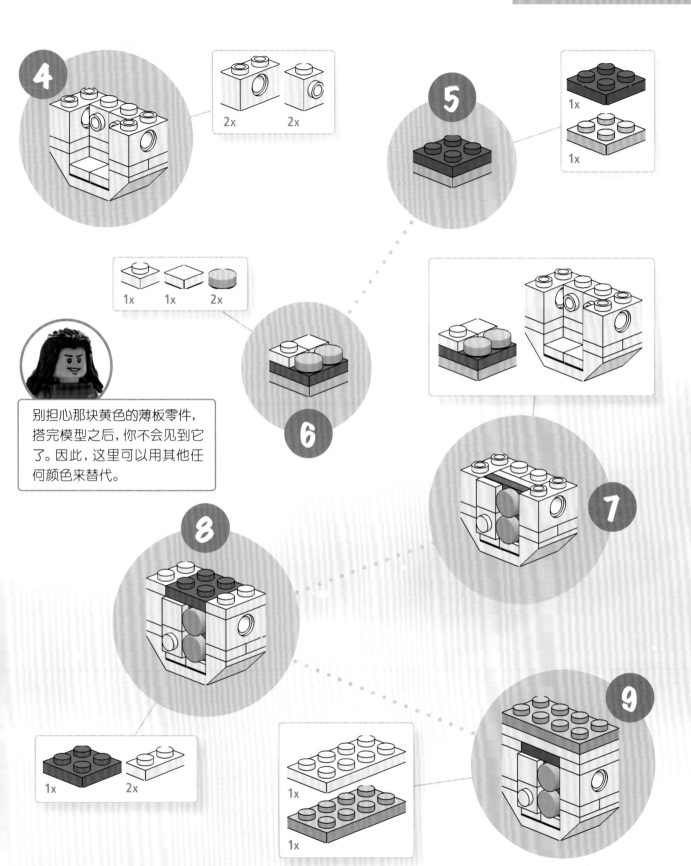

别担心那块黄色的薄板零件，搭完模型之后，你不会见到它了。因此，这里可以用其他任何颜色来替代。

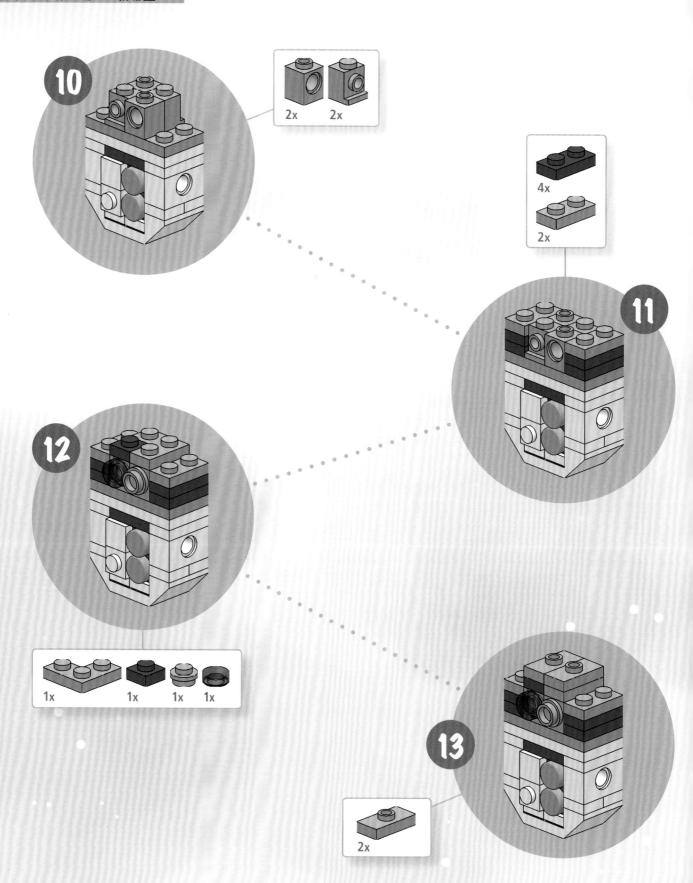

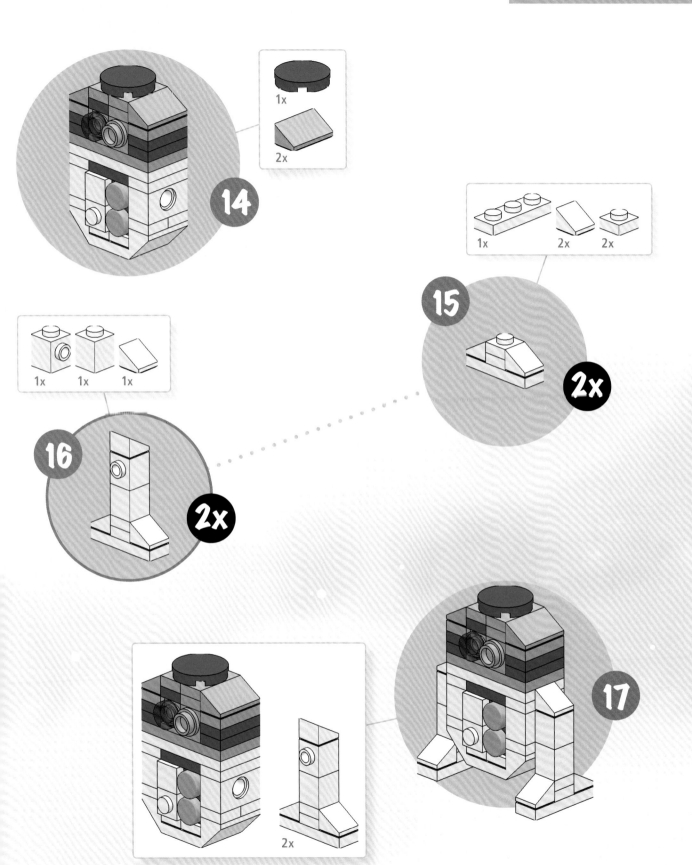

零件清单

2x

2x

4x

1x

7x

1x

4x

2x

4x

2x

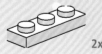
2x

1x

2x

1x

1x

1x

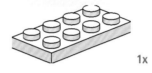
1x

6x

2x

1x

2x

2x

2x

1x

3x

1x

数量		颜色	零件编号	零件名称
2		白	3005	Brick 1 x 1
2		浅蓝灰	4070	Brick 1 x 1 with Headlight
4		白	87087	Brick 1 x 1 with Stud on 1 Side
1		蓝	3024	Plate 1 x 1
7		白	3024	Plate 1 x 1
1		浅蓝灰	4073	Plate 1 x 1 Round
4		蓝	3023	Plate 1 x 2
2		浅蓝灰	3023	Plate 1 x 2
4		白	3023	Plate 1 x 2
2		浅蓝灰	3794a	Plate 1 x 2 without Groove with 1 Centre Stud
2		白	3623	Plate 1 x 3
1		白	3710	Plate 1 x 4
2		蓝	3022	Plate 2 x 2
1		黄	3022	Plate 2 x 2
1		浅蓝灰	2420	Plate 2 x 2 Corner
1		浅蓝灰	3020	Plate 2 x 4
1		白	3020	Plate 2 x 4
6		白	54200	Slope Brick 31 1 x 1 x 2/3
2		浅蓝灰	85984	Slope Brick 31 1 x 2 x 2/3
1		白	4871	Slope Brick 45 4 x 2 Double Inverted with Open Center
2		浅蓝灰	6541	Technic Brick 1 x 1 with Hole
2		白	3700	Technic Brick 1 x 2 with Hole
2		浅蓝灰	98138	Tile 1 x 1 Round with Groove
1		透明红	98138	Tile 1 x 1 Round with Groove
3		白	3070b	Tile 1 x 1 with Groove
1		蓝	4150	Tile 2 x 2 Round

C-3PO

我们为这个"砖块头"人仔设计了可动的手臂,当然胸口的那个黑点只在电影很少见的几个镜头中出现过,如果你不喜欢,可以用1个1×1的标准砖块来替代。

我敢打赌不是所有人都注意到:这台"大脑抽筋的哲学家"的左面小腿是银色的零件。

Joe设计搭建

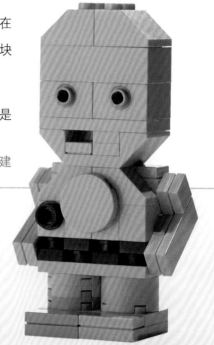

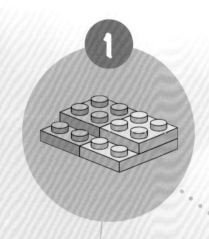

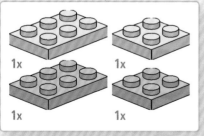

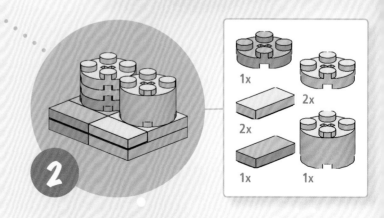

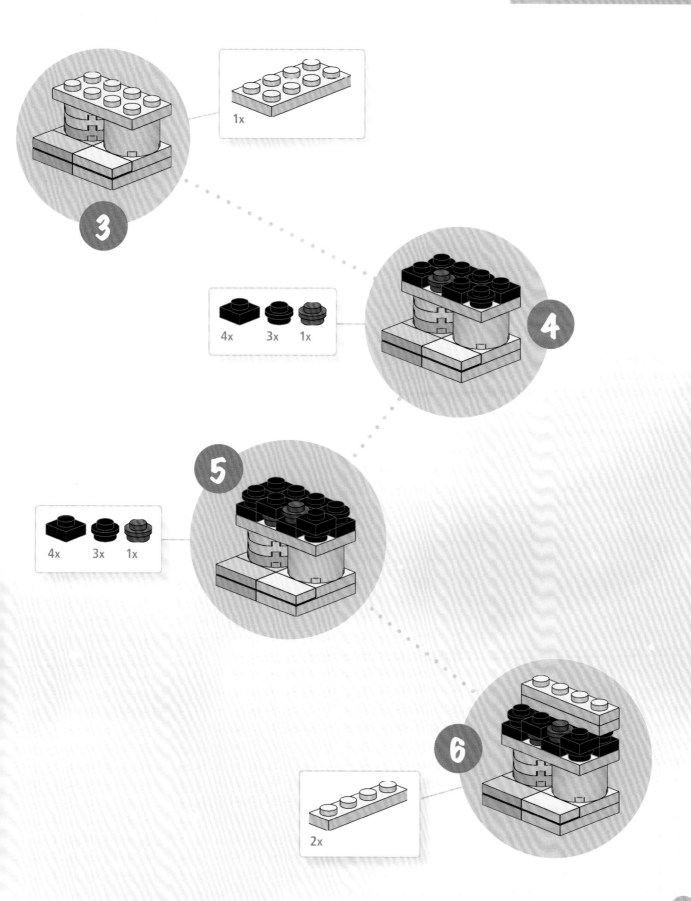

3

1x

4

4x 3x 1x

5

4x 3x 1x

6

2x

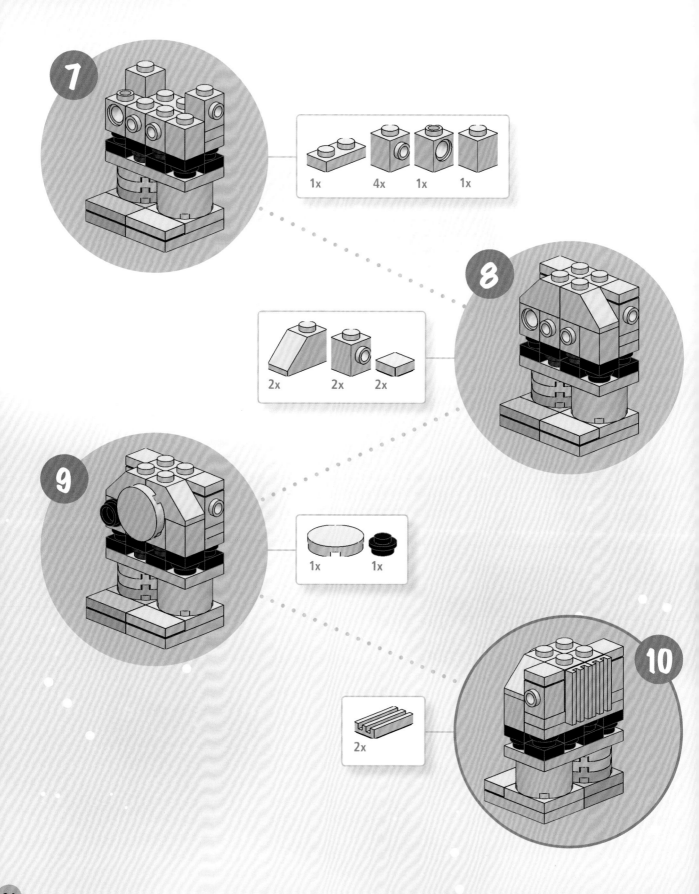

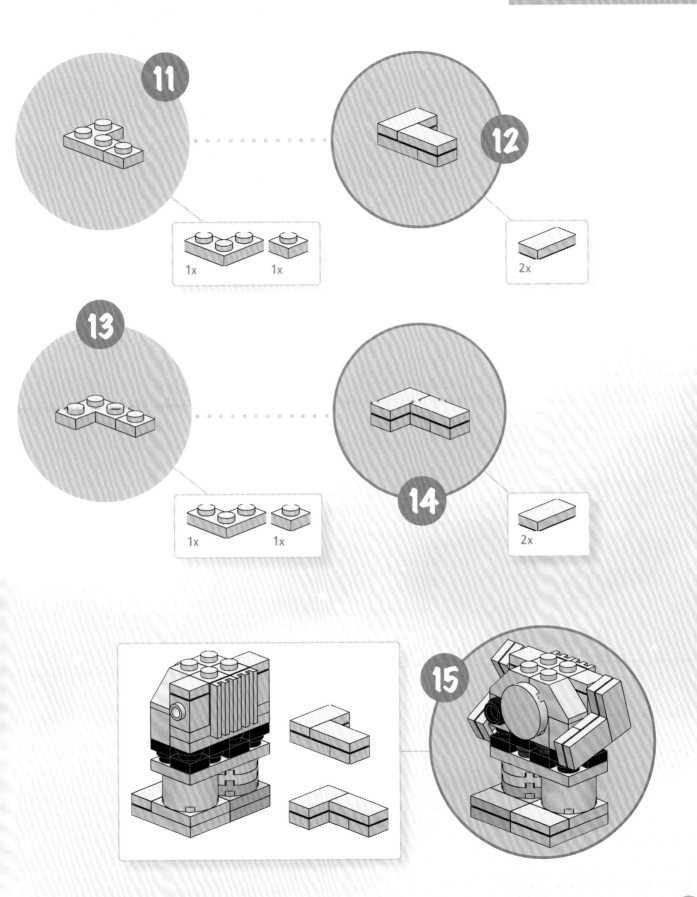

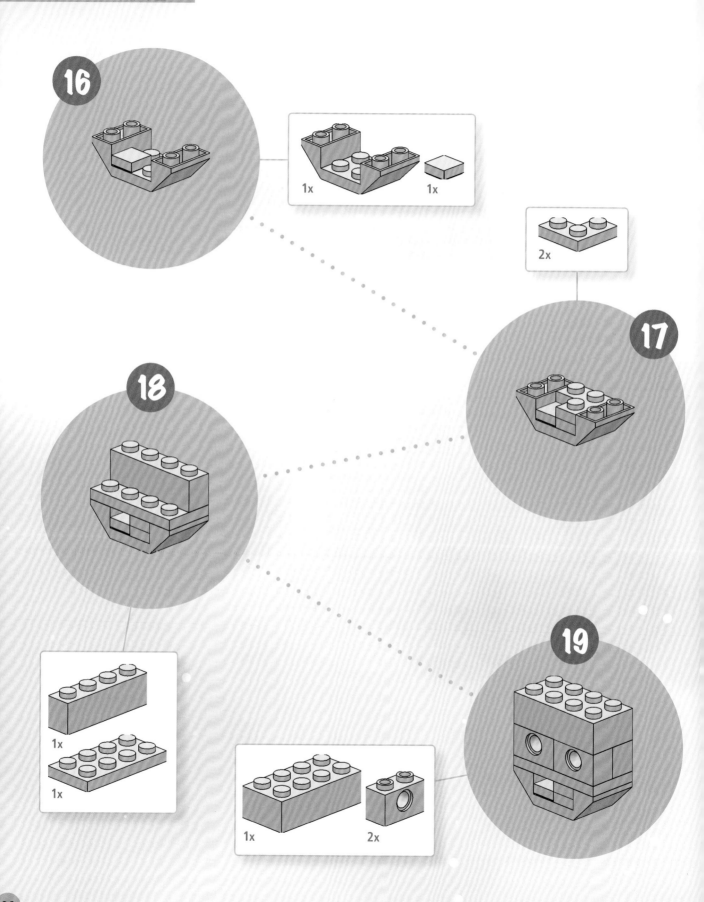

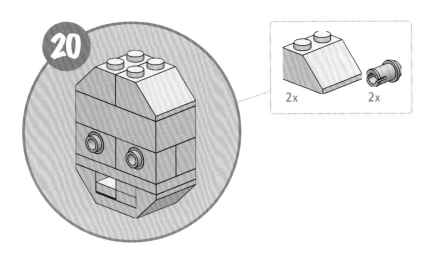

2x   2x

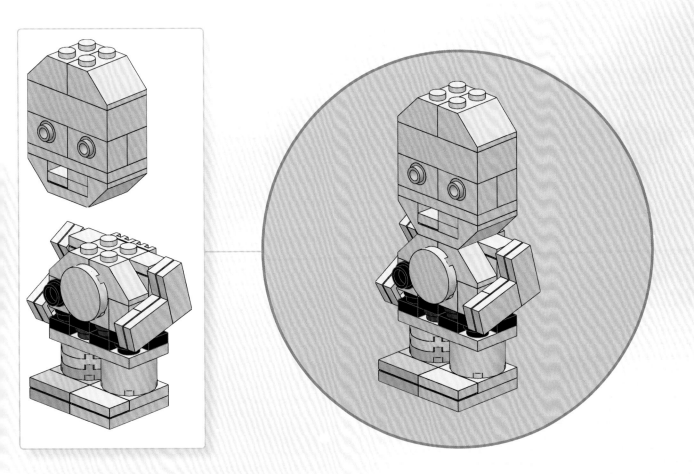

零件清单

 1x

 6x

 1x

 8x

 7x

 2x

 1x

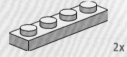 2x

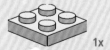 1x

 1x

 2x

 1x

 1x

 1x

 2x

 2x

 1x

 3x

 2x

 1x

 1x

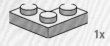 1x

 5x

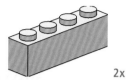 2x

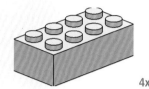 4x

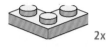 2x

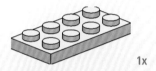 1x

 2x

 1x

 2x

 2x

 1x

数量		颜色	零件编号	零件名称
1		黄	3005	Brick 1 x 1
6		黄	87087	Brick 1 x 1 with Stud on 1 Side
1		黄	3010	Brick 1 x 4
1		黄	3941	Brick 2 x 2 Round
1		黄	3001	Brick 2 x 4
8		黑	3024	Plate 1 x 1
2		黄	3024	Plate 1 x 1
7		黑	4073	Plate 1 x 1 Round
2		红	4073	Plate 1 x 1 Round
1		黄	3023	Plate 1 x 2
2		黄	3710	Plate 1 x 4
1		浅蓝灰	3022	Plate 2 x 2
1		黄	3022	Plate 2 x 2
4		黄	2420	Plate 2 x 2 Corner
1		浅蓝灰	4032a	Plate 2 x 2 Round with Axlehole
2		黄	4032a	Plate 2 x 2 Round with Axlehole
1		浅蓝灰	3021	Plate 2 x 3
1		黄	3021	Plate 2 x 3
2		黄	3020	Plate 2 x 4
2		黄	3040b	Slope Brick 45 2 x 1
2		黄	3039	Slope Brick 45 2 x 2
1		黄	4871	Slope Brick 45 4 x 2 Double Inverted with Open Center
1		黄	6541	Technic Brick 1 x 1 with Hole
2		黄	3700	Technic Brick 1 x 2 with Hole
2		浅蓝灰	4274	Technic Pin 1 / 2
3		黄	3070b	Tile 1 x 1 with Groove
2		黄	2412b	Tile 1 x 2 Grille with Groove
4		黄	3069b	Tile 1 x 2 with Groove
1		黄	4150	Tile 2 x 2 Round

沙漠暴风兵

仔细观察这个"砖块头"的照片,你可以注意到米色系的零件的不同用法。组合深色和浅色的米色零件就能表现出风蚀在不同部位产生的影响。

顺便提一下,人仔的橘黄色披肩标志着最高阶的军官,而黑色和白色的披肩象征着低阶的士兵。

Joe设计搭建

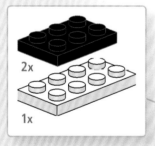

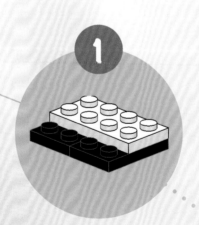

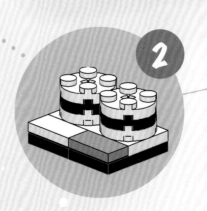

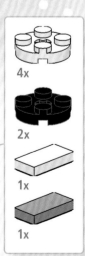

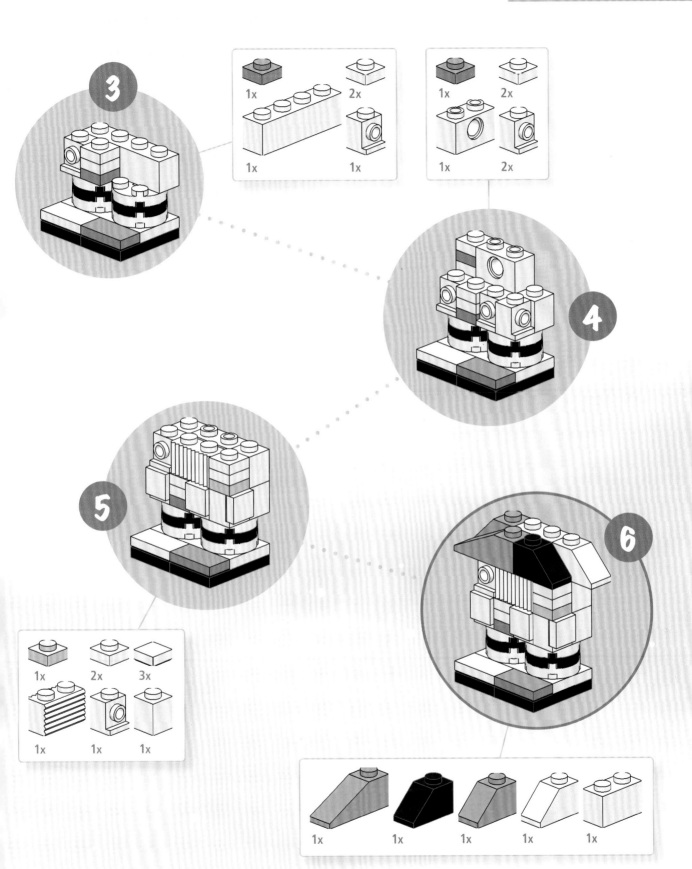

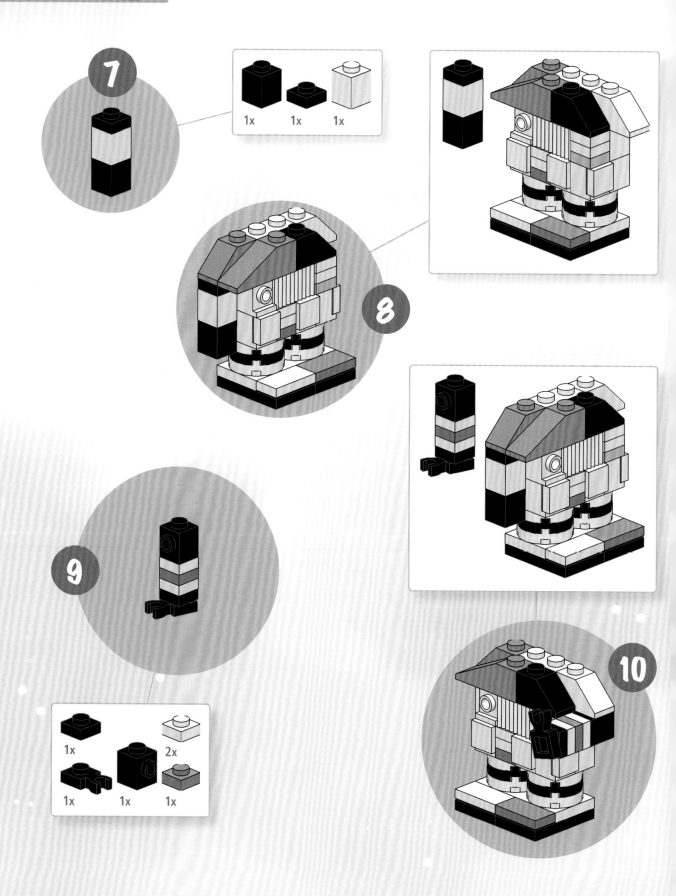

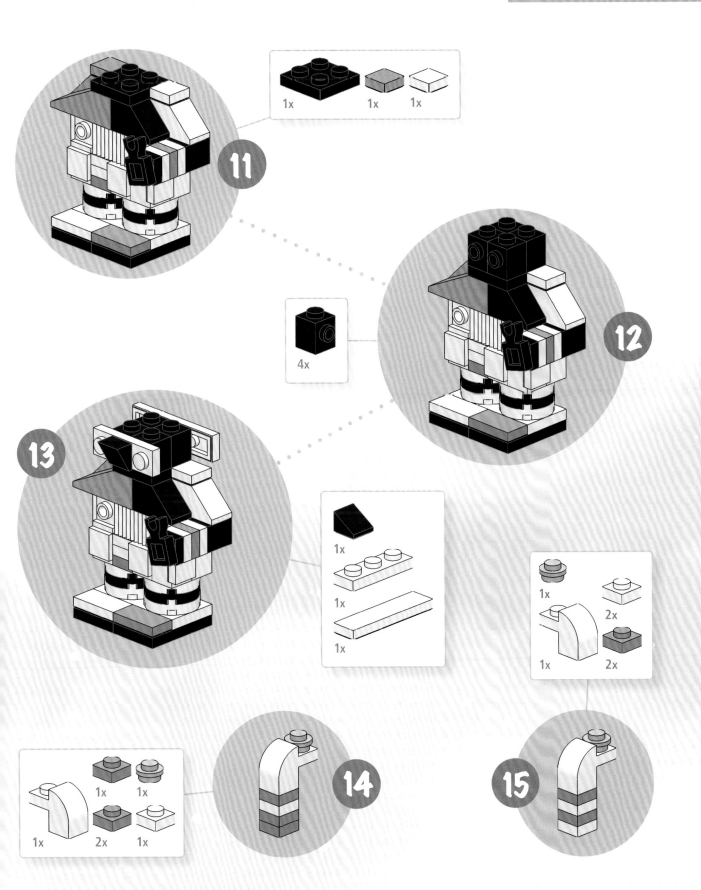

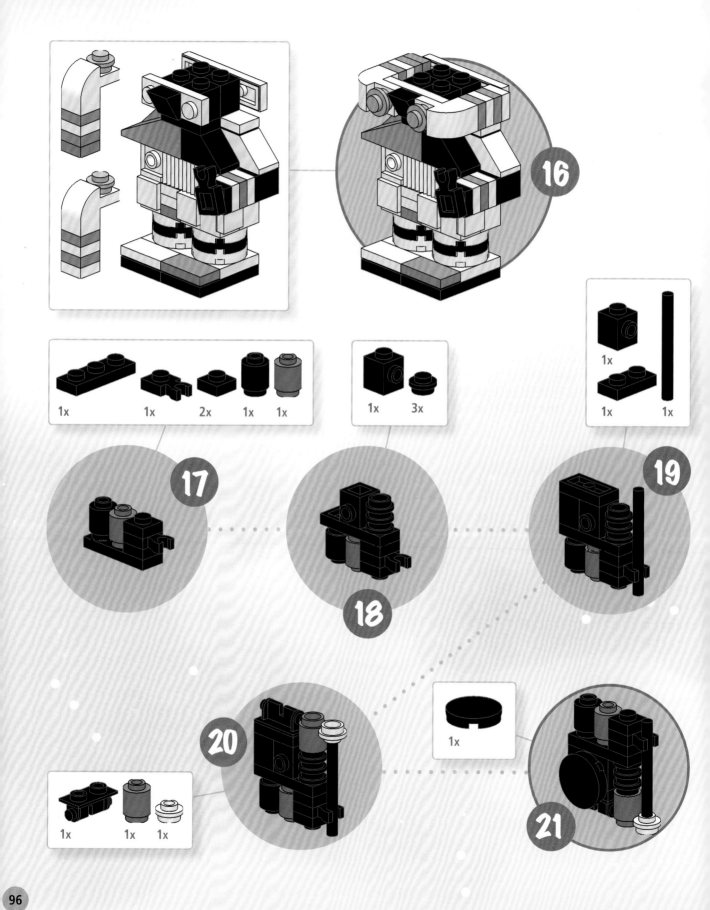

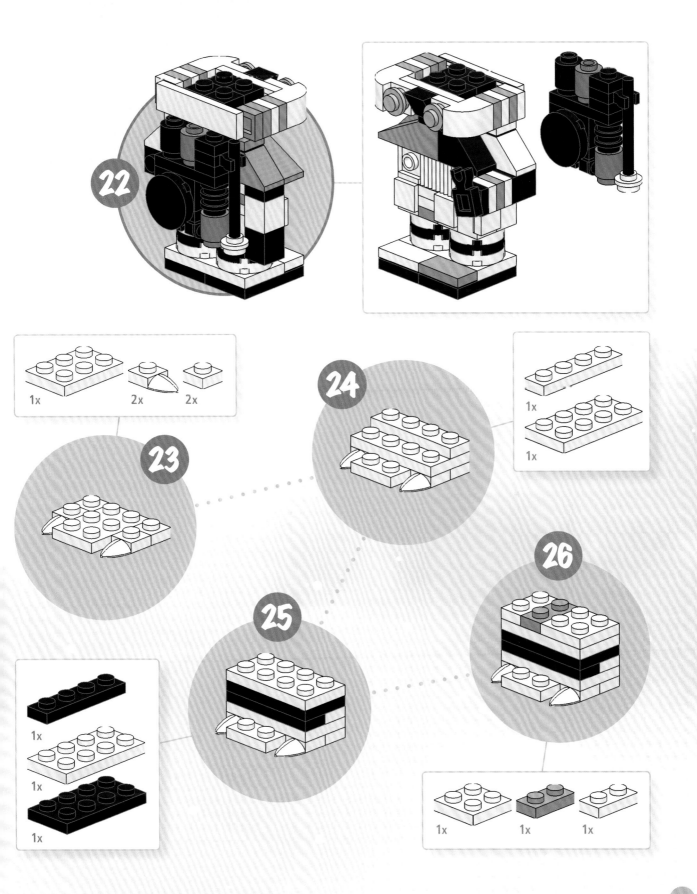

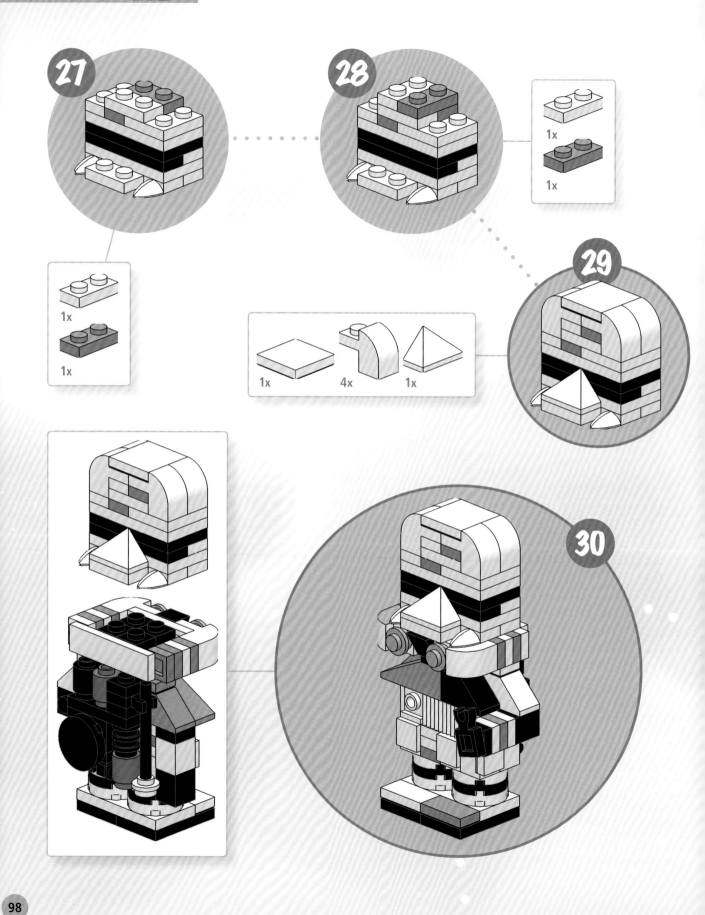

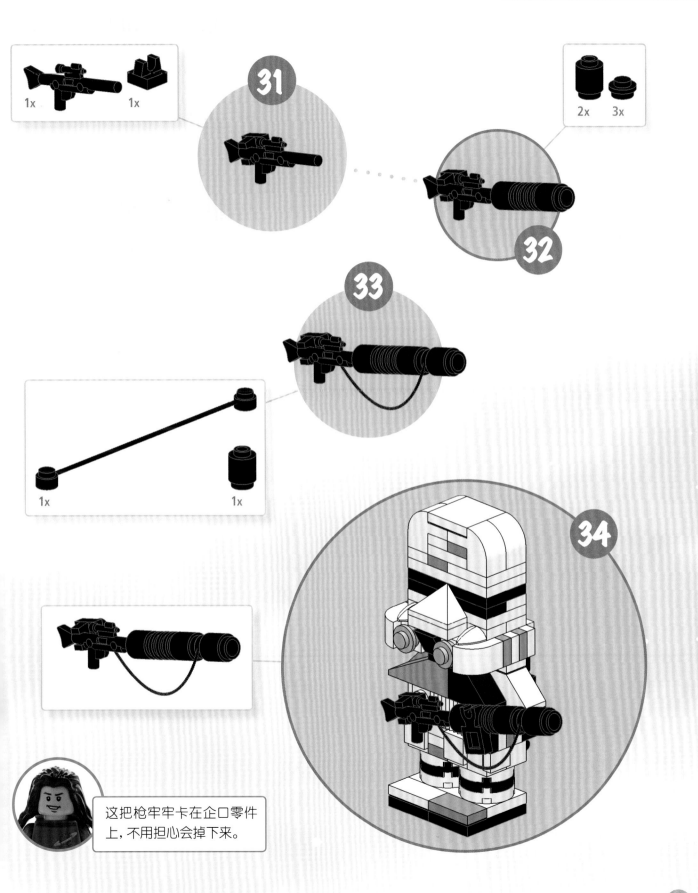

1x 1x

31

2x 3x

32

33

1x 1x

34

这把枪牢牢卡在企口零件上, 不用担心会掉下来。

零件清单

1x

1x

2x

4x

2x

4x

6x

1x

1x

1x

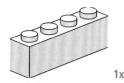
1x

6x

1x

1x

4x

4x

4x

1x

13x

6x

2x

1x

2x

2x

1x

3x

3x

1x

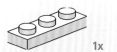
1x

1x

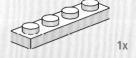
1x

1x

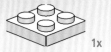
1x

2x

4x

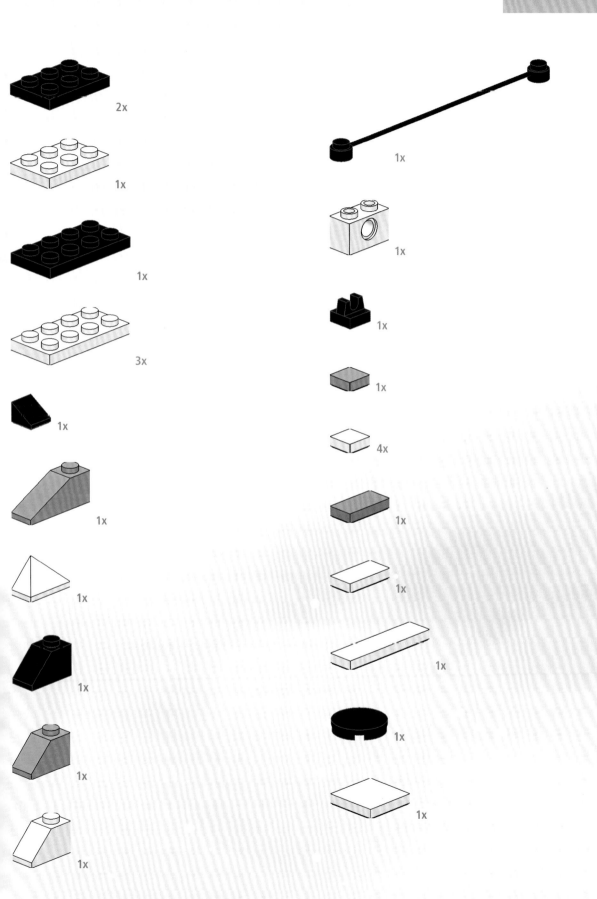

2x

1x

1x

3x

1x

1x

1x

1x

1x

1x

1x

1x

1x

4x

1x

1x

1x

1x

1x

数量		颜色	零件编号	零件名称
1	■	黑	30374	Bar 4L Light Sabre Blade
1	■	黑	3005	Brick 1 x 1
2		白	3005	Brick 1 x 1
4	■	黑	3062b	Brick 1 x 1 Round with Hollow Stud
2		沙蓝	3062b	Brick 1 x 1 Round with Hollow Stud
4		白	4070	Brick 1 x 1 with Headlight
6	■	黑	87087	Brick 1 x 1 with Stud on 1 Side
1	■	黑	47905	Brick 1 x 1 with Studs on Two Opposite Sides
1		白	3004	Brick 1 x 2
1		白	2877	Brick 1 x 2 with Grille
1		白	3010	Brick 1 x 4
6		白	6091	Brick 2 x 1 x 1 & 1/3 with Curved Top
1	■	黑	3938	Hinge 1 x 2 Top
1	■	黑	57899	Minifig Gun Long Blaster
4	■	黑	3024	Plate 1 x 1
4		卡其	3024	Plate 1 x 1
4		中蓝	3024	Plate 1 x 1
1		米	3024	Plate 1 x 1
13		白	3024	Plate 1 x 1
6	■	黑	4073	Plate 1 x 1 Round
2		金属银	4073	Plate 1 x 1 Round
1		白	85861	Plate 1 x 1 Round with Open Stud
2	■	黑	4085c	Plate 1 x 1 with Clip Vertical Type 3
2		白	49668	Plate 1 x 1 with Tooth
1	■	黑	3023	Plate 1 x 2
3		卡其	3023	Plate 1 x 2
3		白	3023	Plate 1 x 2
1	■	黑	3623	Plate 1 x 3
1		白	3623	Plate 1 x 3
1	■	黑	3710	Plate 1 x 4
1		白	3710	Plate 1 x 4
1	■	黑	3022	Plate 2 x 2
1		白	3022	Plate 2 x 2
2	■	黑	4032b	Plate 2 x 2 Round with Axlehole Type 2
4		白	4032b	Plate 2 x 2 Round with Axlehole Type 2
2	■	黑	3021	Plate 2 x 3
1		白	3021	Plate 2 x 3
1	■	黑	3020	Plate 2 x 4
3		白	3020	Plate 2 x 4
1	■	黑	54200	Slope Brick 31 1 x 1 x 2/3
1		橙	4286	Slope Brick 33 3 x 1

续表

数量	颜色	零件编号	零件名称
1	白	3048	Slope Brick 45 1 x 2 Triple
1	黑	3040b	Slope Brick 45 2 x 1
1	橙	3040b	Slope Brick 45 2 x 1
1	白	3040b	Slope Brick 45 2 x 1
1	黑	76384	String Braided 11L with End Studs
1	白	3700	Technic Brick 1 x 2 with Hole
1	黑	2555	Tile 1 x 1 with Clip
1	橙	3070b	Tile 1 x 1 with Groove
4	白	3070b	Tile 1 x 1 with Groove
1	卡其	3069b	Tile 1 x 2 with Groove
1	白	3069b	Tile 1 x 2 with Groove
1	白	2431	Tile 1 x 4 with Groove
1	黑	4150	Tile 2 x 2 Round
1	白	3068b	Tile 2 x 2 with Groove

暴风兵由于没用到那些米色零件,所以看着很干净。肩膀和后面的披风可以被替换掉,或者再简单点,去掉就可以了。

湿气冷凝机

这些在塔图因星球上装备的装置是为了收集水分。卢克·天行者就在一个水分收集工厂为他舅舅干活儿。

我们的模型用到了较多的天线和圆形零件,将它们井然有序地排列起来就形成了这个水分收集器。

Harald设计搭建

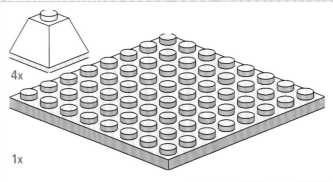

1

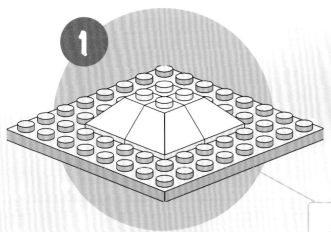

4x

1x

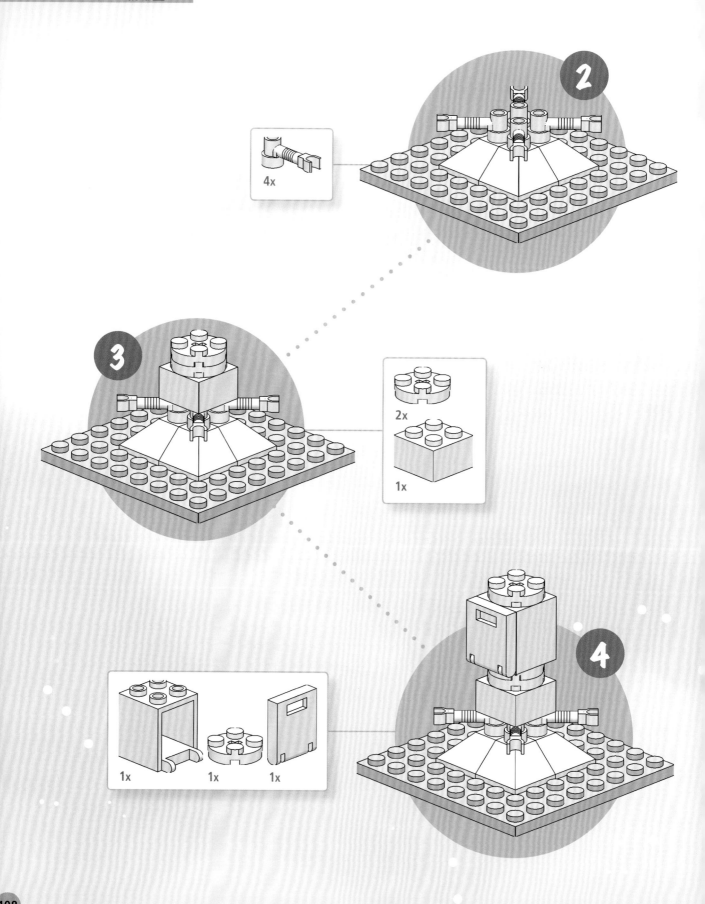

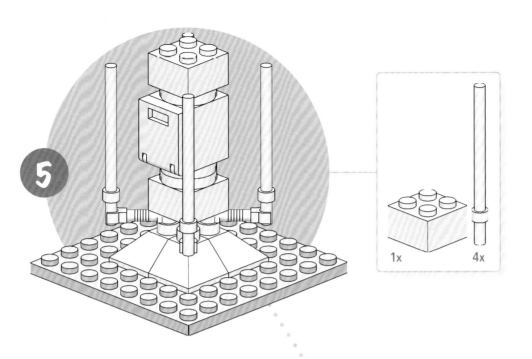

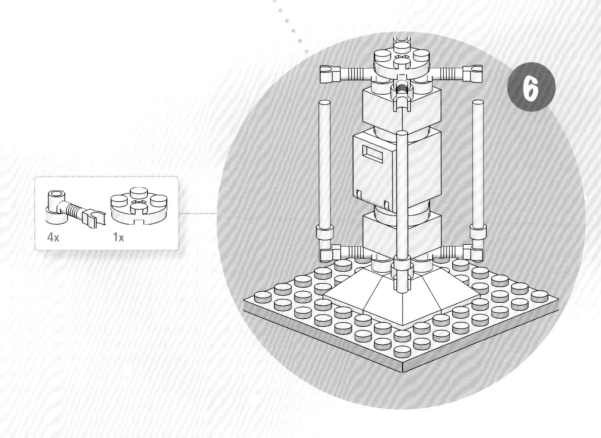

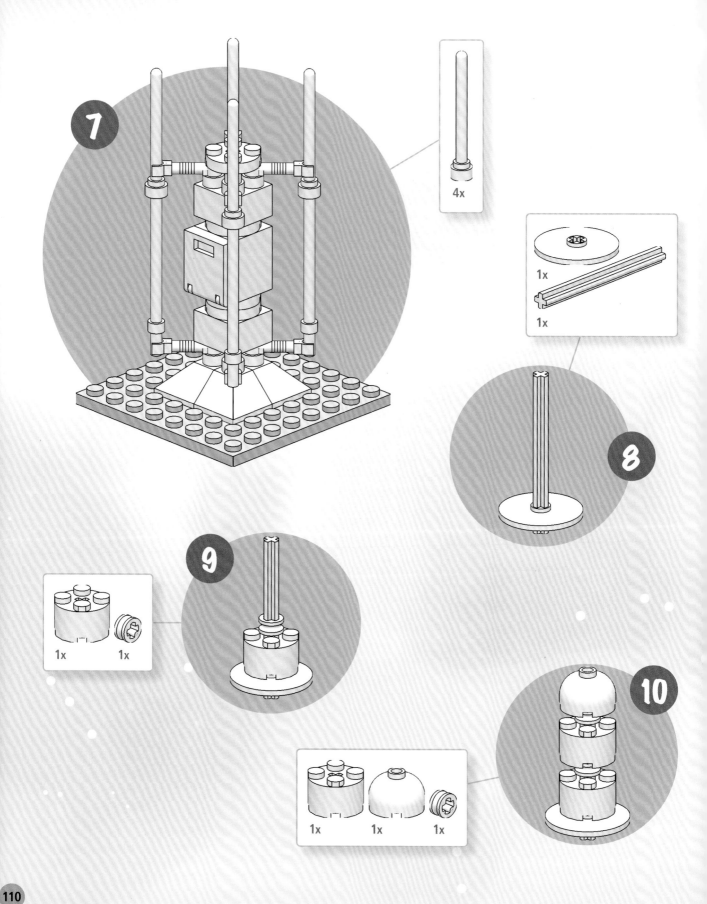

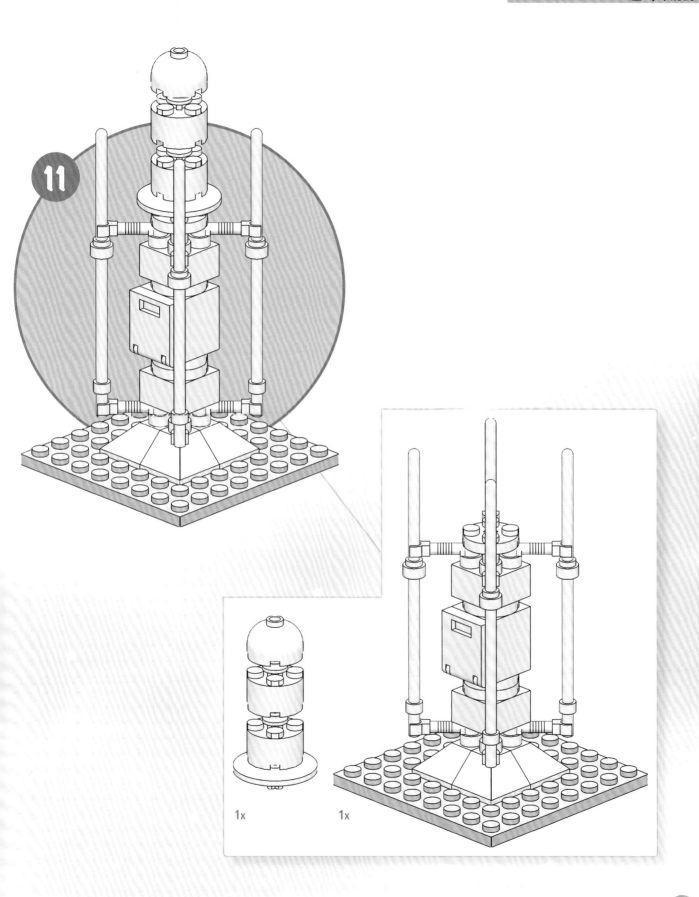

1x 1x

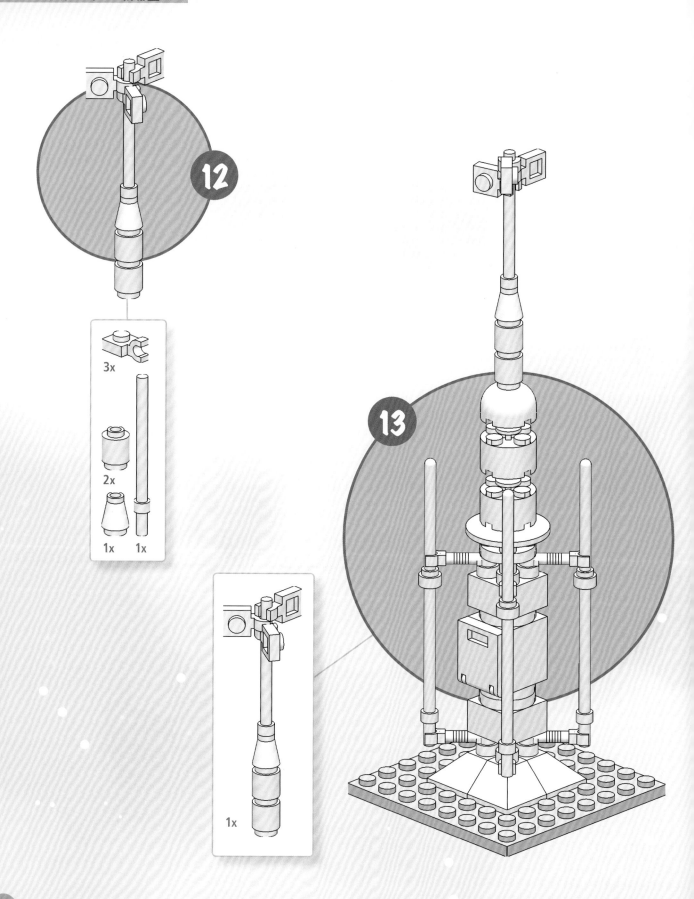

零件清单

4x

8x

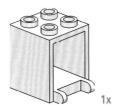
1x

4x

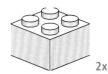
2x

1x

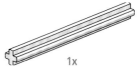
1x

5x

2x

3x

2x

1x

4x

1x

2x

1x

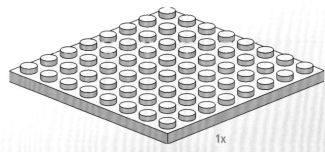
1x

数量	颜色	零件编号	零件名称
4	白	3957	Antenna 4H
5	白	63965	Bar 6L with Thick Stop
2	白	3062b	Brick 1 x 1 Round with Hollow Stud
8	白	4735	Brick 1 x 1 2/3 Round with Bar and Clip Vertical
2	白	3003	Brick 2 x 2
2	白	3941	Brick 2 x 2 Round
1	白	4589	Cone 1 x 1
1	白	4346	Container Box 2 x 2 x 2 Door with Slot
1	白	4345b	Container Box 2 x 2 x 2 with Hollow Studs
1	白	30367	Cylinder 2 x 2 with Dome Top
3	白	6019	Plate 1 x 1 with Clip Horizontal
4	白	4032a	Plate 2 x 2 Round with Axlehole
1	米	41539	Plate 8 x 8
4	白	3045	Slope Brick 45 2 x 2 Double Convex
1	白	3706	Technic Axle 6
2	白	32123b	Technic Bush 1/2 Smooth
1	白	2723	Technic Disc 3 x 3 with Axlehole

X翼战机

这架反抗军的标配战斗机以摧毁了帝国的"死星"而出名。我们用到能转动的爪形零件以便机翼能折叠起来进入进攻姿态。当然，在机鼻的地方你可以用灰色，电影中出现过好几种配色的此类战机。

小百科：在战机反攻"死星"的许多镜头中，*Wochenschan*（德文版《每周评论》）的旧唱片作为模型场景数次出现。

Tim设计搭建

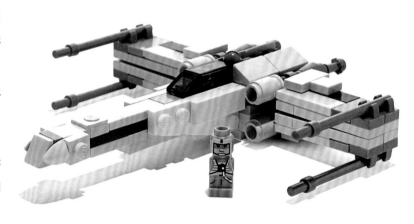

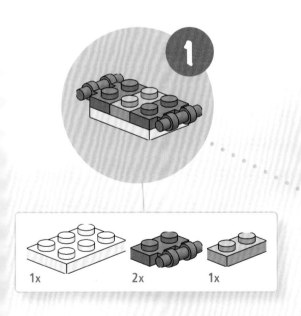

1x 2x 1x

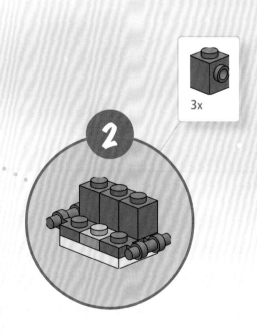

3x

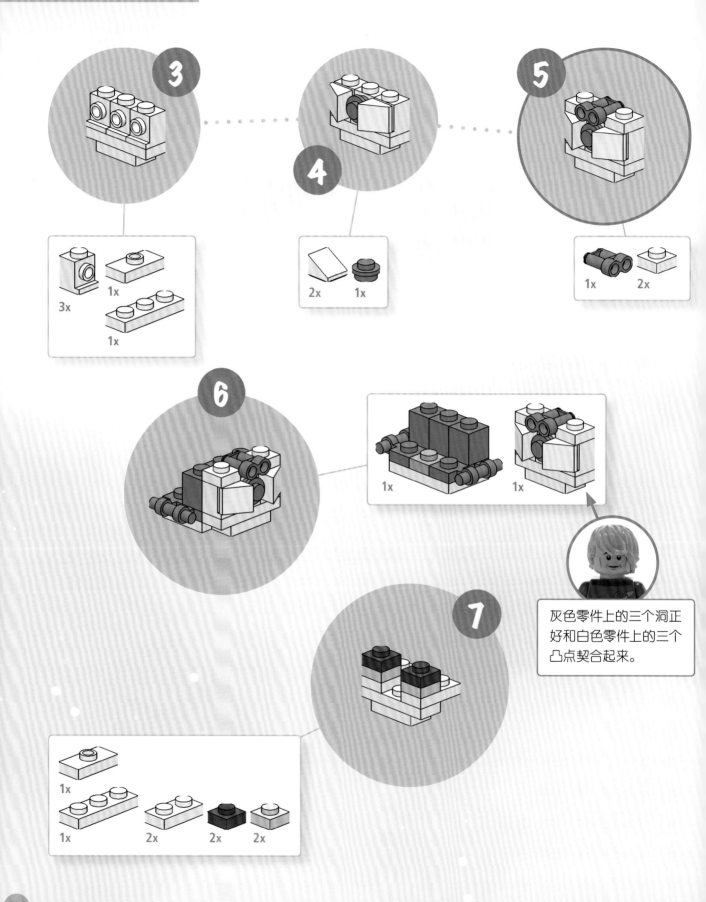

灰色零件上的三个洞正好和白色零件上的三个凸点契合起来。

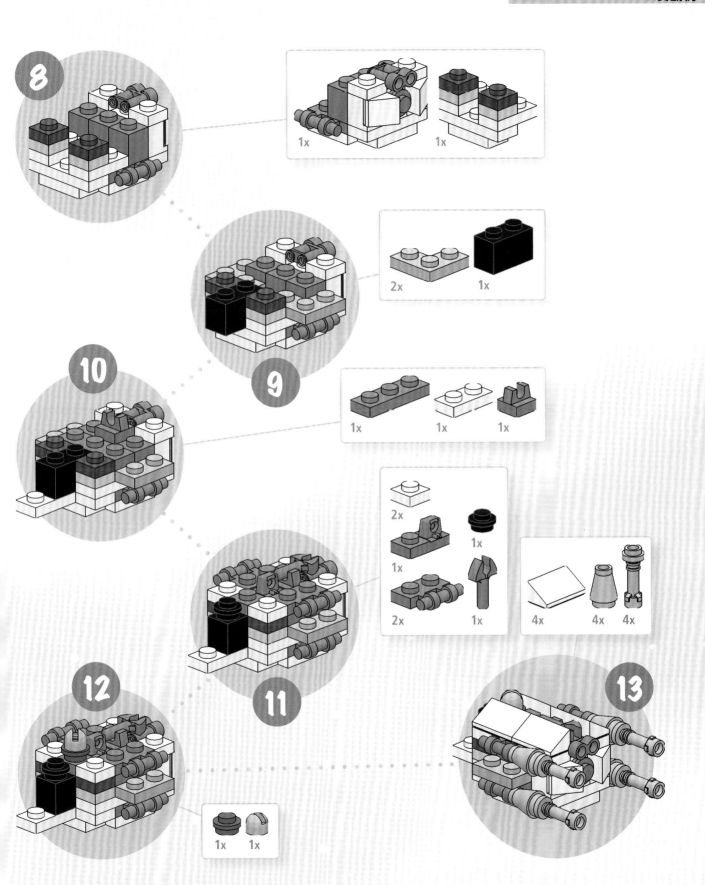

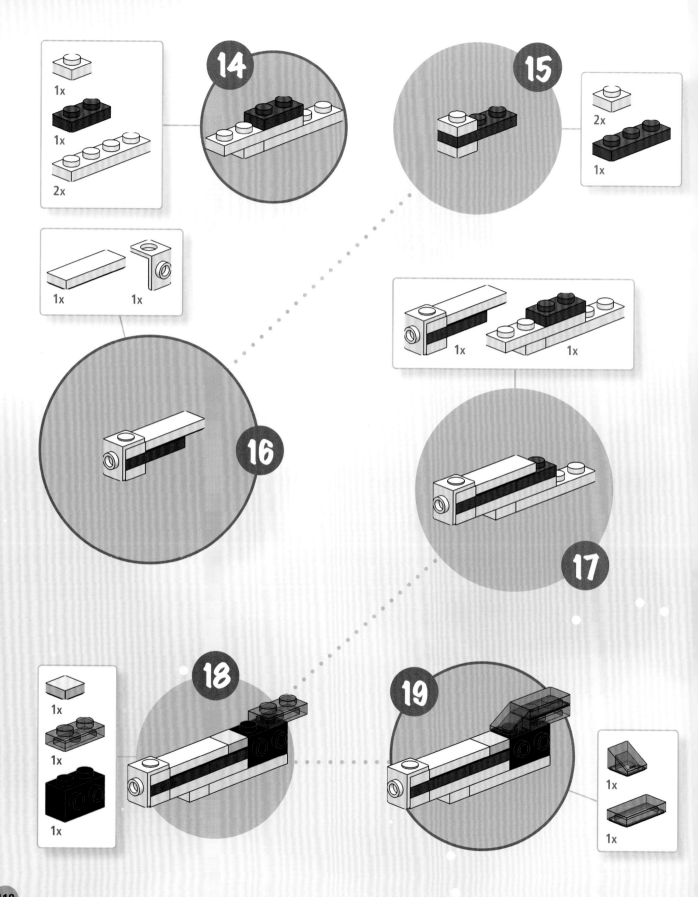

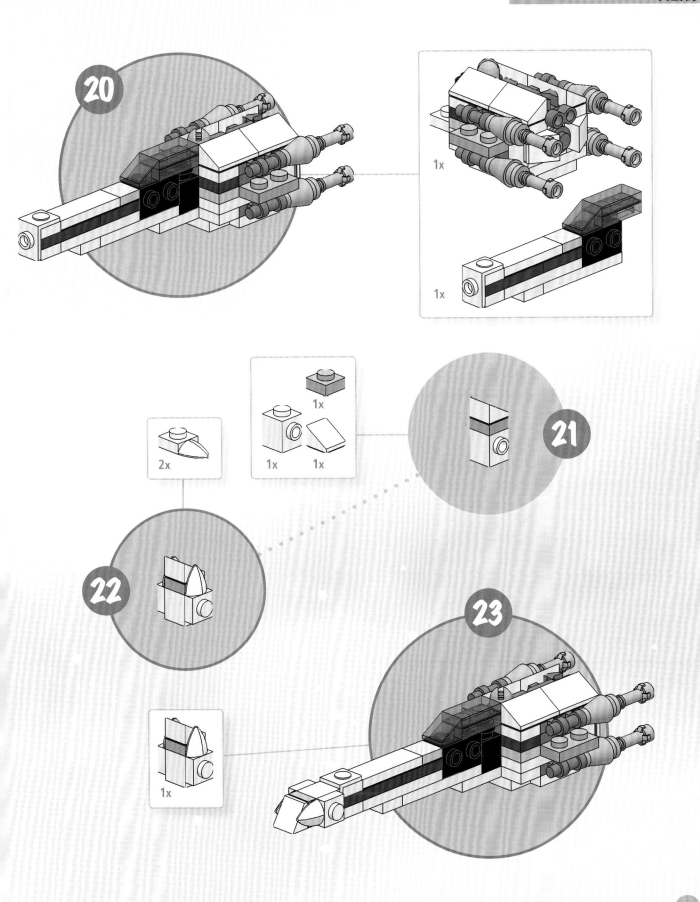

20

1x

1x

21

2x

1x 1x

1x

22

23

1x

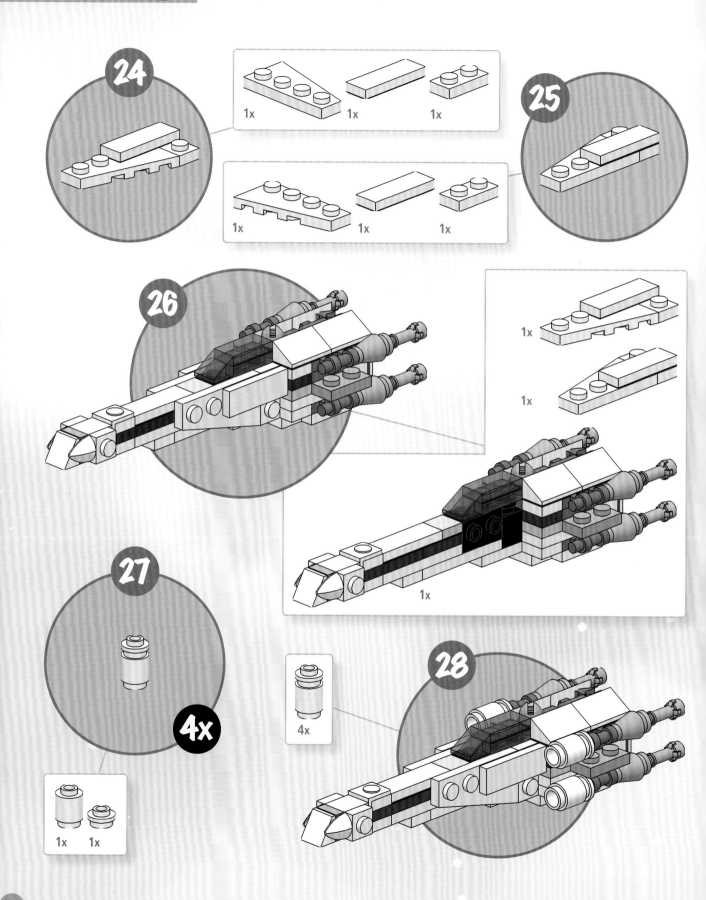

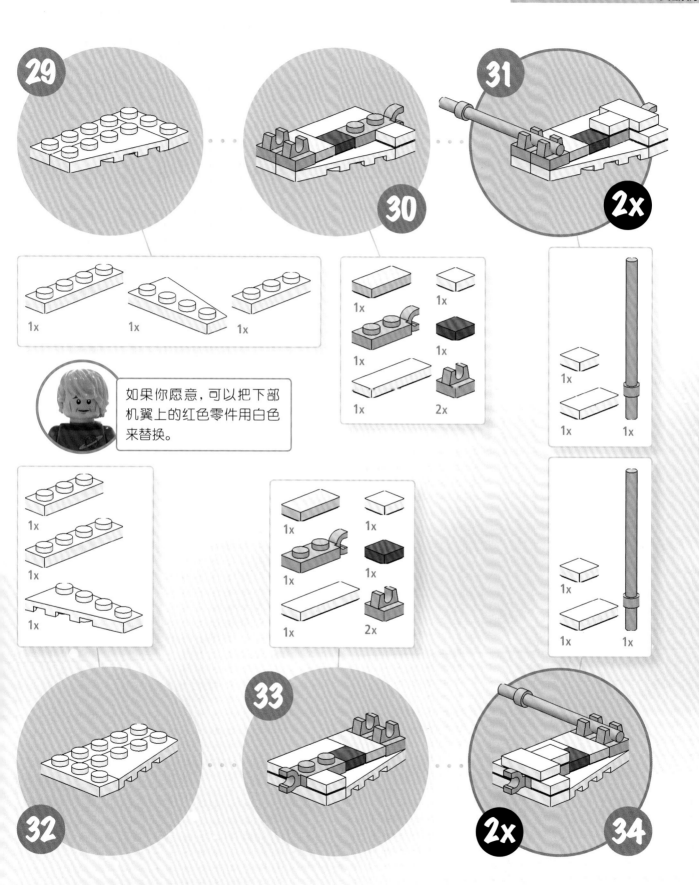

如果你愿意，可以把下部机翼上的红色零件用白色来替换。

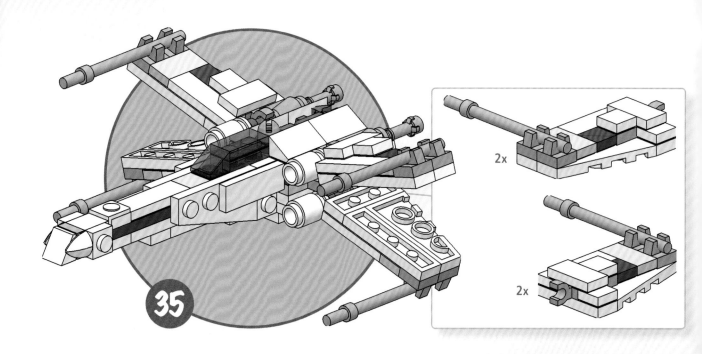

零件清单

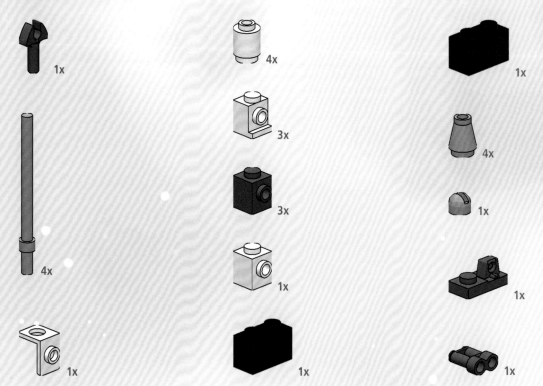

1x

4x

3x

3x

1x

1x

1x

1x

1x

4x

4x

1x

1x

1x

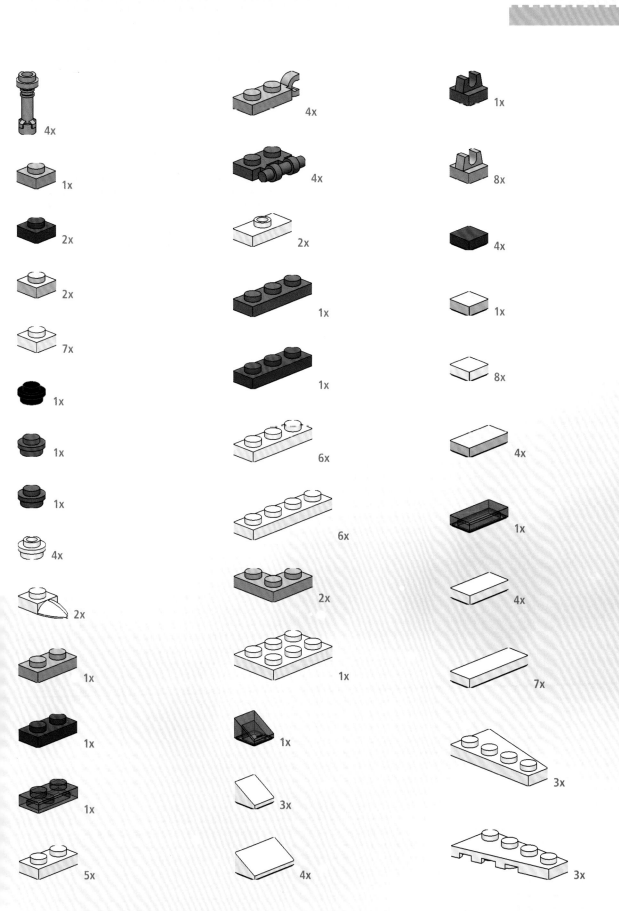

4x

1x

1x

4x

8x

2x

4x

2x

2x

1x

7x

1x

1x

6x

1x

4x

1x

6x

1x

4x

2x

8x

1x

1x

4x

2x

1x

2x

4x

1x

1x

1x

1x

1x

7x

5x

3x

1x

3x

4x

3x

数量		颜色	零件编号	零件名称
1		深蓝灰	48729	Bar 1.5L with Clip
4		浅蓝灰	63965	Bar 6L with Thick Stop
1		白	42446	Bracket 1 x 1 – 1 x 1
4		白	3062b	Brick 1 x 1 Round with Hollow Stud
3		白	4070	Brick 1 x 1 with Headlight
3		深蓝灰	87087	Brick 1 x 1 with with Stand on 1 Side
1		白	47905	Brick 1 x 1 with Studs on Two Opposite Sides
1		黑	3004	Brick 1 x 2
1		黑	52107	Brick 1 x 2 with Studs on Sides
4		浅蓝灰	4589	Cone 1 x 1
1		浅蓝灰	4592	Hinge Control Stick Base
1		深蓝灰	30383	Hinge Plate 1 x 2 Locking with Single Finger On Top
1		深蓝灰	30162	Minifig Tool Binoculars Town
4		浅蓝灰	577	Minifig Tool Light Sabre Hilt
1		浅蓝灰	3024	Plate 1 x 1
2		红	3024	Plate 1 x 1
2		米	3024	Plate 1 x 1
7		白	3024	Plate 1 x 1
1		黑	4073	Plate 1 x 1 Round
1		蓝	4073	Plate 1 x 1 Round
1		深蓝灰	4073	Plate 1 x 1 Round
4		白	85861	Plate 1 x 1 Round with Open Stud
2		白	49668	Plate 1 x 1 with Tooth
1		浅蓝灰	3023	Plate 1 x 2
1		红	3023	Plate 1 x 2

续表

数量		颜色	零件编号	零件名称
1		透明黑	3023	Plate 1 x 2
5		白	3023	Plate 1 x 2
4		浅蓝灰	63868	Plate 1 x 2 with Clip Horizontal on End
4		深蓝灰	2540	Plate 1 x 2 with Handle
2		白色	3794a	Plate 1 x 2 without Groove with 1 Centre Stud
1		深蓝灰	3623	Plate 1 x 3
1		红	3623	Plate 1 x 3
6		白	3623	Plate 1 x 3
6		白	3710	Plate 1 x 4
2		浅蓝灰	2420	Plate 2 x 2 Corner
1		白	3021	Plate 2 x 3
1		透明黑	54200	Slope Brick 31 1 x 1 x 2/3
3		白	54200	Slope Brick 31 1 x 1 x 2/3
4		白	85984	Slope Brick 31 1 x 2 x 2/3
1		深蓝灰	2555	Tile 1 x 1 with Clip
8		浅蓝灰	2555	Tile 1 x 1 with Clip
4		红	3070b	Tile 1 x 1 with Groove
1		米	3070b	Tilo 1 x 1 with Groove
8		白	3070b	Tile 1 x 1 with Groove
4		米	3069b	Tile 1 x 2 with Groove
1		透明黑	3069b	Tile 1 x 2 with Groove
4		白	3069b	Tile 1 x 2 with Groove
7		白	63864	Tile 1 x 3 with Groove
3		白	41770	Wing 2 x 4 Left
3		白	41769	Wing 2 x 4 Right

钛战机

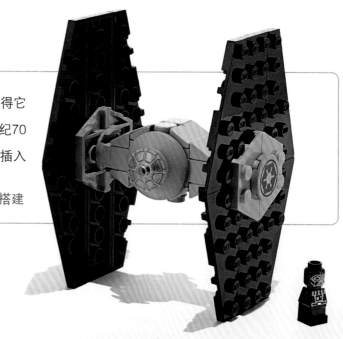

钛战机的机翼仅通过一个凸点和机身相连，这使得它们非常容易脱落。为了模仿前玩具公司Kenner从20世纪70年代起生产的同款玩具的改进方案，将一根光剑零件插入凸点的孔中。

Tim设计搭建

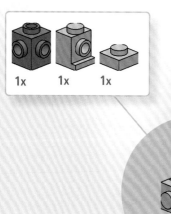

1

2

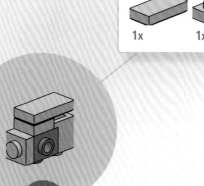

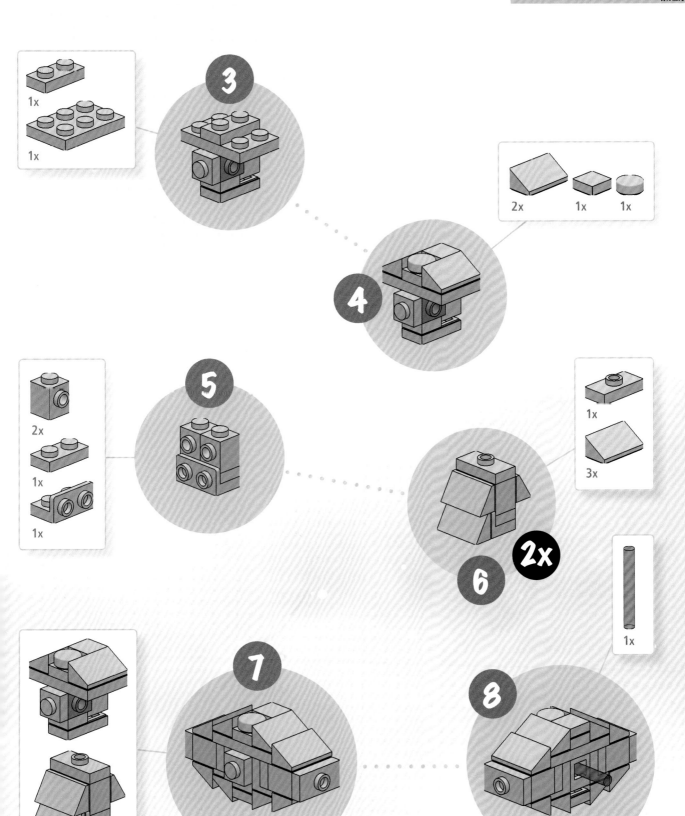

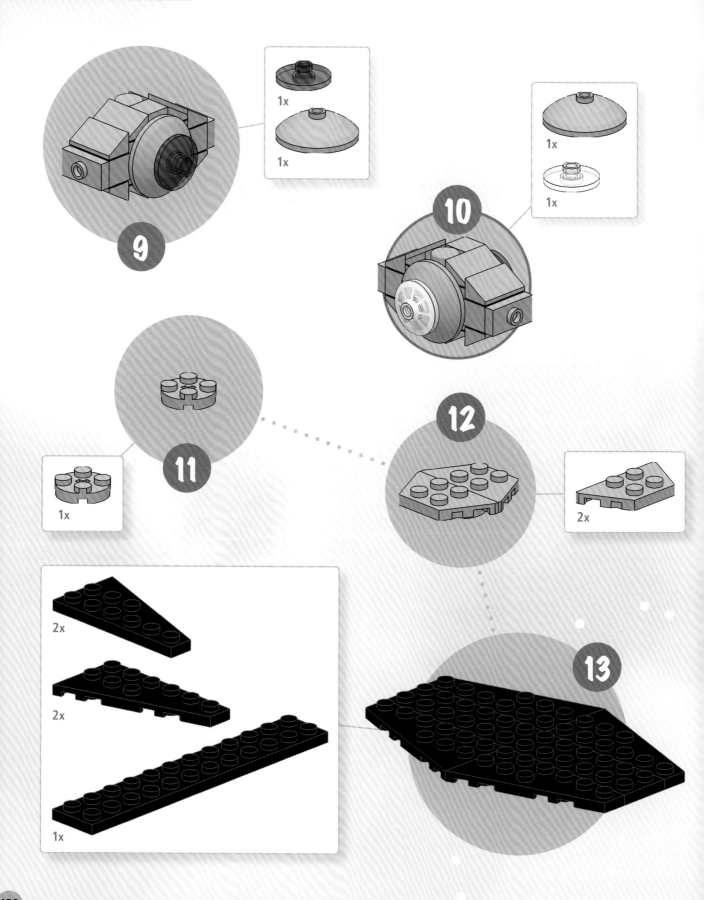

零件清单

1x

2x

1x

1x

4x

1x

2x

1x

2x

3x

2x

2x

1x

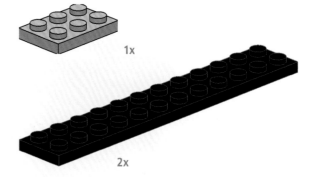
2x

8x

1x

1x

1x

2x

8x

4x

4x

数量		颜色	零件编号	零件名称
1		透明红	87994	Bar 3L
2		浅蓝灰	99780	Bracket 1 x 2 - 1 x 2 Up
1		浅蓝灰	4070	Brick 1 x 1 with Headlight
1		深蓝灰	4733	Brick 1 x 1 with Studs on Four Sides
4		浅蓝灰	47905	Brick 1 x 1 with Studs on Two Opposite Sides
1		透明红	4740	Dish 2 x 2 Inverted
2		浅蓝灰	43898	Dish 3 x 3 Inverted
1		纯透明	4740pb05	Dish 2 x 2 Inverted with Cockpit Window Pattern
2		浅蓝灰	3024	Plate 1 x 1
3		浅蓝灰	3023	Plate 1 x 2
2		浅蓝灰	3794a	Plate 1 x 2 without Groove with 1 Centre Stud
2		浅蓝灰	4032a	Plate 2 x 2 Round with Axlehole Type 1
1		浅蓝灰	3021	Plate 2 x 3
2		黑	2445	Plate 2 x 12
8		浅蓝灰	85984	Slope Brick 31 1 x 2 x 2/3
1		浅蓝灰	98138	Tile 1 x 1 Round with Groove
1		浅蓝灰	3070b	Tile 1 x 1 with Groove
1		浅蓝灰	3069b	Tile 1 x 2 with Groove
2		浅蓝灰	4150ps5	Tile 2 x 2 Round with SW Imperial Pattern
8		浅蓝灰	51739	Wing 2 x 4
4		黑	54384	Wing 3 x 6 Left
4		黑	54383	Wing 3 x 6 Right

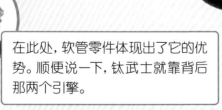

在此处,软管零件体现出了它的优势。顺便说一下,钛武士就靠背后那两个引擎。

R2—D2

Joe设计搭建

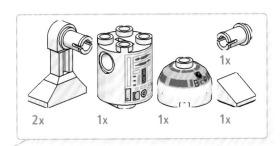

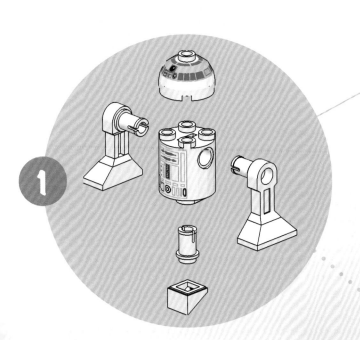

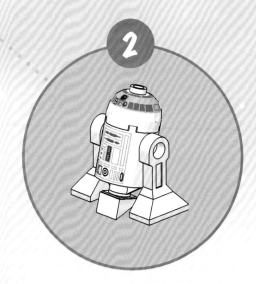

达斯·维达

　　我们为西斯的黑暗领主选择了4个标准单位长的光剑。当然你也可以随心所欲地修改这个长度。皮带扣的搭建是在机械系列半销零件外面盖上一个1×1圆形光板零件，我们选择了黑色的雷达盘零件作为眼睛。

　　小百科：在2005年《滚石》杂志的一次采访中，乔治·卢卡斯（George　Lucas）用"达斯"来替代普遍意义上代表黑色的词"Dark"，用"维达"来代替父亲这个词。达斯·维达的含义等同于"黑暗父亲"。整体的服装造型取材于电视连续剧《战斗魔鬼狗》中的"闪电"。

Joe设计搭建

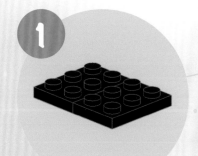

1x

2x

1x

4x

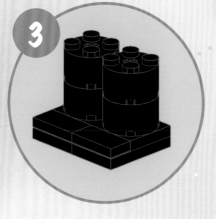

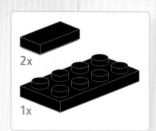

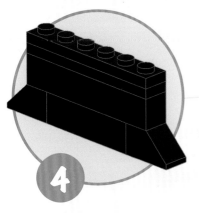

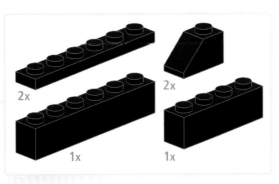

4

2x

2x

1x

1x

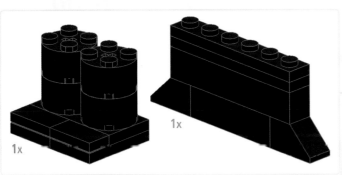

1x

1x

5

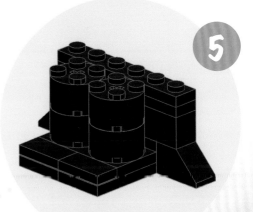

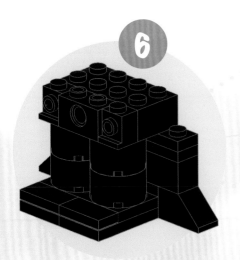

6

1x

1x

2x

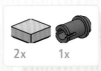

2x

1x

7

机械系列中的的半销零件会被光板零件覆盖，所以可以使用其他颜色来代替。而外面的光板零件也可以用灰色的来代替。

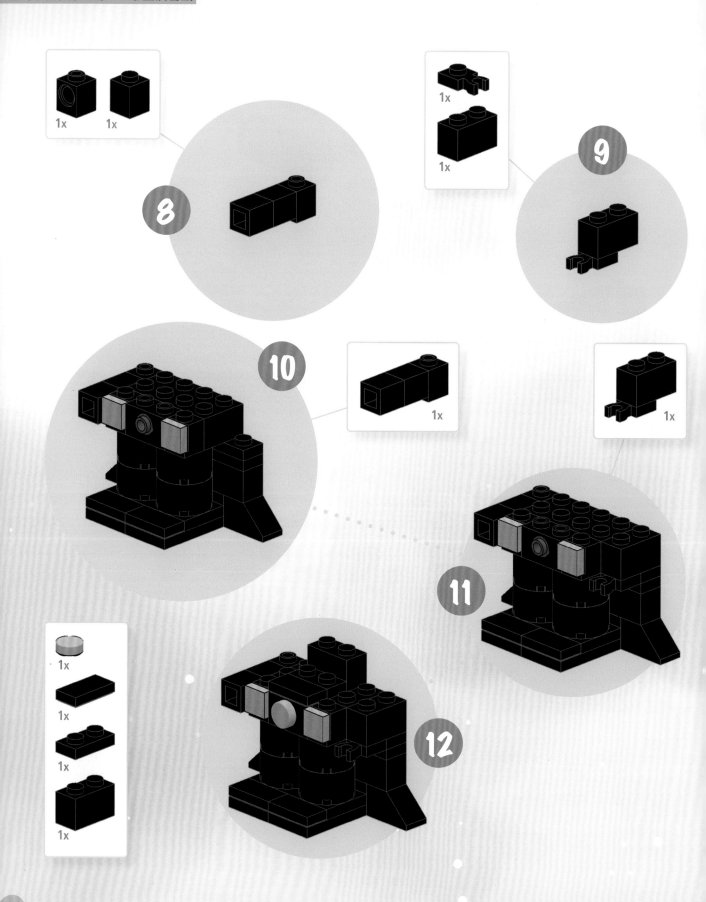

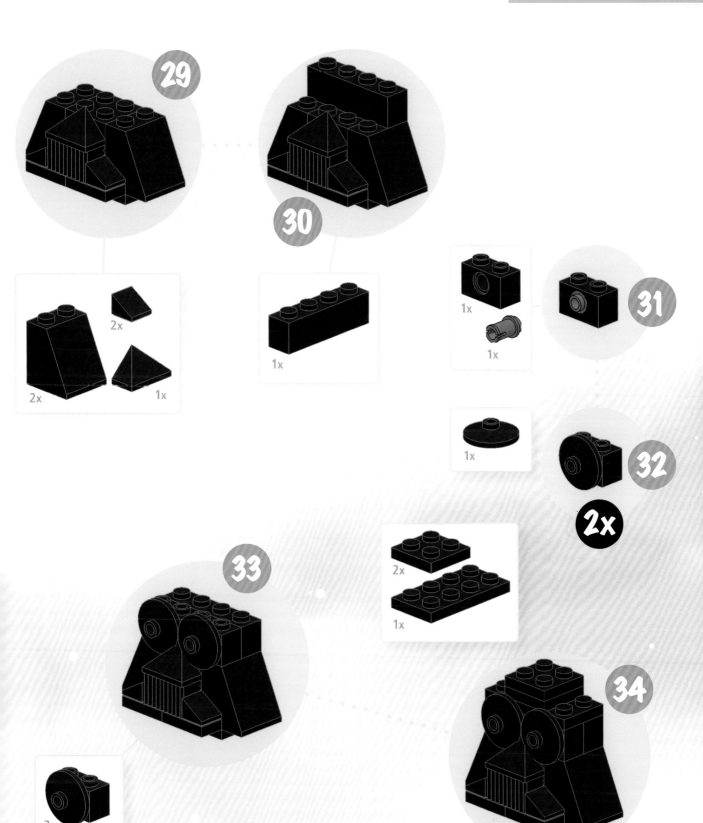

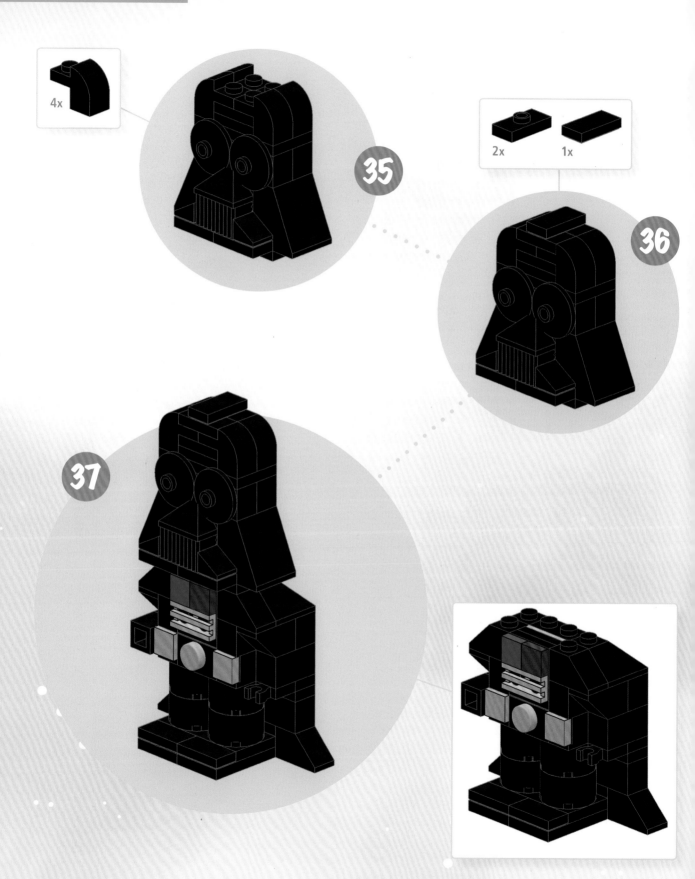

这是个单面有凸点的1×1砖块零件。

1x   3x

1x

4x

1x

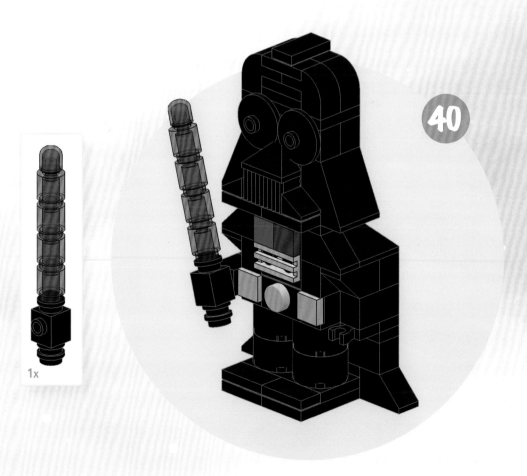

零件清单

1x

2x

4x

2x

1x

6x

1x

2x

1x

4x

1x

4x

1x

1x

2x

1x

3x

1x

3x

2x

2x

6x

2x

2x

1x

4x

1x

2x

1x

2x

1x

2x

1x

3x

3x

1x

1x

2x

1x

1x

1x

4x

数量		颜色	零件编号	零件名称
1		浅蓝灰	99207	Bracket 1 x 2 - 2 x 2 Inverted
2		黑	3005	Brick 1 x 1
4		透明红	3062b	Brick 1 x 1 Round with Hollow Stud
2		黑	4070	Brick 1 x 1 with Headlight
1		黑	87087	Brick 1 x 1 with Stud on 1 Side
6		黑	3004	Brick 1 x 2
1		黑	2877	Brick 1 x 2 with Grille
2		黑	3010	Brick 1 x 4
1		黑	3009	Brick 1 x 6
4		黑	6091	Brick 2 x 1 x 1 & 1/3 with Curved Top
1		黑	3003	Brick 2 x 2
4		黑	3941	Brick 2 x 2 Round
1		黑	3001	Brick 2 x 4
2		黑	4740	Dish 2 x 2 Inverted
1		透明红	58176	Electric Light & Sound Colo红 Globe with Internal Bar
3		黑	4073	Plate 1 x 1 Round
1		黑	4085c	Plate 1 x 1 with Clip Vertical Type 3
3		黑	3023	Plate 1 x 2
2		黑	3794a	Plate 1 x 2 without Groove with 1 Centre Stud
2		黑	3666	Plate 1 x 6
6		黑	3022	Plate 2 x 2
2		黑	2420	Plate 2 x 2 Corner
2		黑	3021	Plate 2 x 3
3		黑	3020	Plate 2 x 4
2		黑	54200	Slope Brick 31 1 x 1 x 2/3
1		黑	3048	Slope Brick 45 1 x 2 Triple
4		黑	3040b	Slope Brick 45 2 x 1
2		黑	3665	Slope Brick 45 2 x 1 Inverted
1		黑	3039	Slope Brick 45 2 x 2
2		黑	3045	Slope Brick 45 2 x 2 Double Convex
2		黑	3678b	Slope Brick 65 2 x 2 x 2 with Centre Tube
1		黑	6541	Technic Brick 1 x 1 with Hole
3		黑	3700	Technic Brick 1 x 2 with Hole
3		蓝	4274	Technic Pin 1/2
1		浅蓝灰	98138	Tile 1 x 1 Round with Groove
1		蓝	3070b	Tile 1 x 1 with Groove
2		浅蓝灰	3070b	Tile 1 x 1 with Groove
1		红	3070b	Tile 1 x 1 with Groove
1		金属银	2412b	Tile 1 x 2 Grille with Groove
4		黑	3069b	Tile 1 x 2 with Groove

尤达大师

这个"砖块头"里用到了一些罕有的沙绿色零件。

小百科：Frank Oz——一个木偶戏"芝麻街"中的资深演员——从一开始就扮演这个角色，并给尤达大师配音。甚至那些奇怪的发音也是由Oz最先赋予的。在他演完第一部之后，尤达大师就由电脑动画来模拟了。

这个充满智慧的脸的原型一部分来自阿尔伯特·爱因斯坦（Albert Einstein），一部分来自它的搭建者Stuart Freeborn。

Joe设计搭建

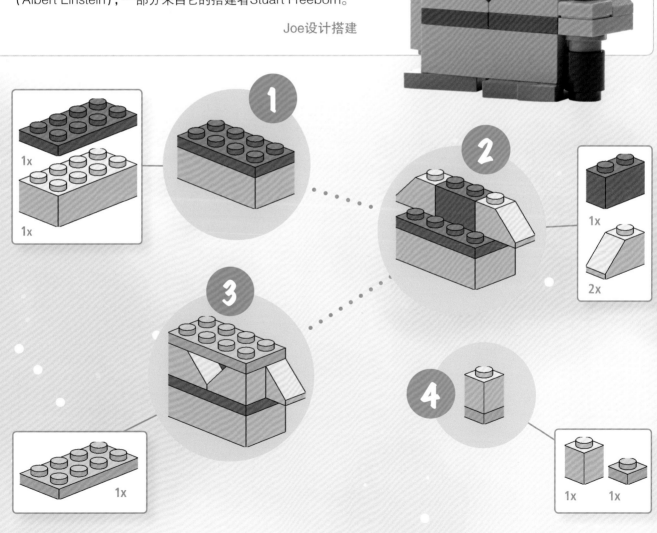

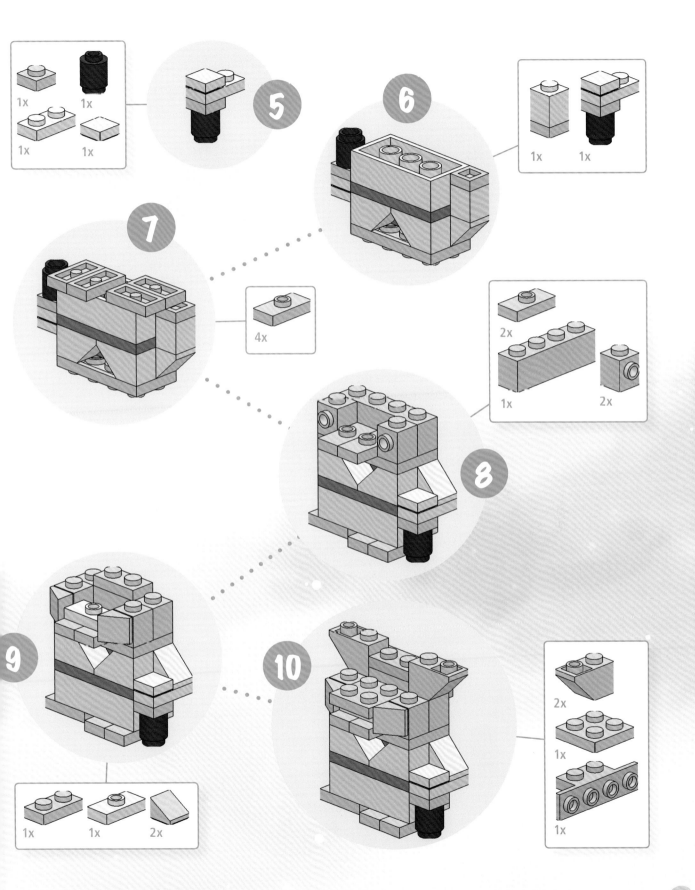

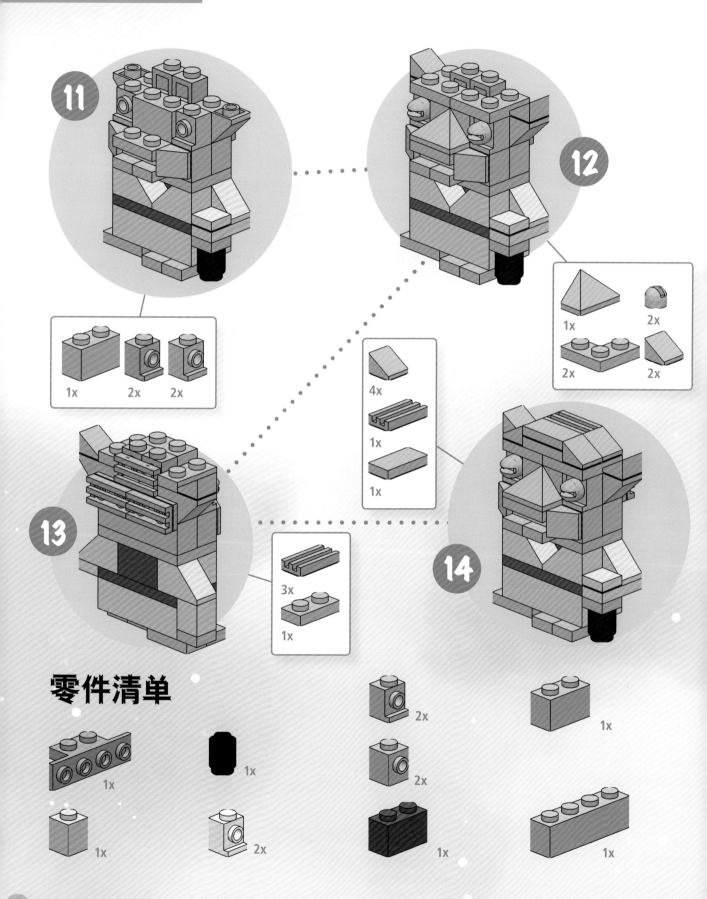

零件清单

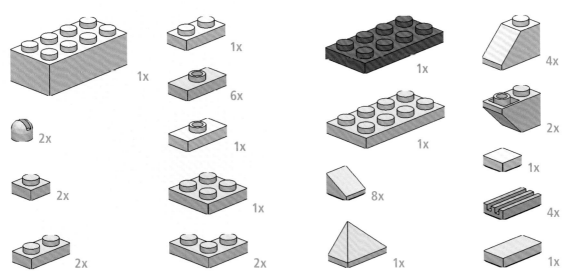

数量	颜色		零件编号	零件名称
1		浅蓝灰	2436a	Bracket 1 x 2 – 1 x 4 Type 1
1		米	3005	Brick 1 x 1
1		红棕	3062b	Brick 1 x 1 Round with Hollow Stud
2		浅蓝灰	4070	Brick 1 x 1 with Headlight
2		沙绿	4070	Brick 1 x 1 with Headlight
2		沙绿	87087	Brick 1 x 1 with Stud on 1 Side
1		深橙	3004	Brick 1 x 2
1		沙绿	3004	Brick 1 x 2
1		沙绿	3010	Brick 1 x 4
1		米	3001	Brick 2 x 4
2		沙绿	4592	Hinge Control Stick Base
2		沙绿	3024	Plate 1 x 1
2		沙绿	3023	Plate 1 x 2
1		米	3023	Plate 1 x 2
6		沙绿	3794a	Plate 1 x 2 without Groove with 1 Centre Stud
1		米色	3794a	Plate 1 x 2 without Groove with 1 Centre Stud
1		沙绿	3022	Plate 2 x 2
2		沙绿	2420	Plate 2 x 2 Corner
1		深橙	3020	Plate 2 x 4
1		沙绿	3020	Plate 2 x 4
8		沙绿	54200	Slope Brick 31 1 x 1 x 2/3
1		沙绿	3048	Slope Brick 45 1 x 2 Triple
4		米	3040b	Slope Brick 45 2 x 1
2		沙绿	3665	Slope Brick 45 2 x 1 Inverted
1		米	3070b	Tile 1 x 1 with Groove
4		浅蓝灰	2412b	Tile 1 x 2 Grille with Groove
1		沙绿	3069b	Tile 1 x 2 with Groove

波巴·费特

这个让赏金猎人出名的面具有着自己的特色: 垂直的部分并不是安在下面的, 而是卡在边缘的。

小百科: 波巴·费特第一次是以动画形象出现在1978年《星球大战》动画片"假期特辑"中, 后来广受欢迎, 所以在《帝国反击战》中加入了这个角色。

Joe设计搭建

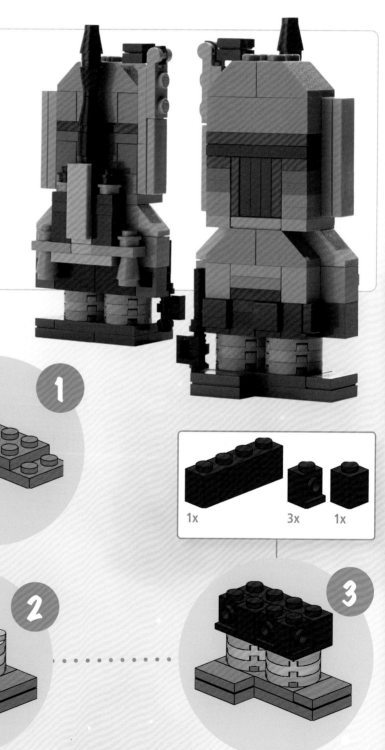

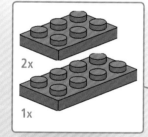

2x

1x

1

1x 3x 1x

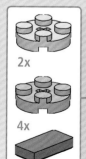

2x

4x

2x

2

3

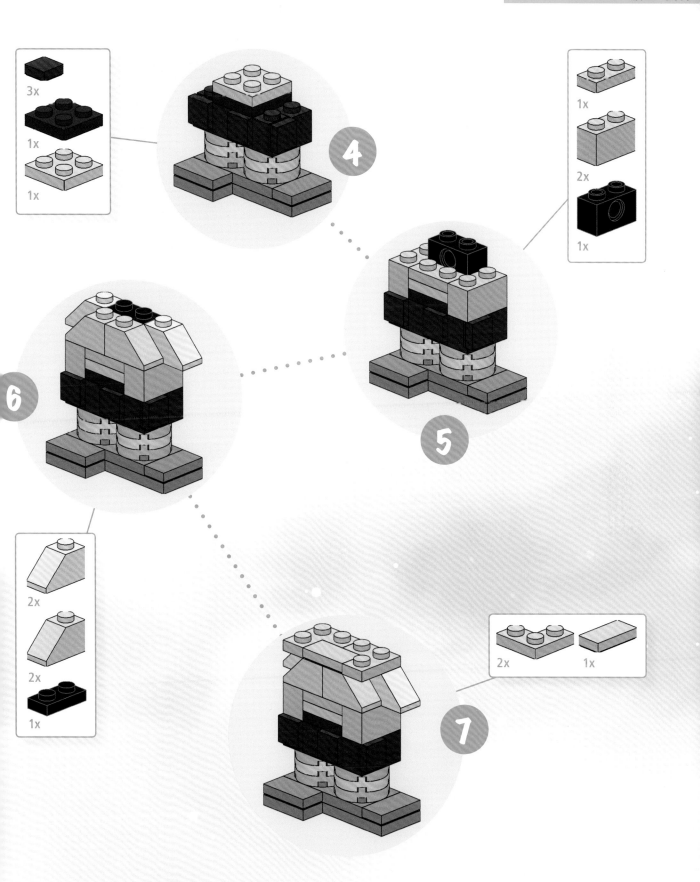

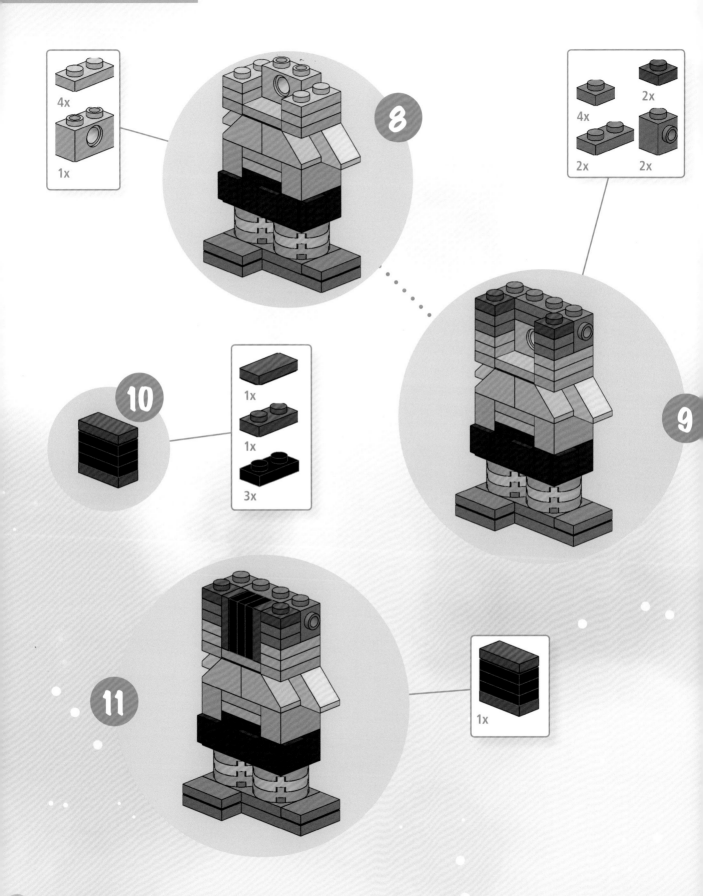

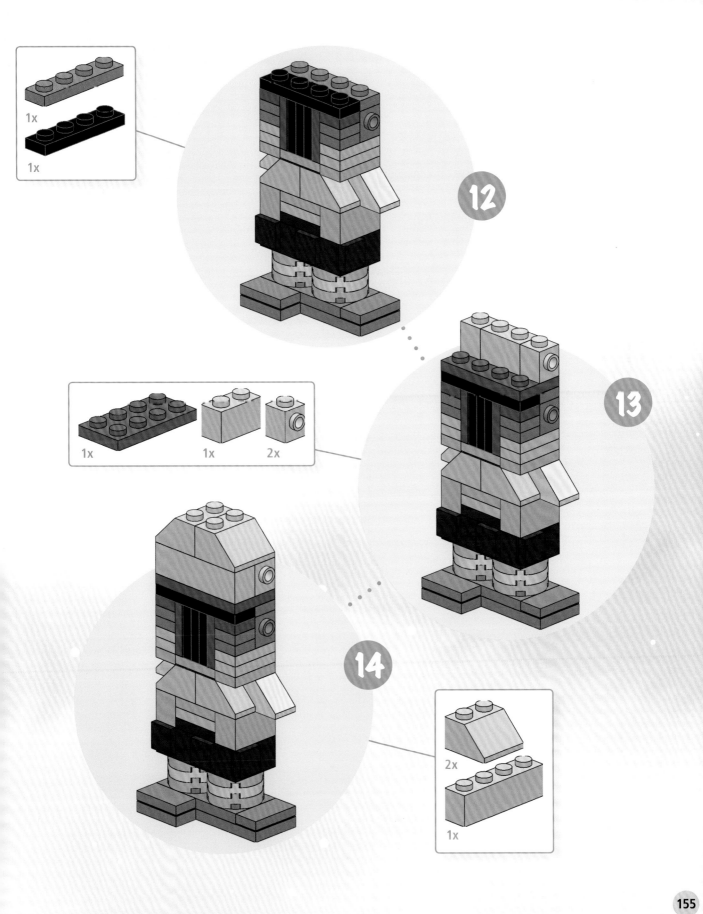

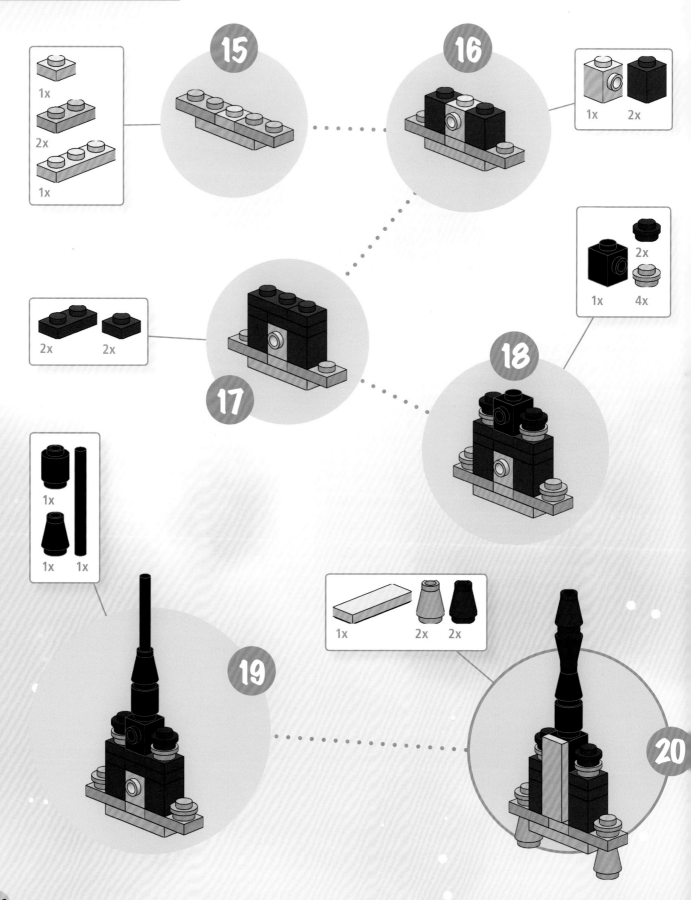

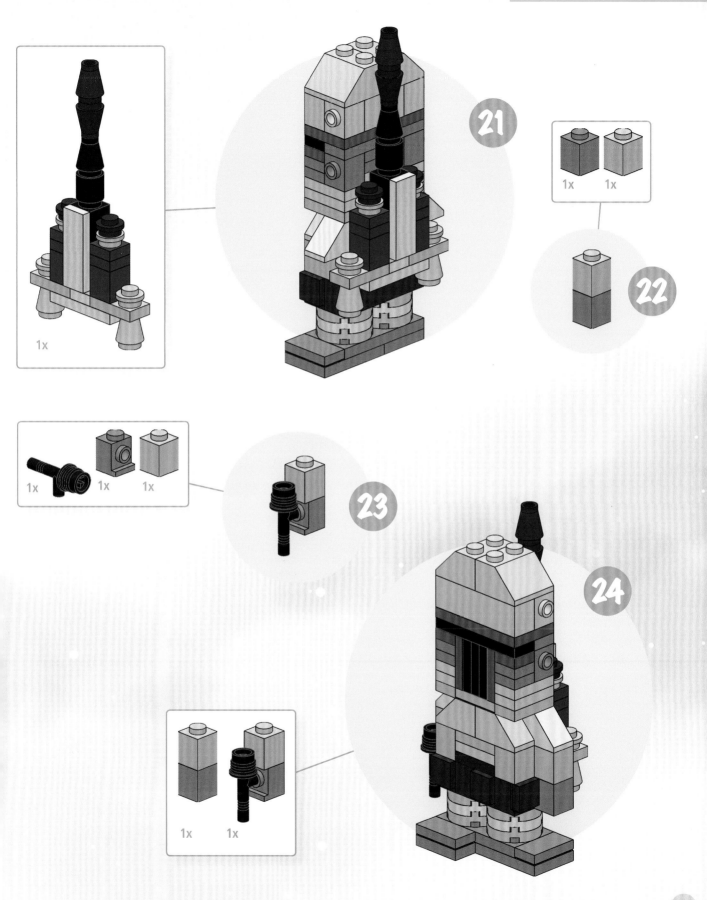

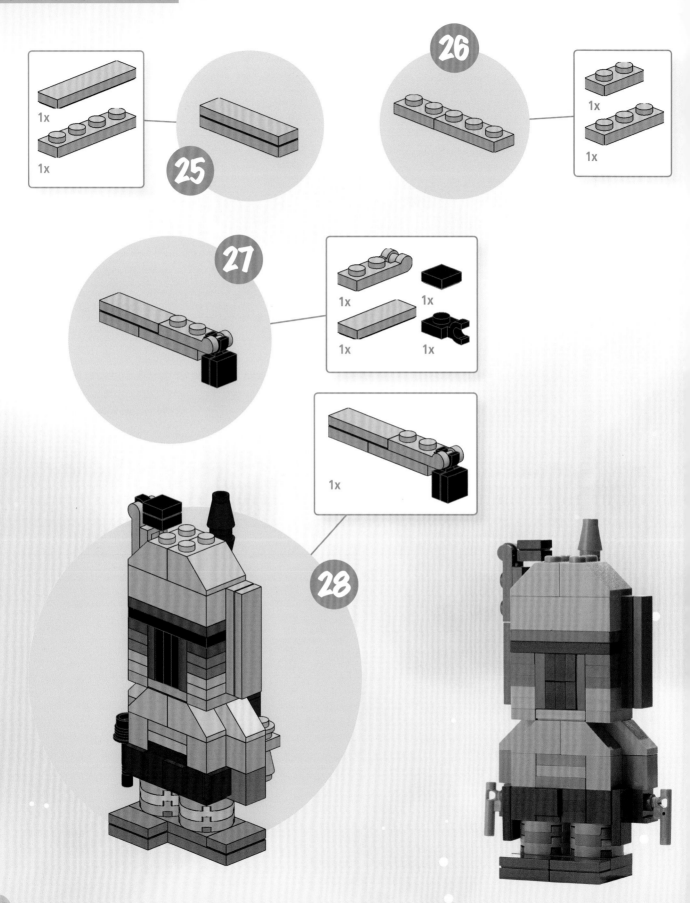

零件清单

 1x

 2x

 1x

 2x

 1x

 1x

 1x

 3x

 2x

 1x

 1x

 2x

 1x

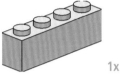 1x

 1x

 1x

 2x

 2x

 1x

 2x

 4x

 2x

 1x

 2x

 4x

 1x

 4x

 2x

 2x

 4x

 1x

 4x

 1x

 1x

 1x

 1x

 1x

 1x

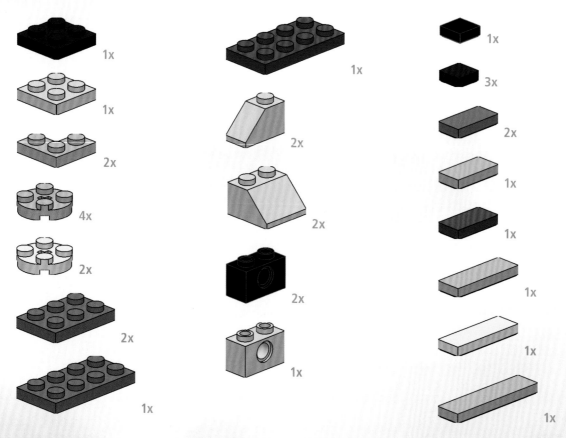

数量	颜色		零件编号	零件名称
1		黑	30374	Bar 4L Light Sabre Blade
2		深蓝	3005	Brick 1 x 1
1		深蓝灰	3005	Brick 1 x 1
2		浅蓝灰	3005	Brick 1 x 1
1		红棕	3005	Brick 1 x 1
1		黑	3062b	Brick 1 x 1 Round with Hollow Stud
1		深蓝灰	4070	Brick 1 x 1 with Headlight
3		红棕	4070	Brick 1 x 1 with Headlight
2		深蓝灰	87087	Brick 1 x 1 with Stud on 1 Side
2		沙绿	87087	Brick 1 x 1 with Stud on 1 Side
1		黑	47905	Brick 1 x 1 with Studs on Two Opposite Sides
1		米色	47905	Brick 1 x 1 with Studs on Two Opposite Sides
2		浅蓝灰	3004	Brick 1 x 2
1		沙绿	3004	Brick 1 x 2
1		红棕	3010	Brick 1 x 4
1		沙绿	3010	Brick 1 x 4
1		黑	4589	Cone 1 x 1
2		深红	4589	Cone 1 x 1
2		浅蓝灰	4589	Cone 1 x 1

续表

数量	颜色	零件编号	零件名称
1	黑	3959	Minifig Torch
2	深蓝	3024	Plate 1 x 1
4	深蓝灰	3024	Plate 1 x 1
2	红	3024	Plate 1 x 1
1	黄	3024	Plate 1 x 1
2	深红	4073	Plate 1 x 1 Round
4	浅蓝灰	4073	Plate 1 x 1 Round
1	黑	6019	Plate 1 x 1 with Clip Horizontal
4	黑	3023	Plate 1 x 2
2	深蓝	3023	Plate 1 x 2
2	深蓝灰	3023	Plate 1 x 2
4	浅蓝灰	3023	Plate 1 x 2
1	红	3023	Plate 1 x 2
4	沙绿	3023	Plate 1 x 2
1	浅蓝灰	60478	Plate 1 x 2 with Handle on End
1	浅蓝灰	3623	Plate 1 x 3
1	黄	3623	Plate 1 x 3
1	黑	3710	Plate 1 x 4
1	深蓝灰	3710	Plate 1 x 4
1	浅蓝灰	3710	Plate 1 x 4
1	深红	3022	Plate 2 x 2
1	沙绿	3022	Plate 2 x 2
2	浅蓝灰	2420	Plate 2 x 2 Corner
4	浅蓝灰	4032a	Plate 2 x 2 Round with Axlehole
2	黄	4032a	Plate 2 x 2 Round with Axlehole
2	深蓝灰	3021	Plate 2 x 3
1	深蓝灰	3020	Plate 2 x 4
1	红	3020	Plate 2 x 4
2	沙绿	3040b	Slope Brick 45 2 x 1
2	黄	3039	Slope Brick 45 2 x 1
2	沙绿	3039	Slope Brick 45 2 x 2
2	黑	3700	Technic Brick 1 x 2 with Hole
1	沙绿	3700	Technic Brick 1 x 2 with Hole
1	黑	3070b	Tile 1 x 1 with Groove
3	红棕	30039	Tile 1 x 1 with Groove
2	深蓝灰	3069b	Tile 1 x 2 with Groove
1	浅蓝灰	3069b	Tile 1 x 2 with Groove
1	红	3069b	Tile 1 x 2 with Groove
1	浅蓝灰	63864	Tile 1 x 3 with Groove
1	黄	63864	Tile 1 x 3 with Groove
1	浅蓝灰	2431	Tile 1 x 4 with Groove

全地形装甲步行机(AT−AT)

　　用上了许多铰链和关节零件后，这台全地形装甲步行机终于可以单独调整每一条腿了，但可动性也使得这台帝国步行机有点儿摇晃。如果你能将脚掌放到一块白色底板上，它就更稳定了。

　　小百科：NASA的工程师们也将步行机的原型融入他们的设计中。

Tim设计搭建

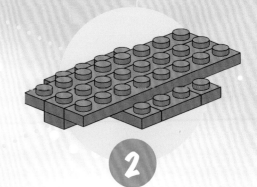

1

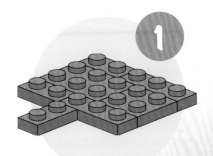

3x

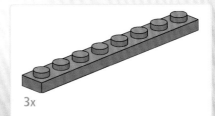

1x
3x
1x
2x

2

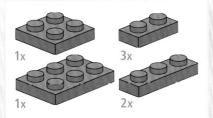

3x
1x

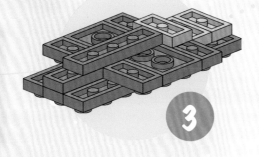

3

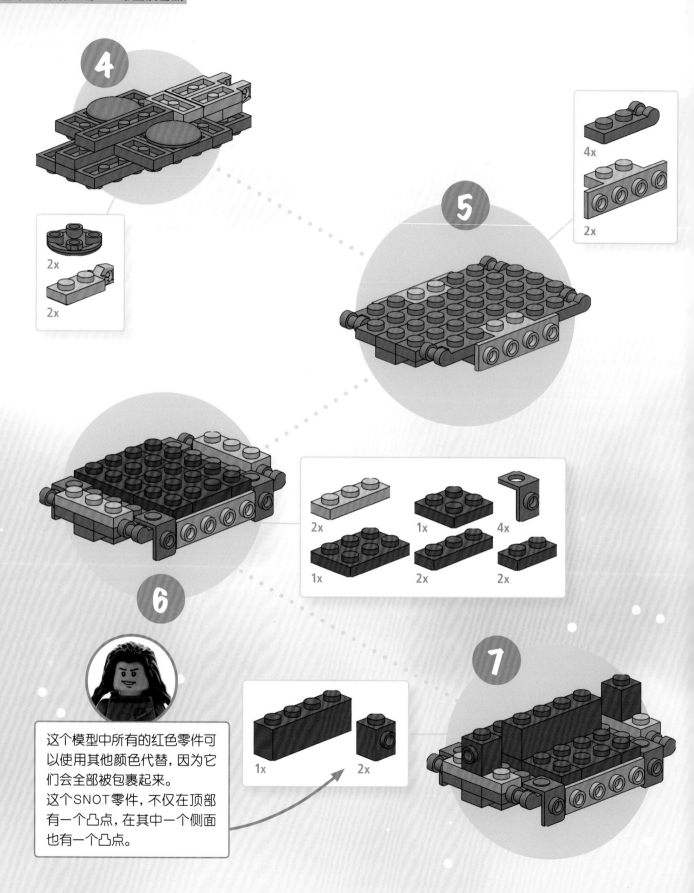

4

2x

2x

5

4x

2x

2x

1x

4x

1x

2x

2x

6

这个模型中所有的红色零件可以使用其他颜色代替，因为它们会全部被包裹起来。
这个SNOT零件，不仅在顶部有一个凸点，在其中一个侧面也有一个凸点。

1x

2x

7

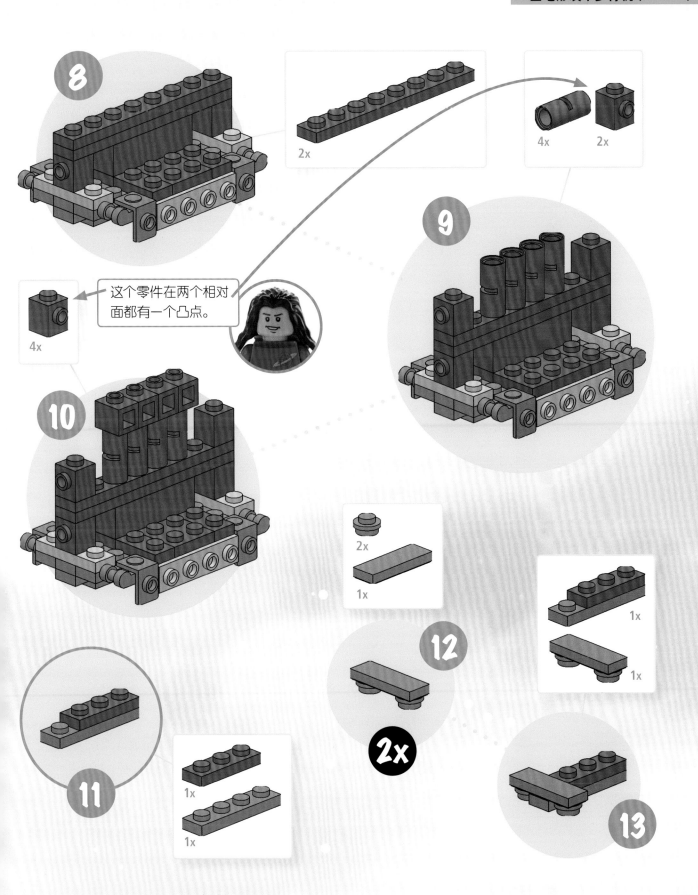

这个零件在两个相对
面都有一个凸点。

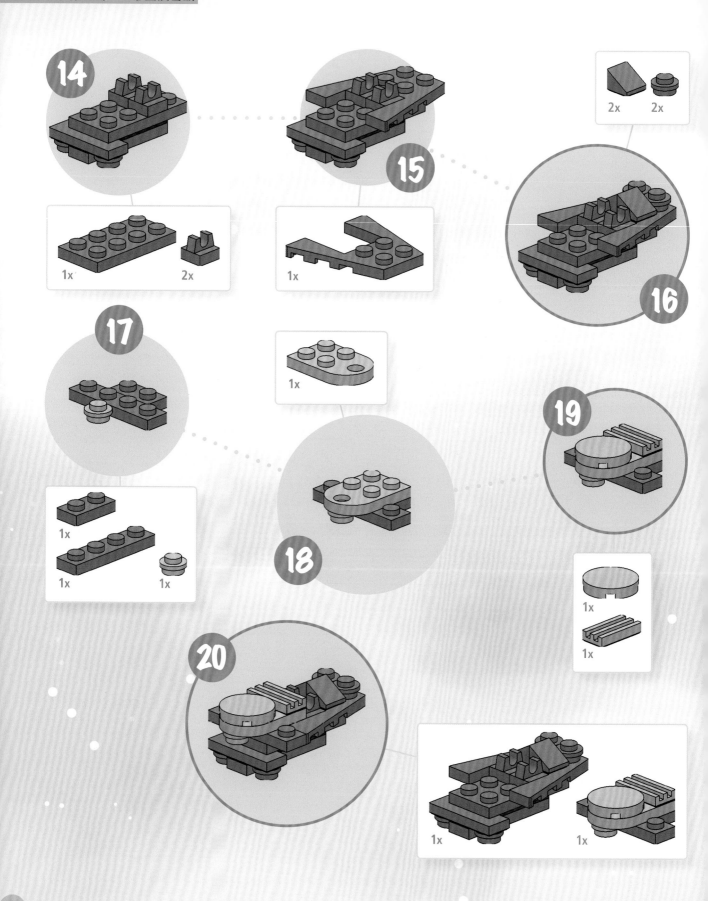

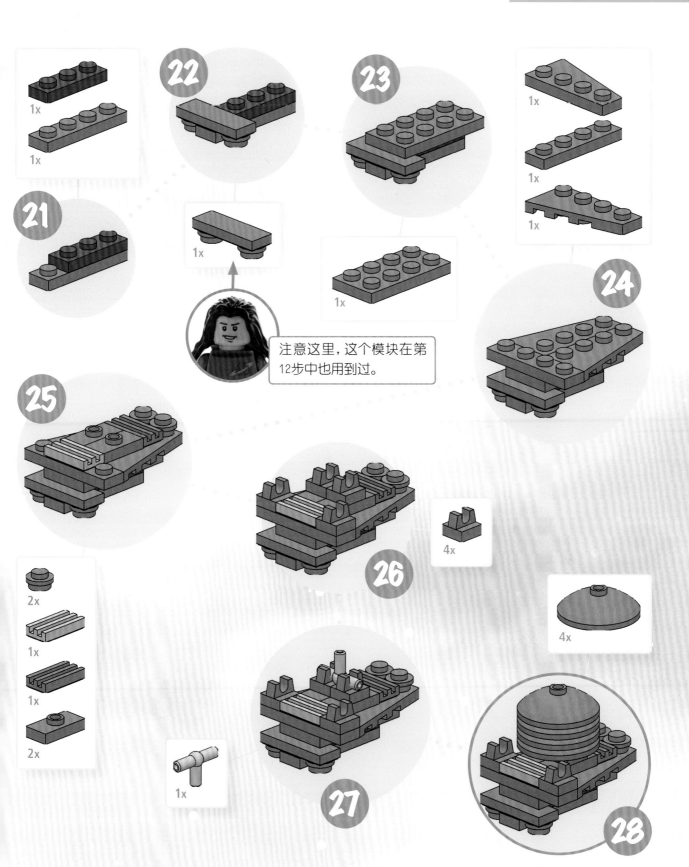

注意这里，这个模块在第12步中也用到过。

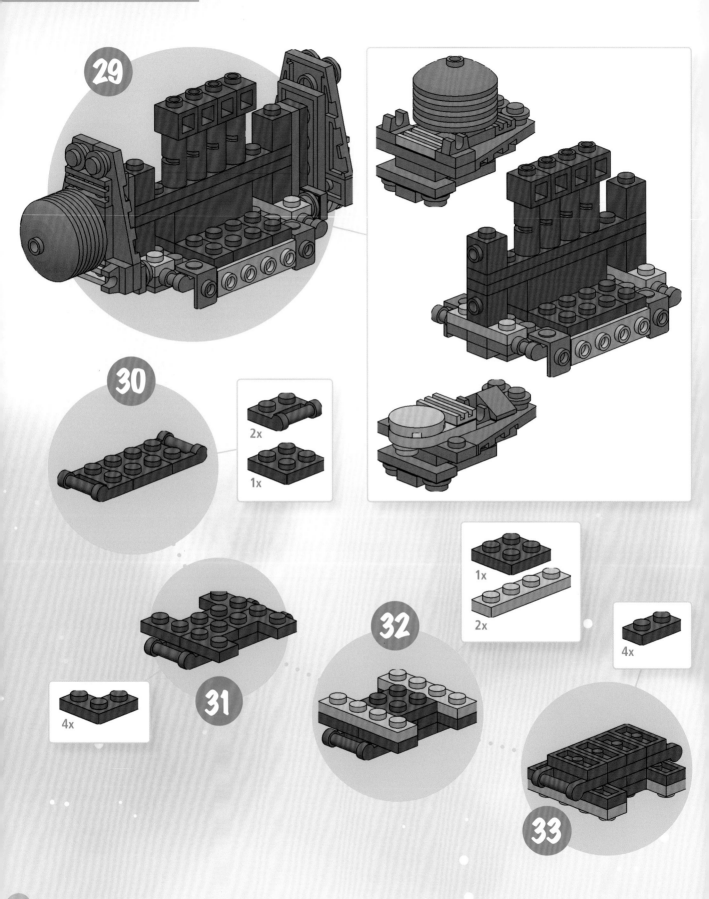

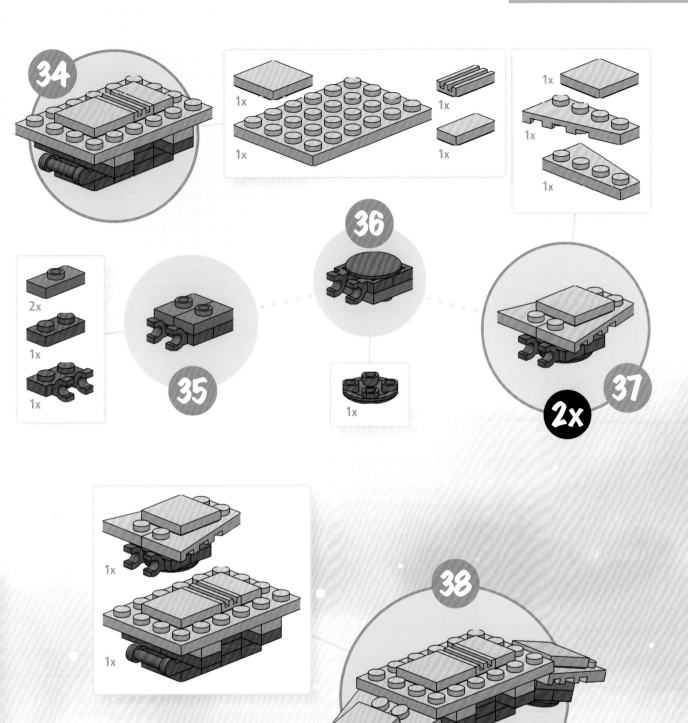

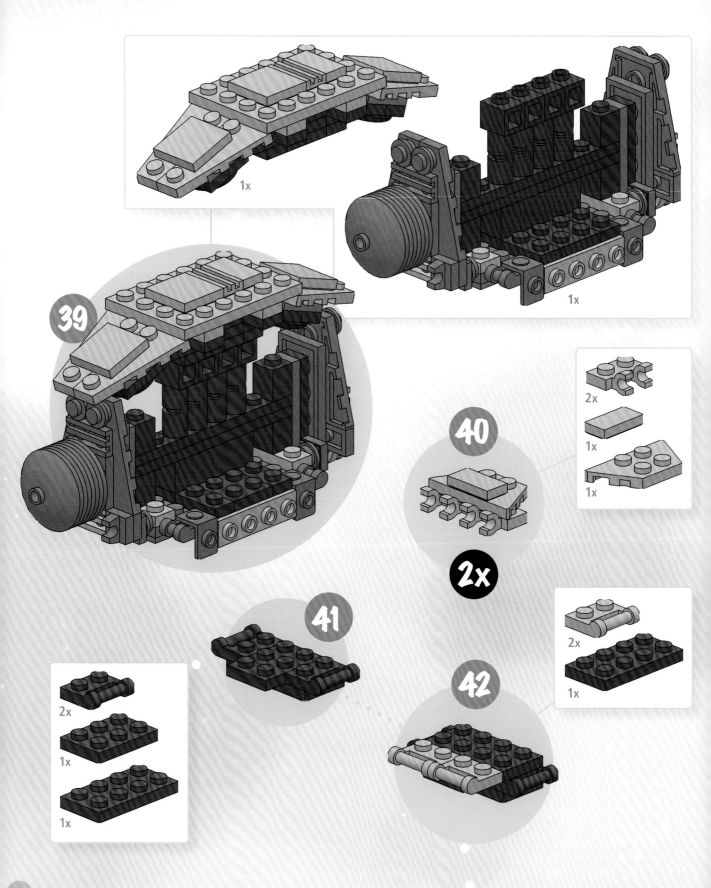

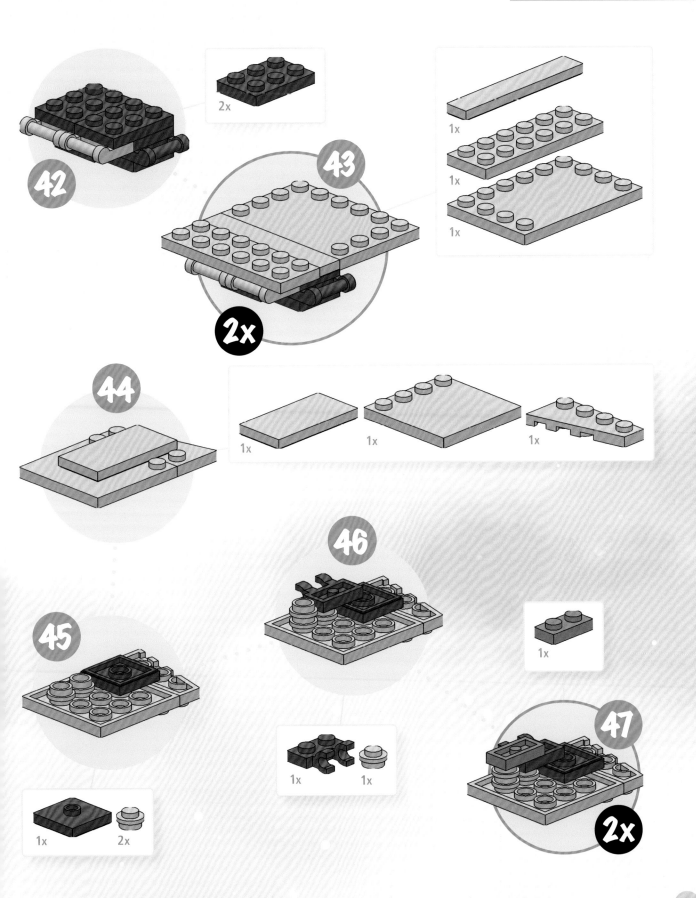

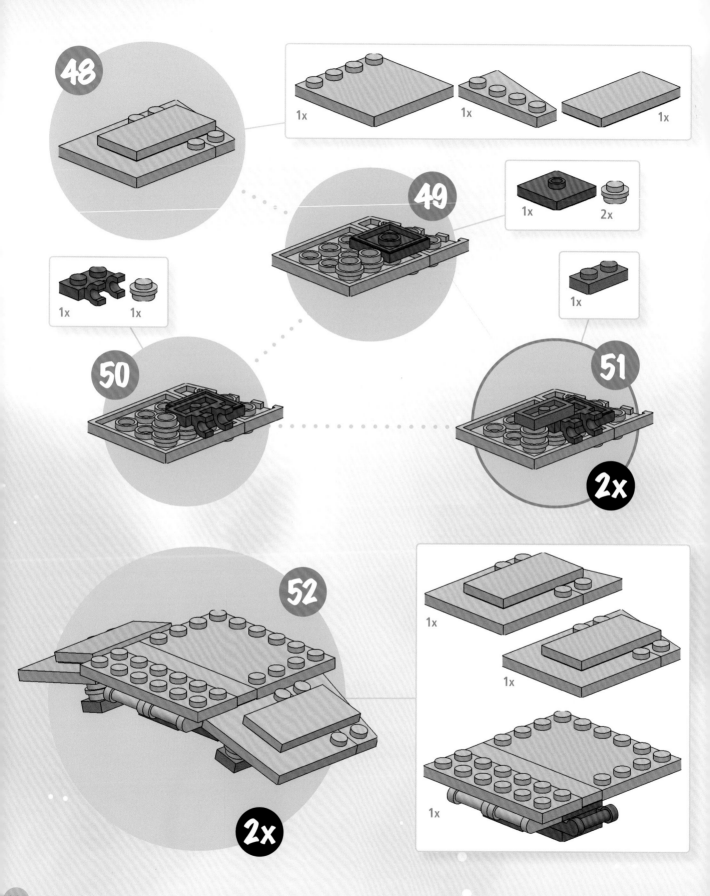

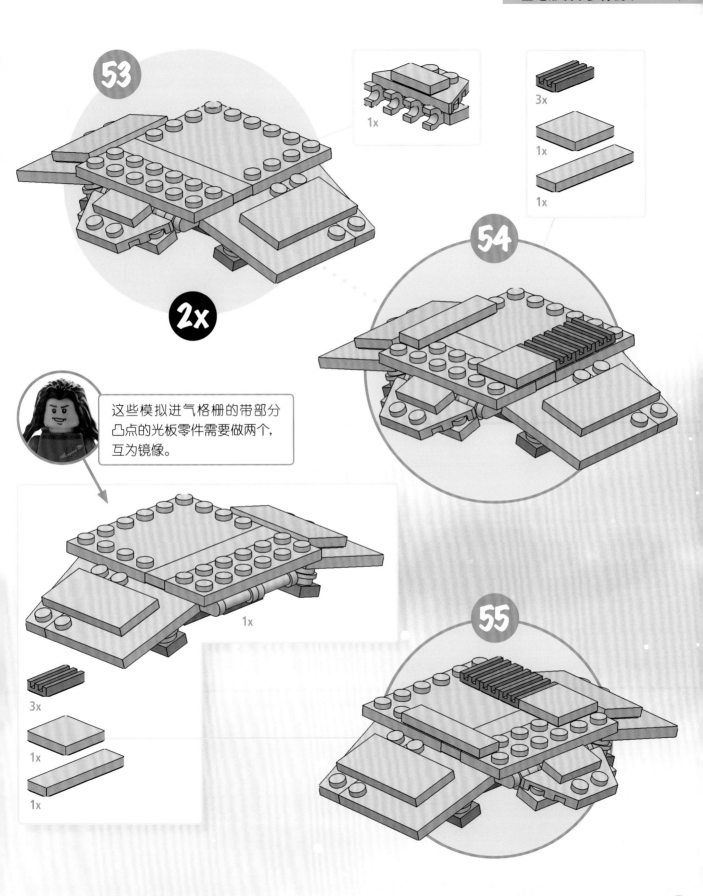

这些模拟进气格栅的带部分凸点的光板零件需要做两个，互为镜像。

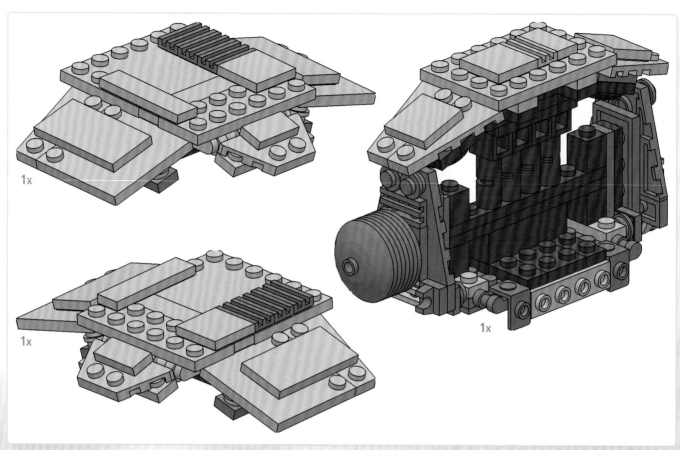

1x

1x

1x

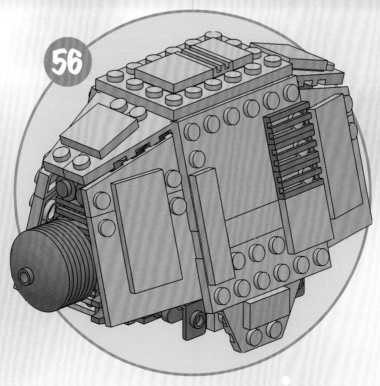

56

57

2x 1x

1x

这是个新零件，反向搭建的光板零件，它的顶部是凸点，底部是光滑的。

58

59

2x

1x

1x

60

2x

1x

61

1x

62

1x

1x

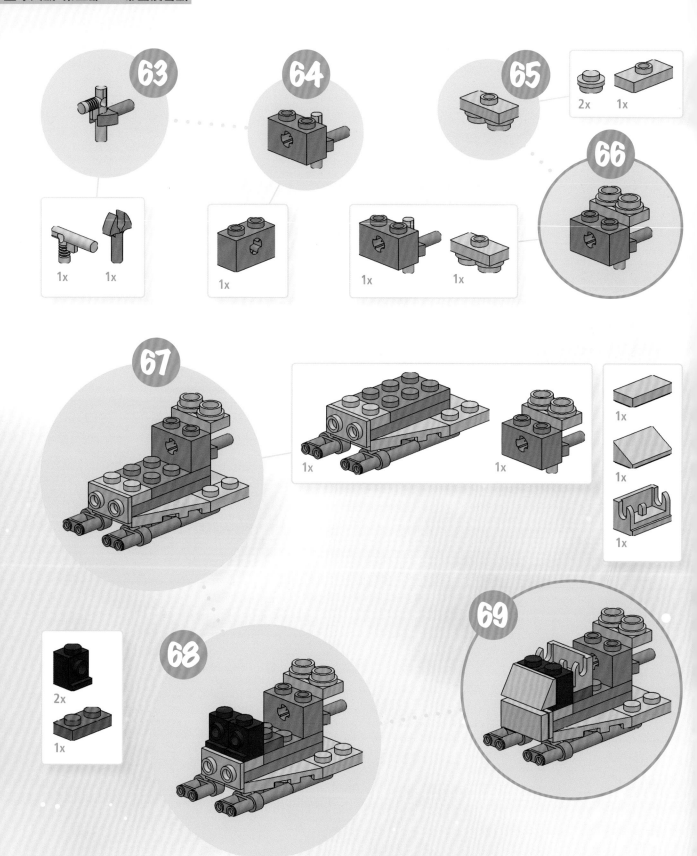

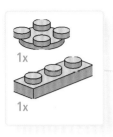

1x

1x

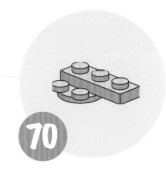

70

71

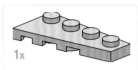

1x

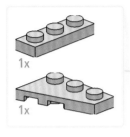

1x

1x

72

73

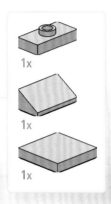

1x

1x

1x

1x

74

2x

75

1x   1x

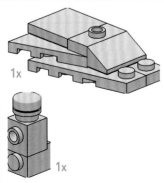

1x

1x

76

77

1x   1x

1x   1x

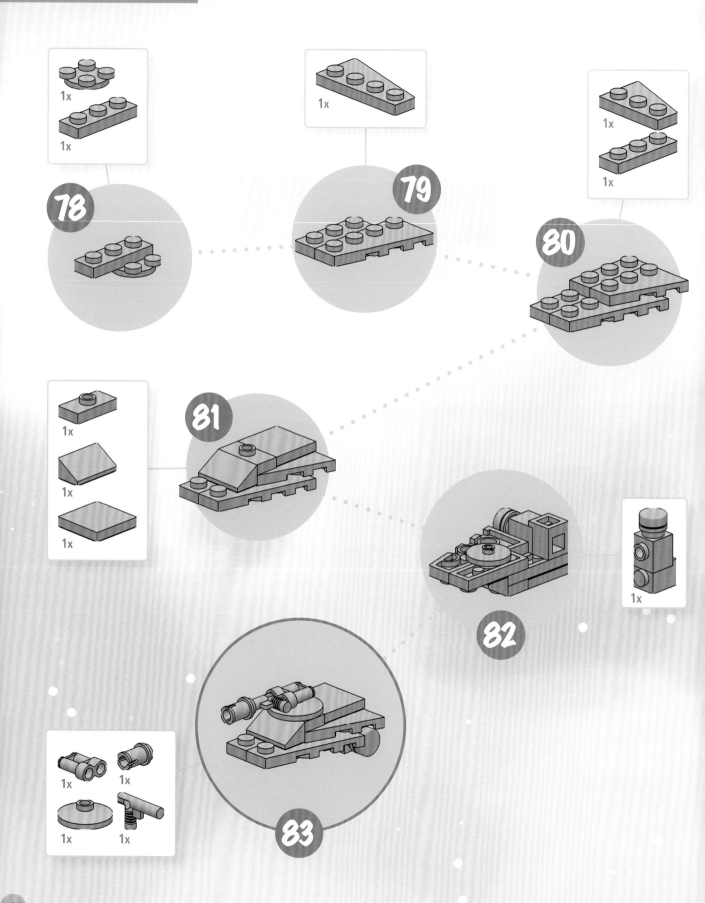

1x

1x

1x

1x

1x

1x

78

79

80

81

1x

1x

1x

82

1x

83

1x   1x

1x   1x

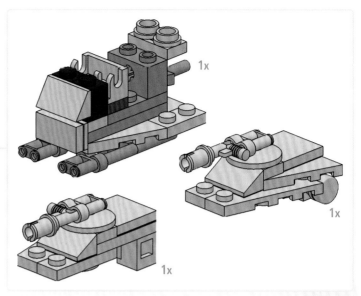

84

1x

1x

1x

85

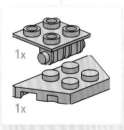

1x

1x

86

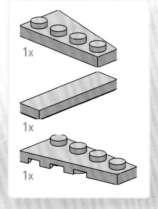

1x

1x

1x

1x

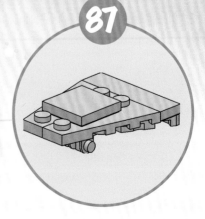

87

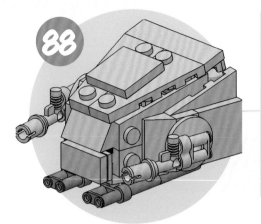

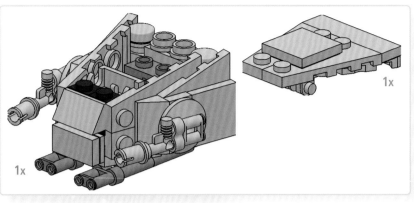

1x

1x

1x

1x

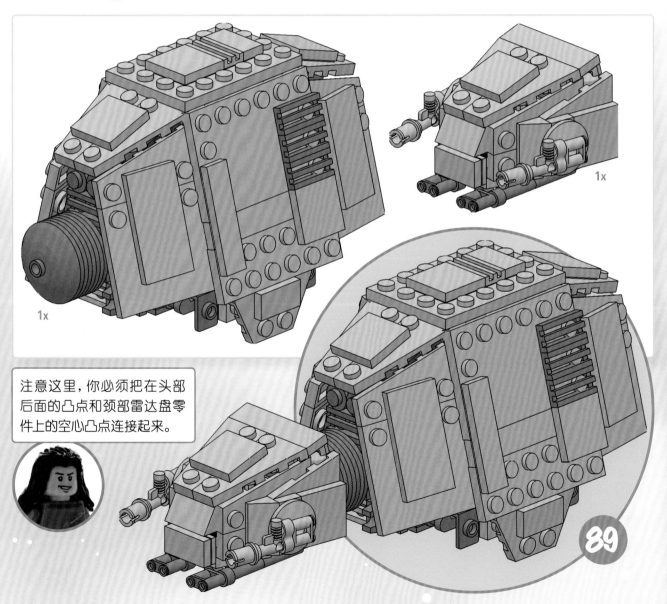

注意这里，你必须把在头部后面的凸点和颈部雷达盘零件上的空心凸点连接起来。

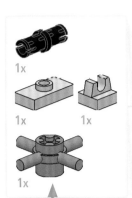

1x

1x   1x

1x

90

1x

1x   2x

这个零件很难找到灰色的，
所以你也可以用其他颜色，
反正也会被包裹起来。

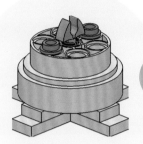

91

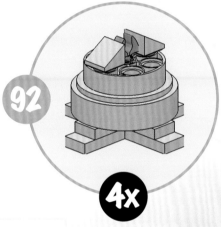

92

4x

2x

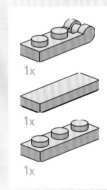

1x

1x

1x

1x

1x

1x   1x

2x   1x

93

94

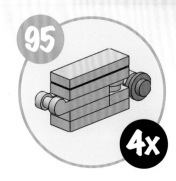

95

4x

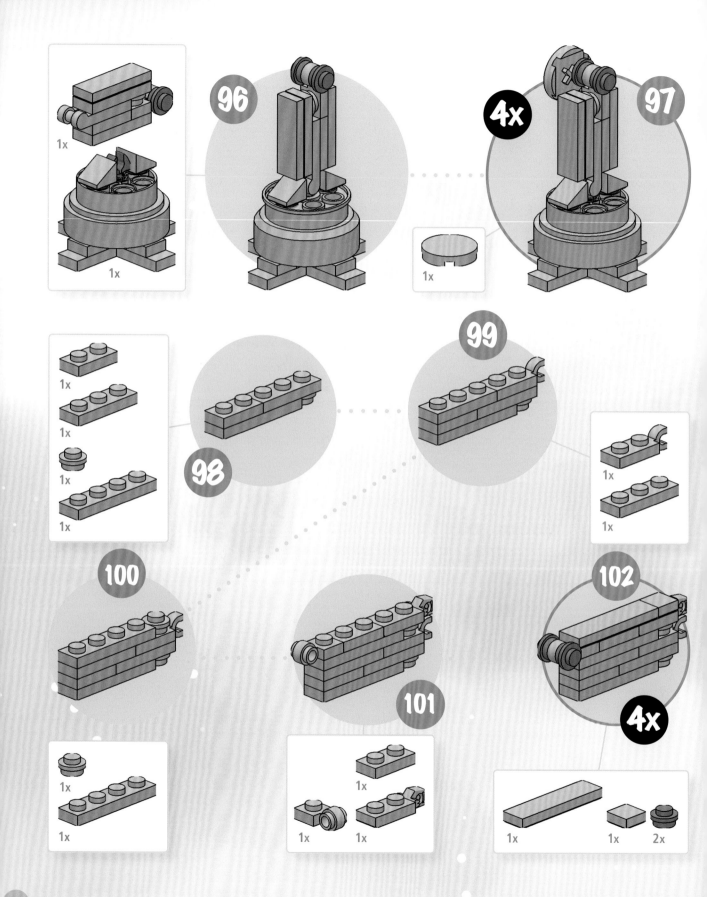

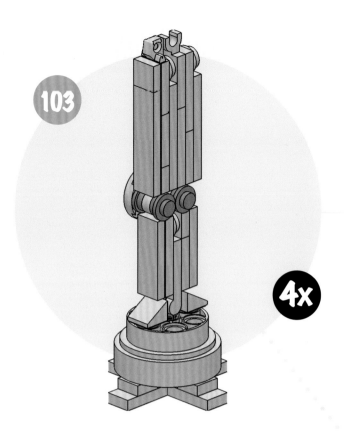

103

4x

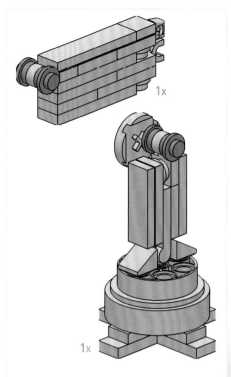

1x

1x

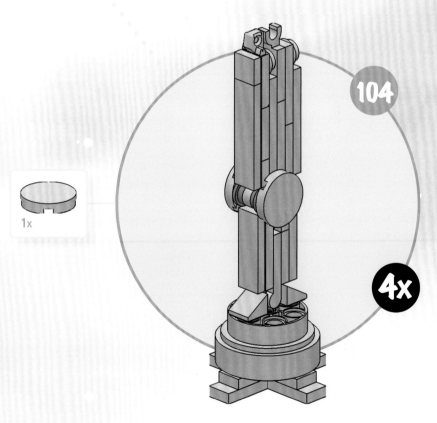

104

4x

1x

你可以根据自己的喜好
调整腿姿。

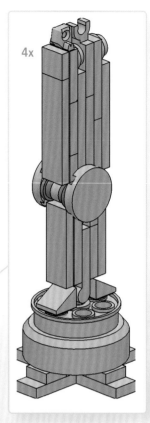

4x

105

4x

106

零件清单

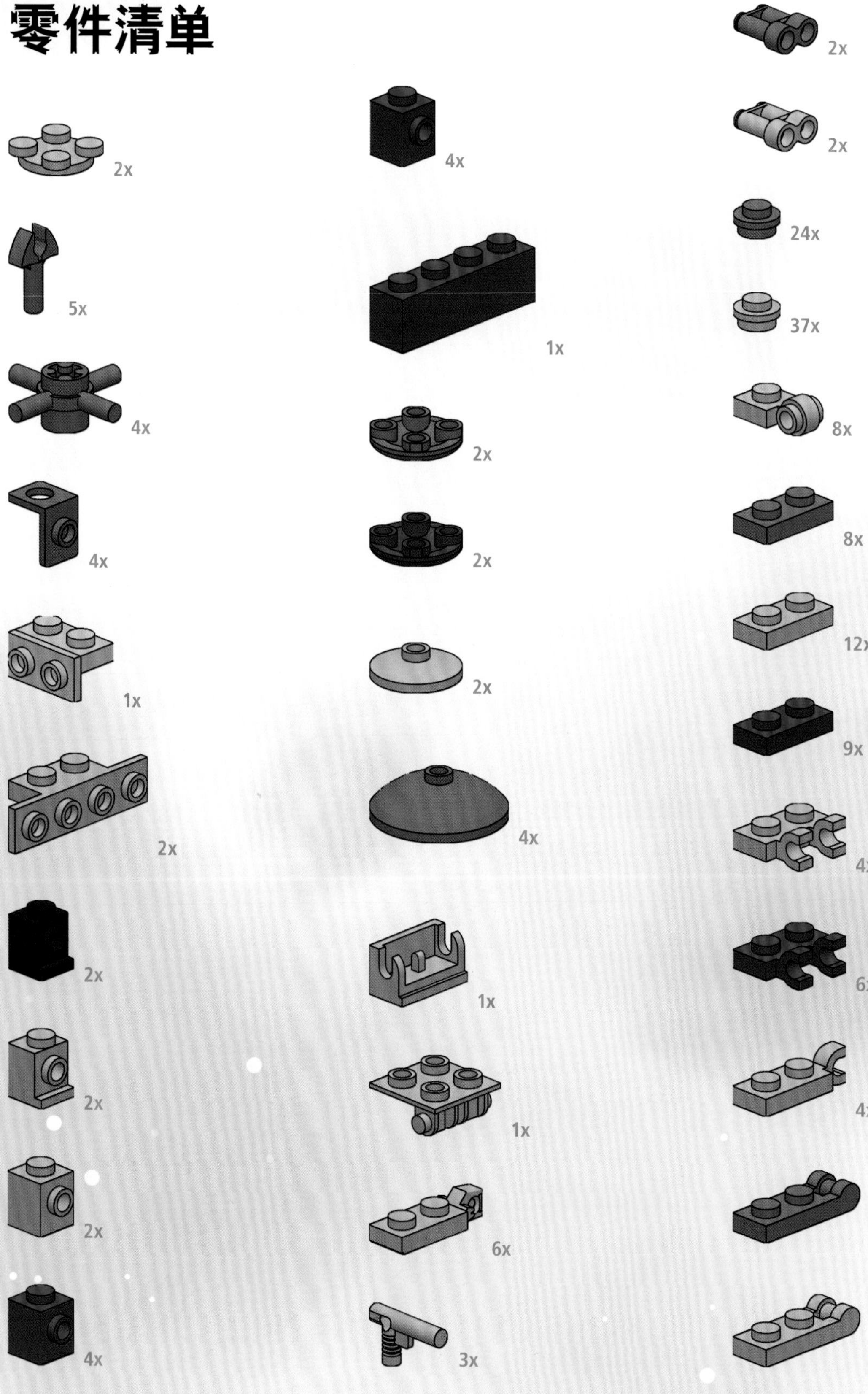

2x

2x

2x

2x

24x

5x

4x

37x

4x

1x

8x

4x

2x

8x

2x

1x

12x

2x

9x

2x

4x

4x

2x

1x

6x

2x

1x

4x

2x

6x

4x

4x

3x

4x

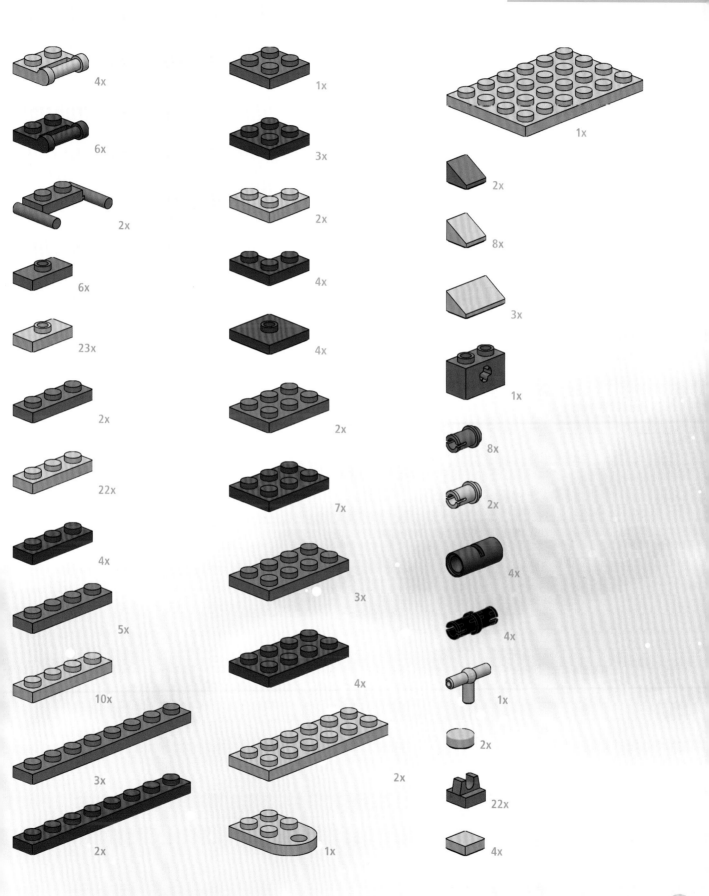

4x
6x
2x
6x
23x
2x
22x
4x
5x
10x
3x
2x

1x
3x
2x
4x
4x
2x
7x
3x
4x
2x
1x

1x
2x
8x
3x
1x
8x
2x
4x
4x
1x
2x
22x
4x

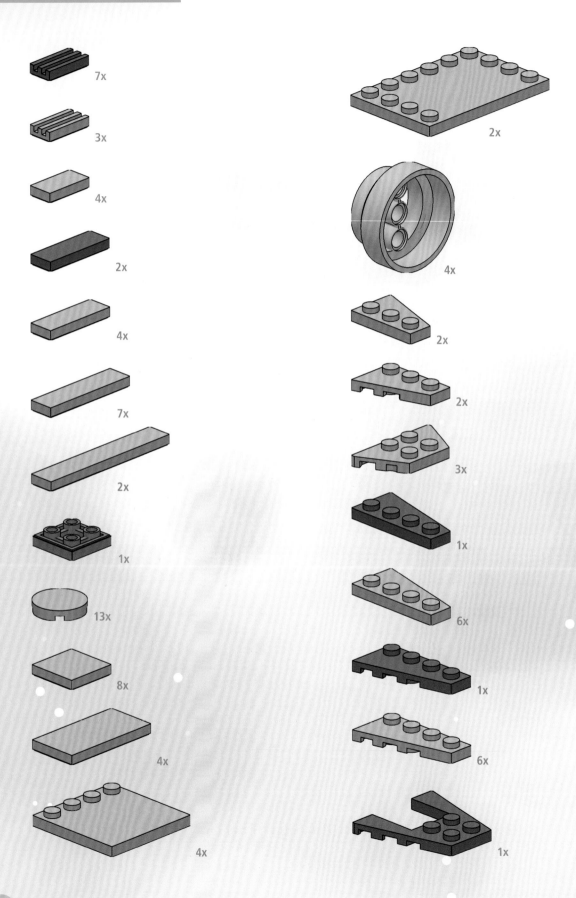

7x

3x

4x

2x

4x

7x

2x

1x

13x

8x

4x

4x

2x

4x

2x

2x

3x

1x

6x

1x

6x

1x

数量	颜色	零件编号	零件名称
2	浅蓝灰	3679	Turntable 2 x 2 Plate Top
5	深蓝灰	48729	Bar 1.5L with Clip
4	深蓝灰	48723	Bar 1L Quadruple with Axlehole Hub
4	深蓝灰	42446	Bracket 1 x 1 – 1 x 1
1	浅蓝灰	99781	Bracket 1 x 2 – 1 x 2 Inverted
2	浅蓝灰	2436a	Bracket 1 x 2 – 1 x 4
2	深红	4070	Brick 1 x 1 with Headlight
2	浅蓝灰	4070	Brick 1 x 1 with Headlight
2	浅蓝灰	87087	Brick 1 x 1 with Stud on 1 Side
4	红	87087	Brick 1 x 1 with Stud on 1 Side
4	红	47905	Brick 1 x 1 with Studs on Two Opposite Sides
1	红	3010	Brick 1 x 4
2	深蓝灰	2654	Dish 2 x 2
2	红	2654	Dish 2 x 2
2	浅蓝灰	4740	Dish 2 x 2 Inverted
4	深蓝灰	43898	Dish 3 x 3 Inverted
1	深蓝灰	head_s03.ldr	Head_s03
1	浅蓝灰	3937	Hinge 1 x 2 Base
1	浅蓝灰	6134	Hinge 2 x 2 Top
6	浅蓝灰	44301	Hinge Plate 1 x 2 Locking with Single Finger on End Vertical
3	浅蓝灰	60849	Minifig Hose Nozzle with Side String Hole Simplified
2	深蓝灰	30162	Minifig Tool Binoculars Town
2	浅蓝灰	30162	Minifig Tool Binoculars Town
24	深蓝灰	4073	Plate 1 x 1 Round
37	浅蓝灰	4073	Plate 1 x 1 Round
8	浅蓝灰	4081b	Plate 1 x 1 with Clip Light Type 2
8	深蓝灰	3023	Plate 1 x 2
12	浅蓝灰	3023	Plate 1 x 2
9	红	3023	Plate 1 x 2
4	浅蓝灰	60470	Plate 1 x 2 with 2 Clips Horizontal
6	红	60470	Plate 1 x 2 with 2 Clips Horizontal
4	浅蓝灰	63868	Plate 1 x 2 with Clip Horizontal on End
4	深蓝灰	60478	Plate 1 x 2 with Handle on End
4	浅蓝灰	60478	Plate 1 x 2 with Handle on End

续表

数量		颜色	零件编号	零件名称
4		浅蓝灰	48336	Plate 1 x 2 with Handle Type 2
6		红	48336	Plate 1 x 2 with Handle Type 2
2		深蓝灰	3839b	Plate 1 x 2 with Handles Type 2
6		深蓝灰	3794a	Plate 1 x 2 without Groove with 1 Centre Stud
23		浅蓝灰	3794a	Plate 1 x 2 without Groove with 1 Centre Stud
2		深蓝灰	3623	Plate 1 x 3
22		浅蓝灰	3623	Plate 1 x 3
4		红	3623	Plate 1 x 3
5		深蓝灰	3710	Plate 1 x 4
10		浅蓝灰	3710	Plate 1 x 4
3		深蓝灰	3460	Plate 1 x 8
2		红	3460	Plate 1 x 8
1		深蓝灰	3022	Plate 2 x 2
3		红	3022	Plate 2 x 2
2		浅蓝灰	2420	Plate 2 x 2 Corner
4		红	2420	Plate 2 x 2 Corner
4		红	87580	Plate 2 x 2 with Groove with 1 Center Stud
2		深蓝灰	3021	Plate 2 x 3
7		红	3021	Plate 2 x 3
3		深蓝灰	3020	Plate 2 x 4
4		红	3020	Plate 2 x 4
2		浅蓝灰	3795	Plate 2 x 6
1		浅蓝灰	3176	Plate 3 x 2 with Hole
1		浅蓝灰	3032	Plate 4 x 6
2		深蓝灰	54200	Slope Brick 31 1 x 1 x 2/3
8		浅蓝灰	54200	Slope Brick 31 1 x 1 x 2/3
3		浅蓝灰	85984	Slope Brick 31 1 x 2 x 2/3
1		深蓝灰	32064b	Technic Brick 1 x 2 with Axlehole
8		蓝	4274	Technic Pin 1/2

数量		颜色	零件编号	零件名称
2		浅蓝灰	4274	Technic Pin 1/2
4		红	62462	Technic Pin Joiner Round with Slot
4		黑	2780	Technic Pin with Friction and Slots
1		浅蓝灰	4697b	Technic Pneumatic T-Piece
2		浅蓝灰	98138	Tile 1 x 1 Round with Groove
22		深蓝灰	2555	Tile 1 x 1 with Clip
4		浅蓝灰	3070b	Tile 1 x 1 with Groove
7		深蓝灰	2412b	Tile 1 x 2 Grille with Groove
3		浅蓝灰	2412b	Tile 1 x 2 Grille with Groove
4		浅蓝灰	3069b	Tile 1 x 2 with Groove
2		深蓝灰	63864	Tile 1 x 3 with Groove
4		浅蓝灰	63864	Tile 1 x 3 with Groove
7		浅蓝灰	2431	Tile 1 x 4 with Groove
2		浅蓝灰	6636	Tile 1 x 6
1		深蓝灰	11203	Tile 2 x 2 Inverted
13		浅蓝灰	4150	Tile 2 x 2 Round
8		浅蓝灰	3068b	Tile 2 x 2 with Groove
4		浅蓝灰	87079	Tile 2 x 4 with Groove
4		浅蓝灰	6179	Tile 4 x 4 with Studs on Edge
2		浅蓝灰	6180	Tile 4 x 6 with Studs on Edges
4		浅蓝灰	60208	Wheel 31 mm x 17 mm
2		浅蓝灰	43723	Wing 2 x 3 Left
2		浅蓝灰	43722	Wing 2 x 3 Right
3		浅蓝灰	51739	Wing 2 x 4
1		深蓝灰	41770	Wing 2 x 4 Left
6		浅蓝灰	41770	Wing 2 x 4 Left
1		深蓝灰	41769	Wing 2 x 4 Right
6		浅蓝灰	41769	Wing 2 x 4 Right
1		深蓝灰	43719	Wing 4 x 4 with 2 x 2 Cutout

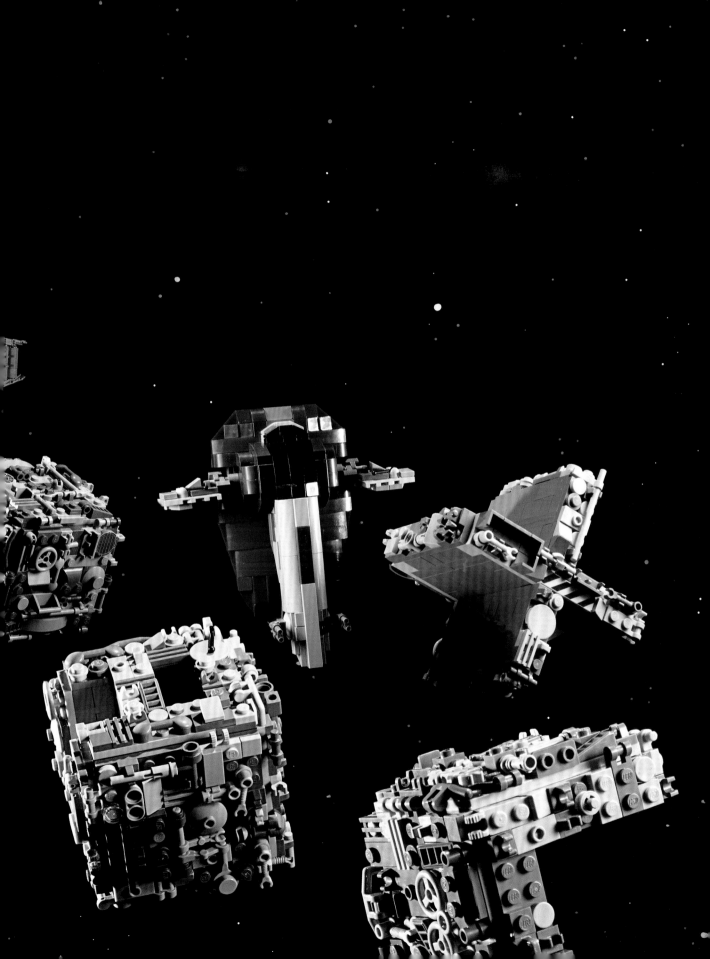

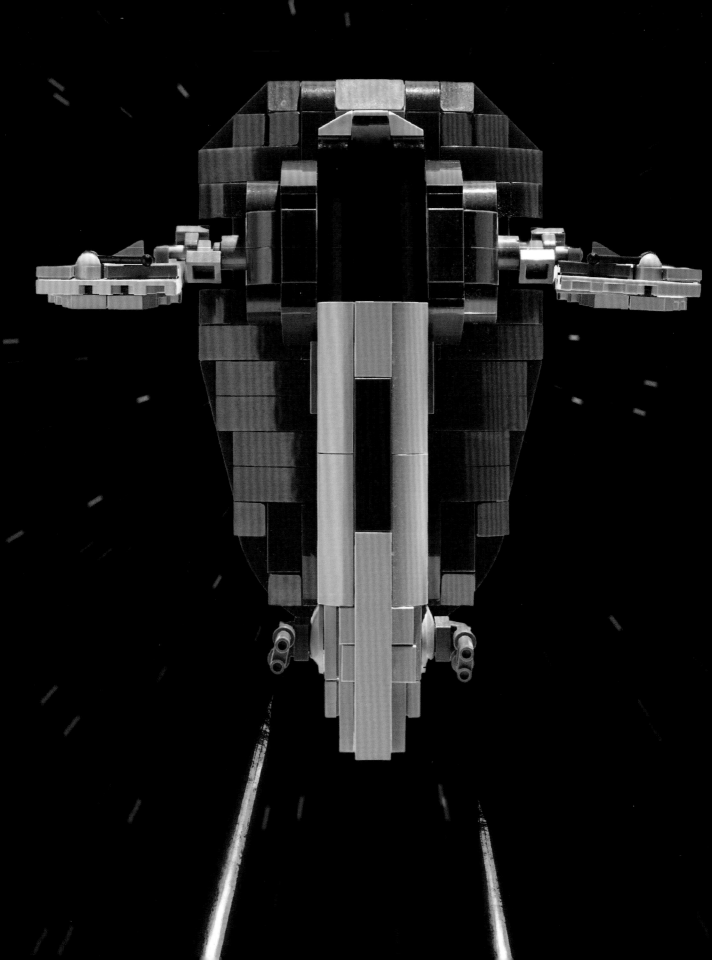

奴隶1号

赏金猎人波巴·费特在《星球大战》游戏"霍斯战役"中的场景就是爬进了这艘飞船的座舱。这艘飞船的机翼可以在起飞和降落是自由调整。

这艘飞船的原型不是大象的脑袋，或者熨斗，或者吹干机，甚至不是路灯，根据艺术总监Nilo Rodis-Jamero所说，它是基于一种雷达盘。

Olly设计搭建

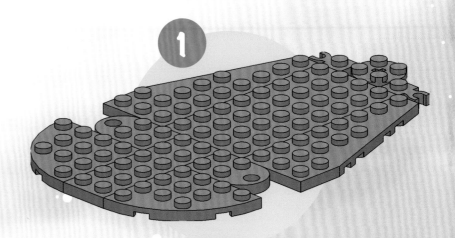

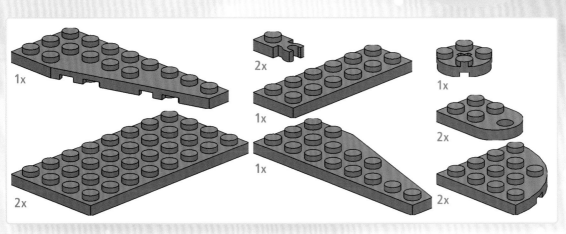

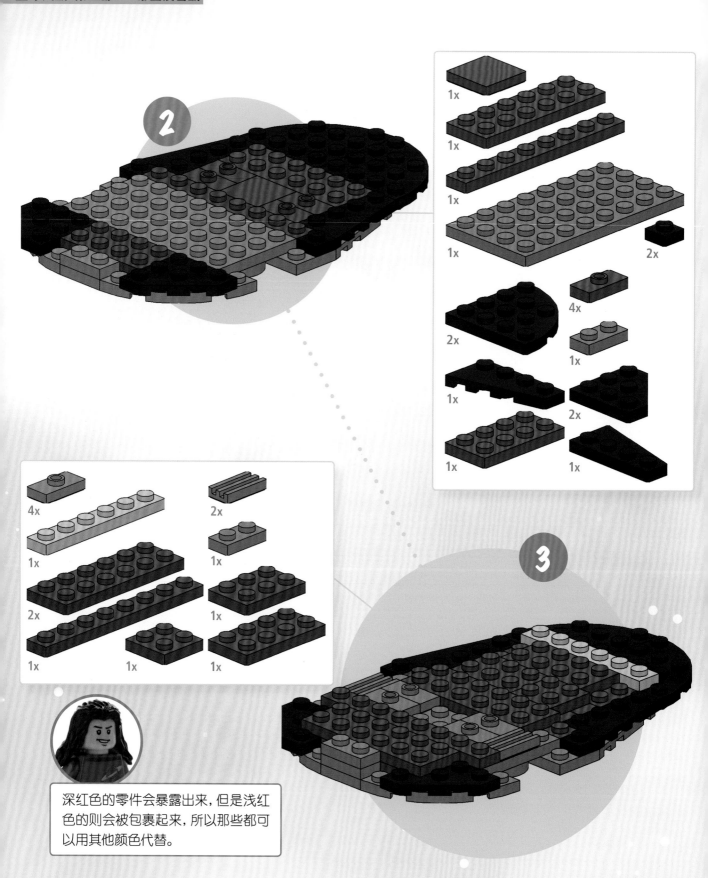

深红色的零件会暴露出来，但是浅红色的则会被包裹起来，所以那些都可以用其他颜色代替。

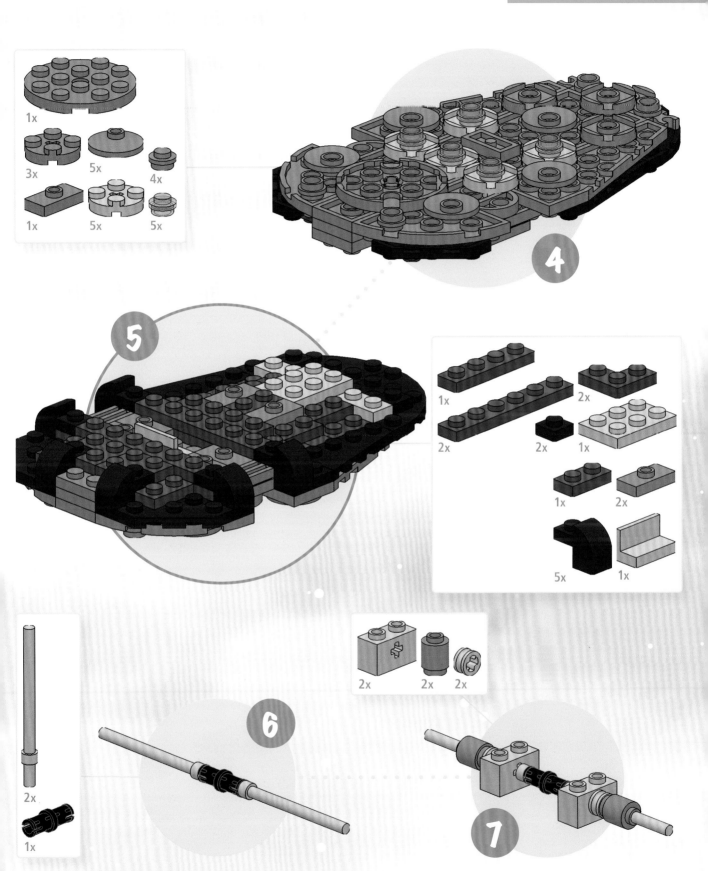

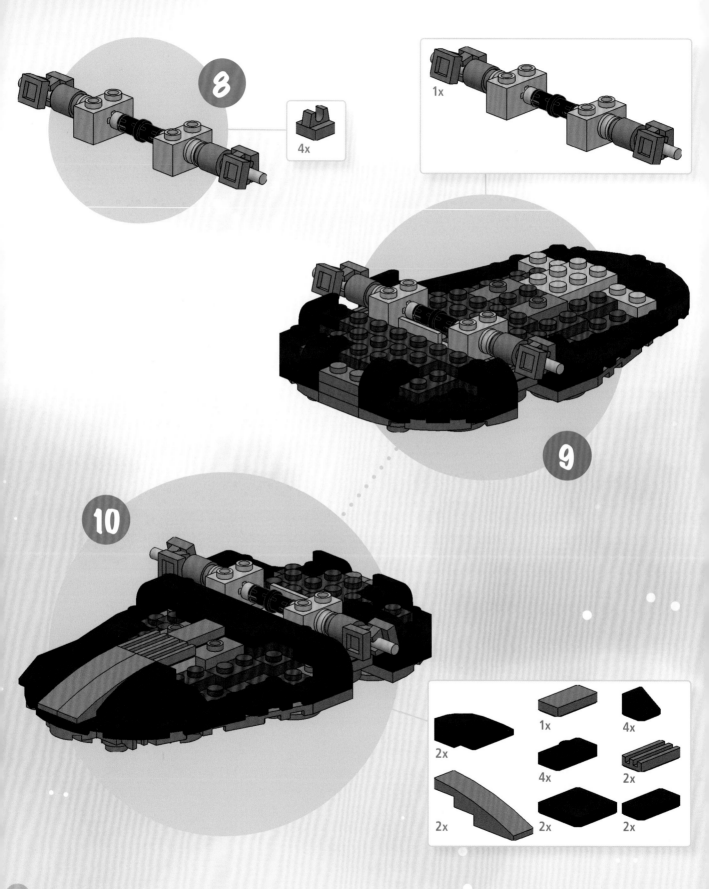

8

4x

1x

9

10

1x

4x

2x

4x

2x

2x

2x

2x

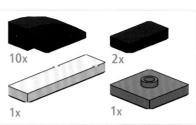

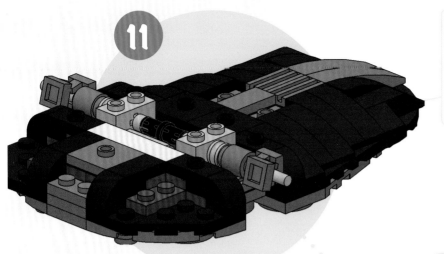

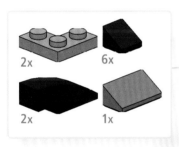

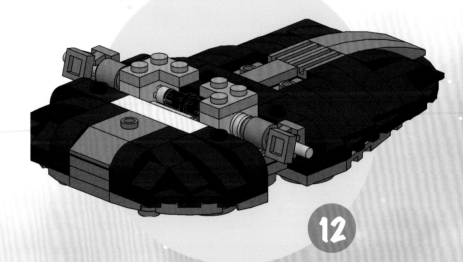

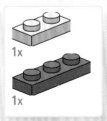

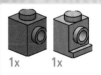

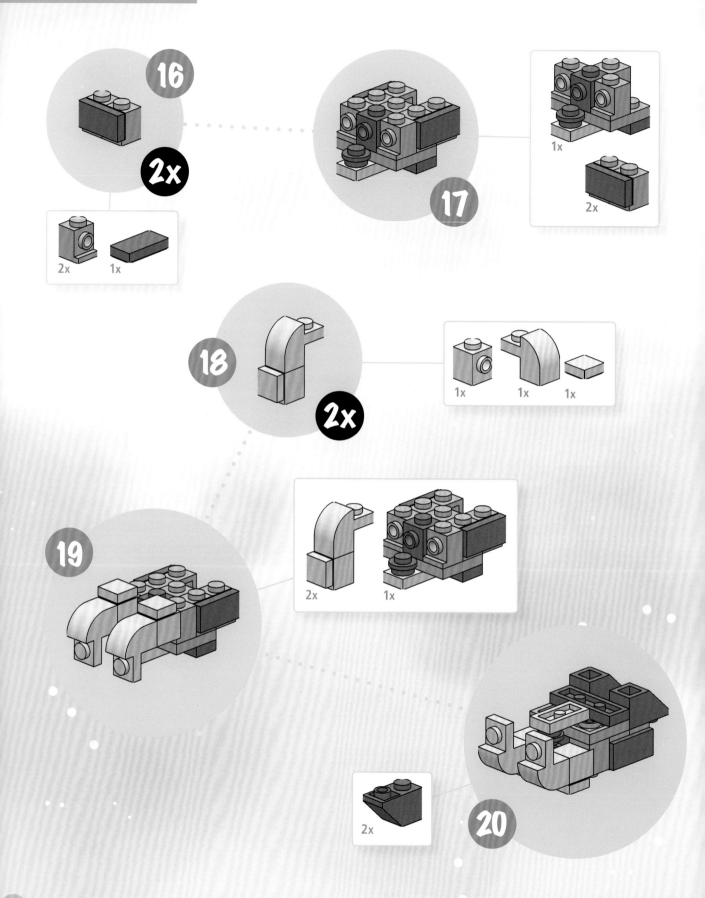

21

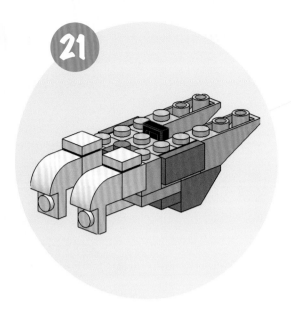

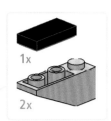

1x

2x

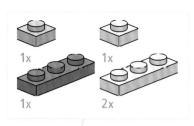

1x

1x

1x

2x

22

23

2x

1x

24

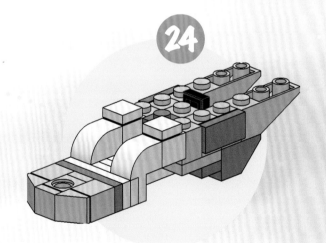

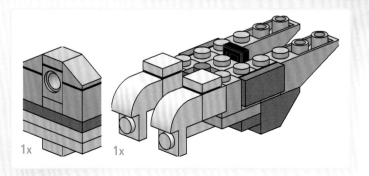

1x

1x

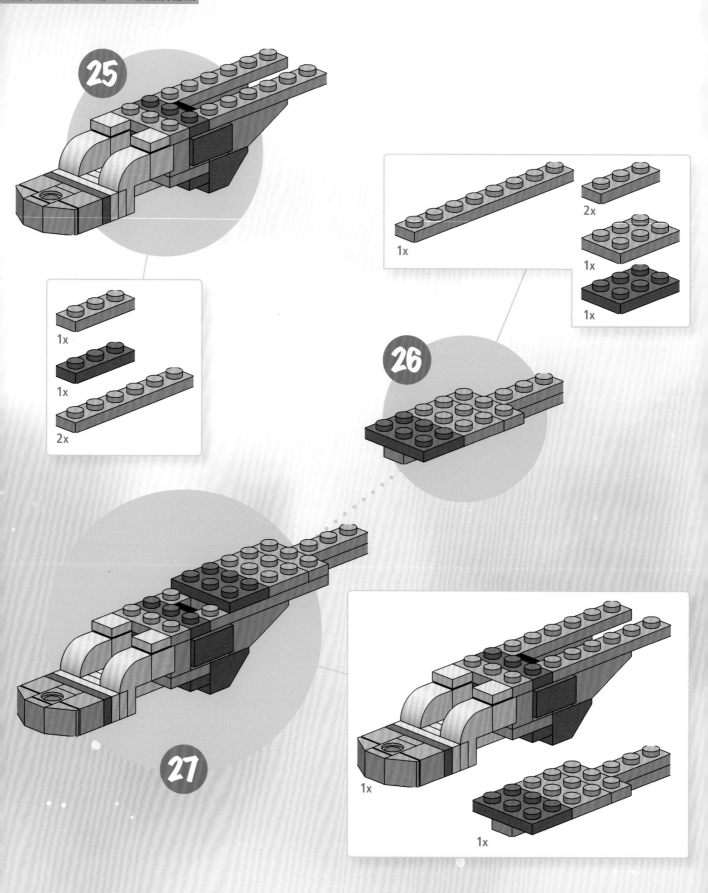

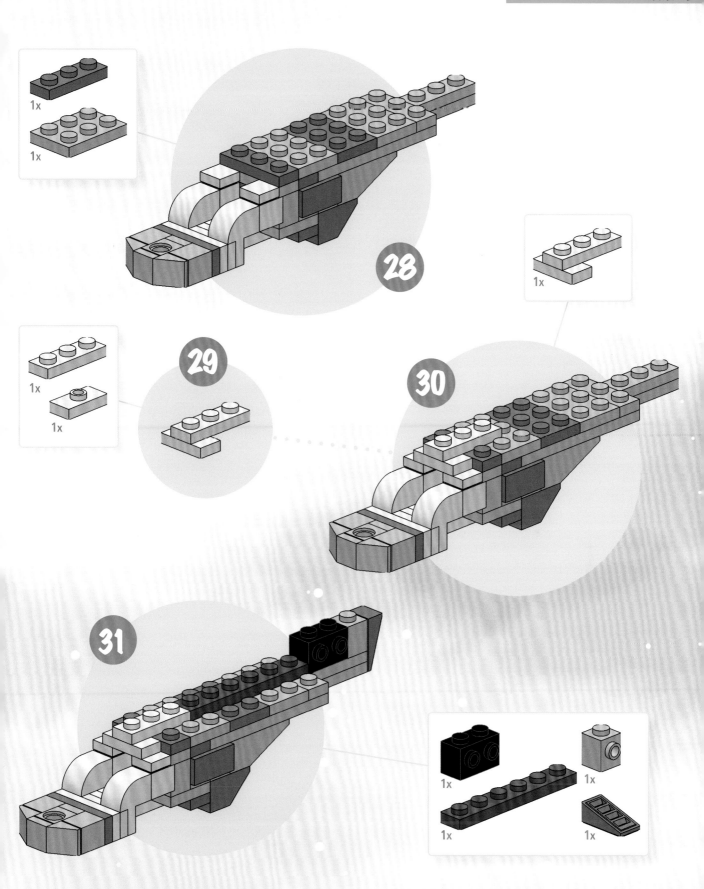

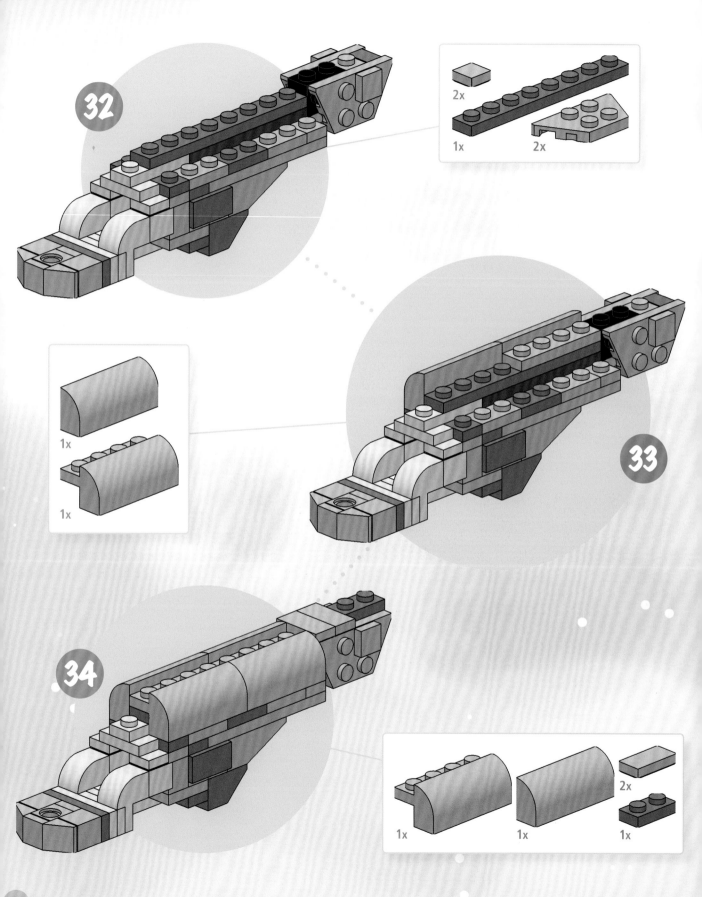

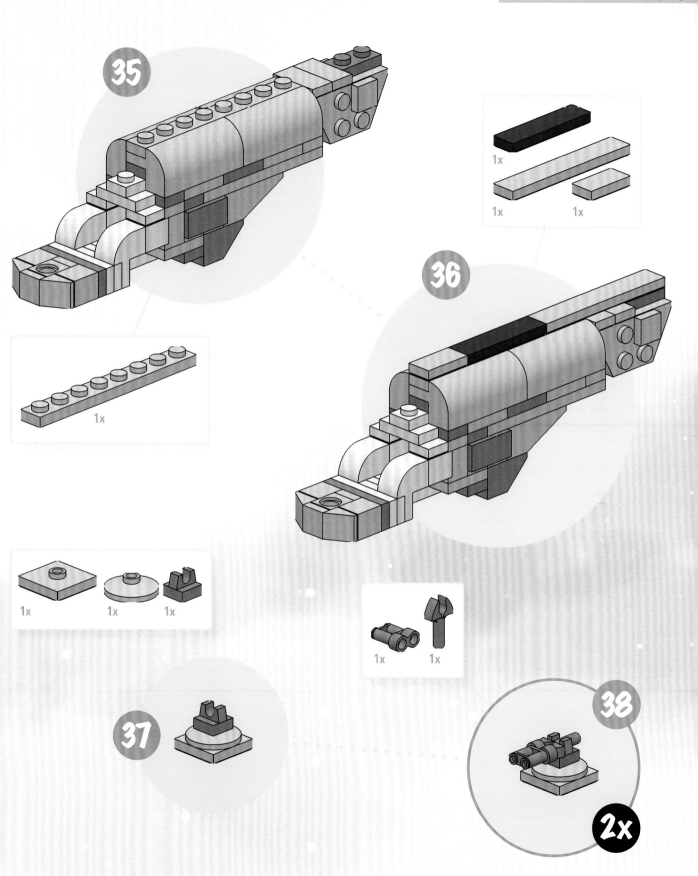

39

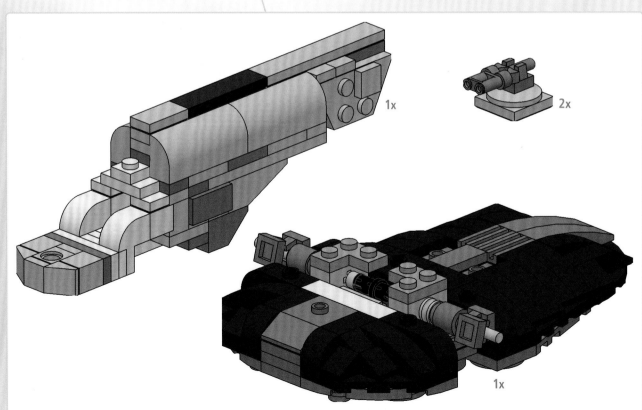

1x

2x

1x

2x 3x

2x

2x

2x

2x 1x

2x

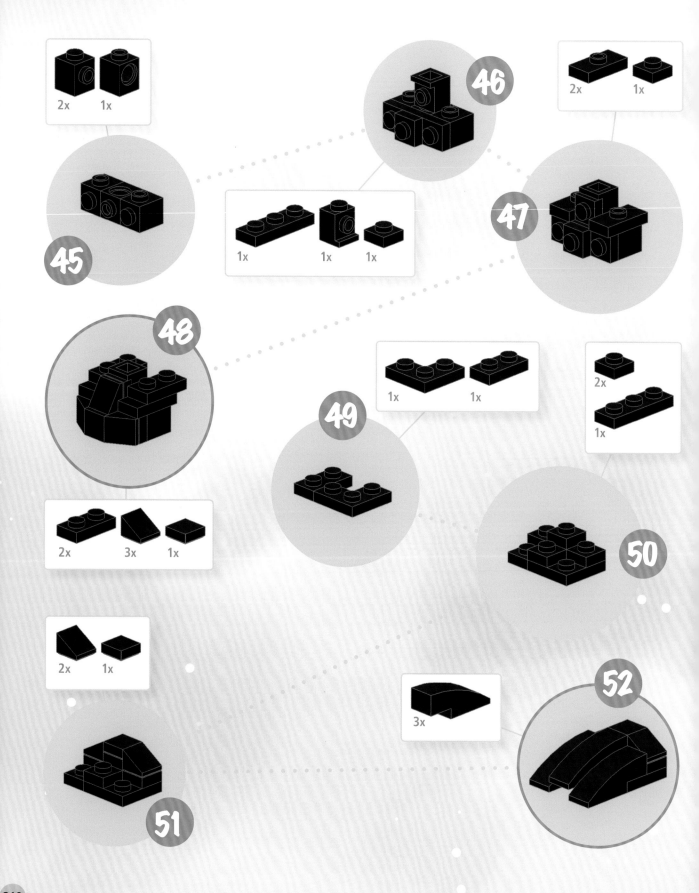

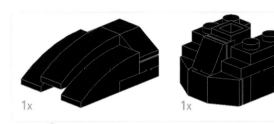

53

54

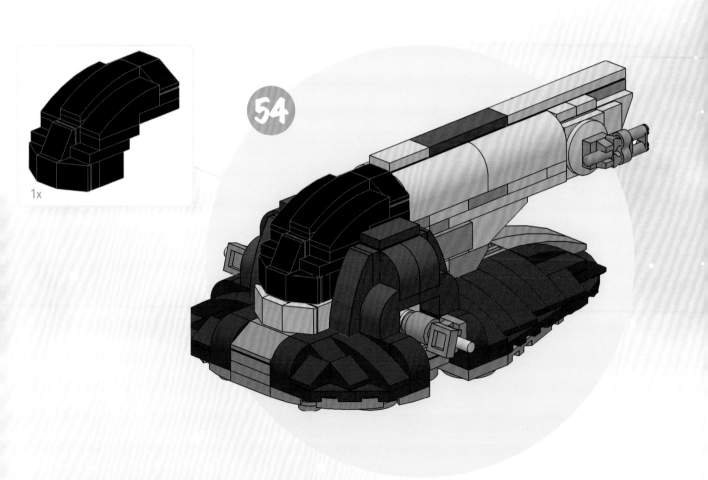

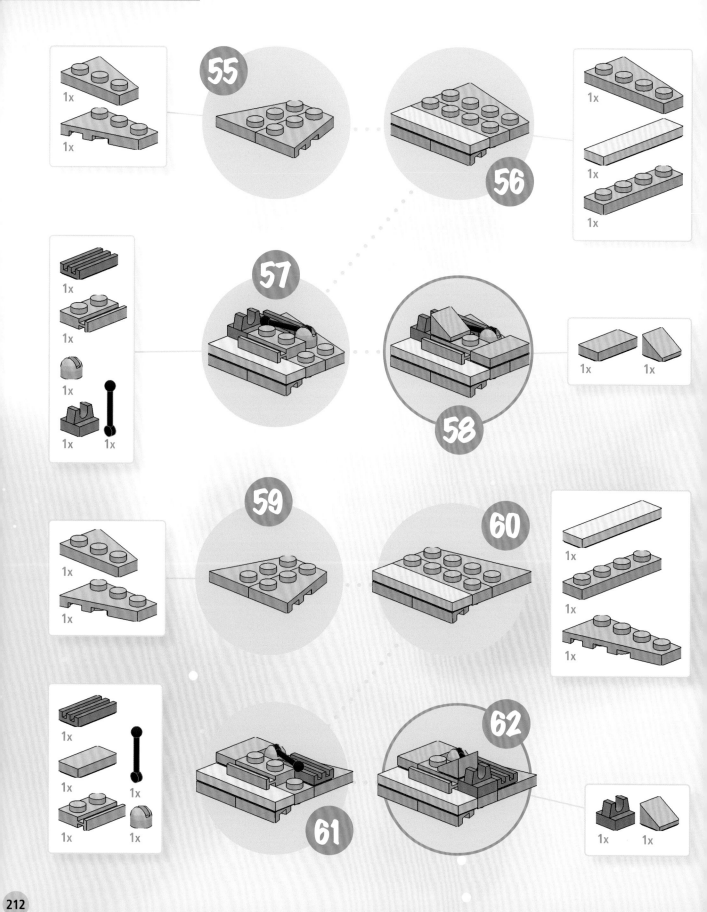

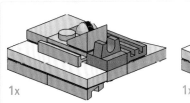

1x

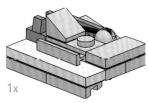

1x

第57步和第61步中的黑色的控制杆可以用浅灰色代替。

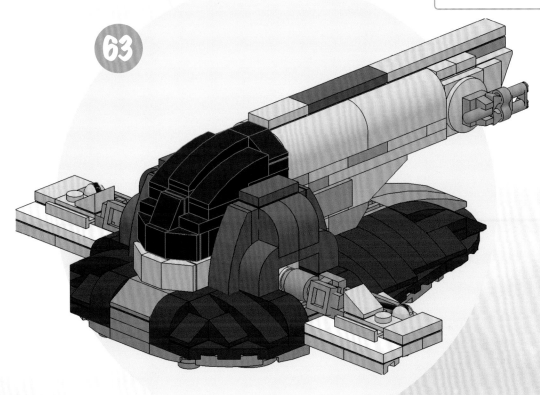

63

零件清单

2x

2x

2x

2x

1x

1x

2x

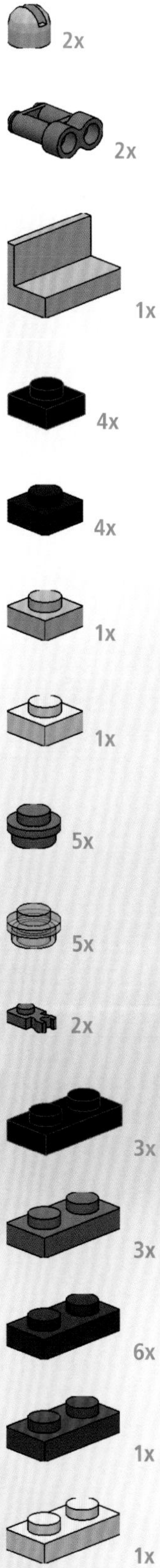

2x

2x

1x

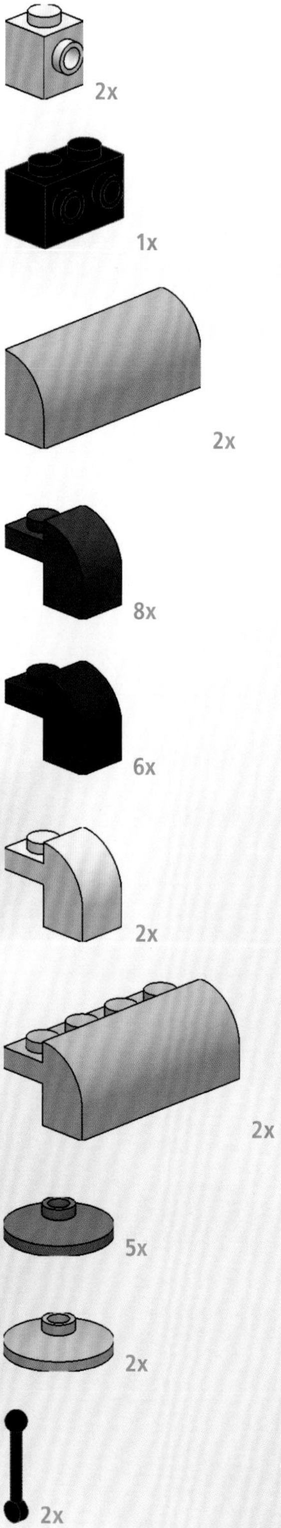

4x

4x

2x

8x

1x

6x

1x

6x

2x

5x

2x

5x

2x

2x

5x

2x

3x

2x

3x

5x

6x

2x

1x

2x

1x

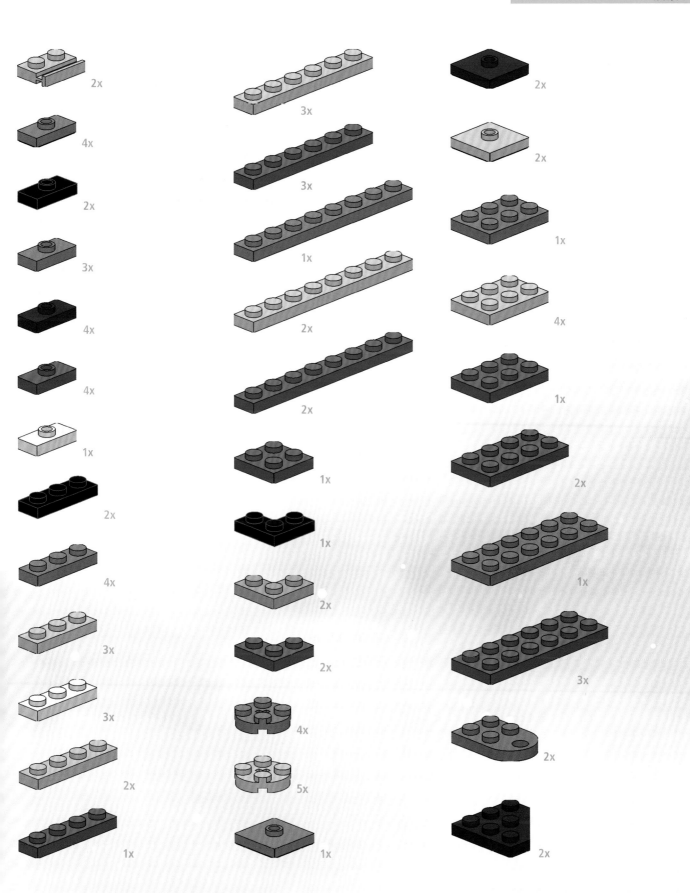

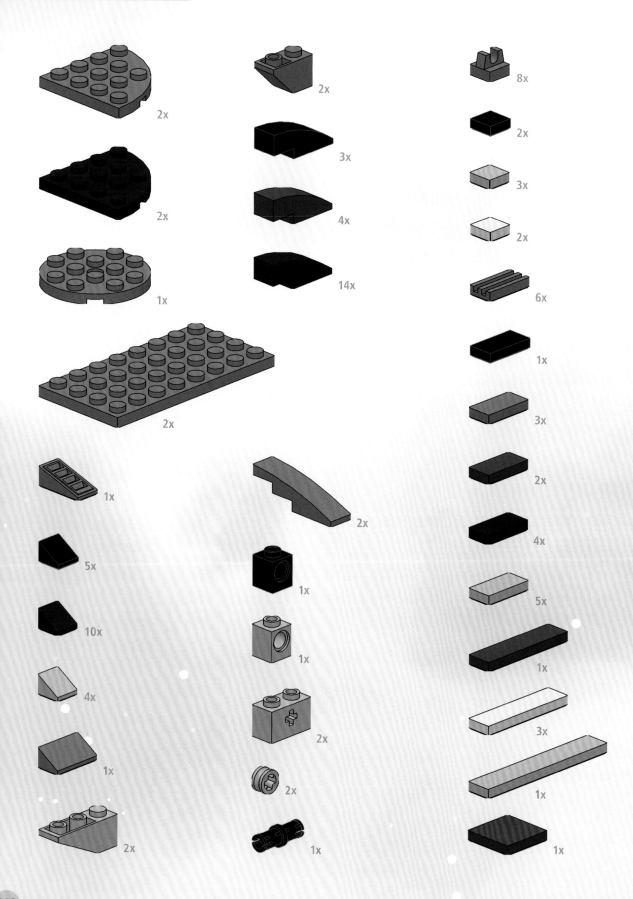

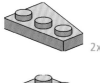
2x

2x

2x

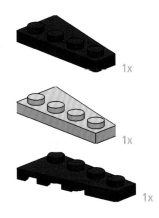
1x
1x
1x

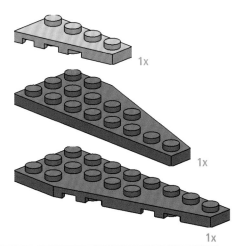
1x
1x
1x

数量	颜色	零件编号	零件名称
2	深蓝灰	48729	Bar 1.5L with Clip
2	浅蓝灰	63965	Bar 6L with Thick Stop
2	浅蓝灰	3005	Brick 1 x 1
2	深蓝灰	3062b	Brick 1 x 1 Round with Hollow Stud
1	黑	4070	Brick 1 x 1 with Headlight
6	浅蓝灰	4070	Brick 1 x 1 with Headlight
2	黑	87087	Brick 1 x 1 with Stud on 1 Side
5	深蓝灰	87087	Brick 1 x 1 with Stud on 1 Side
2	浅蓝灰	87087	Brick 1 x 1 with Stud on 1 Side
2	米	87087	Brick 1 x 1 with Stud on 1 Side
1	黑	52107	Brick 1 x 2 with Studs on Sides
2	浅蓝灰	6191	Brick 1 x 4 x 1 & 1/3 with Curved Top
8	墨绿	6091	Brick 2 x 1 x 1 & 1/3 with Curved Top
6	深红	6091	Brick 2 x 1 x 1 & 1/3 with Curved Top
2	米	6091	Brick 2 x 1 x 1 & 1/3 with Curved Top
2	浅蓝灰	6081	Brick 2 x 4 x 1 & 1/3 with Curved Top
5	深蓝灰	4740	Dish 2 x 2 Inverted
2	浅蓝灰	4740	Dish 2 x 2 Inverted
2	黑	4593	Hinge Control Stick
2	浅蓝灰	4592	Hinge Control Stick Base
2	深蓝灰	30162	Minifig Tool Binoculars Town
1	浅蓝灰	4865a	Panel 1 x 2 x 1 with Square Corners
4	黑	3024	Plate 1 x 1
4	深红	3024	Plate 1 x 1
1	浅蓝灰	3024	Plate 1 x 1
1	米	3024	Plate 1 x 1
5	深蓝灰	4073	Plate 1 x 1 Round
5	透明橘	4073	Plate 1 x 1 Round
2	深蓝灰	4085c	Plate 1 x 1 with Clip Vertical
3	黑	3023	Plate 1 x 2

数量		颜色	零件编号	零件名称
3		深蓝灰	3023	Plate 1 x 2
6		墨绿	3023	Plate 1 x 2
1		红	3023	Plate 1 x 2
1		米	3023	Plate 1 x 2
2		浅蓝灰	32028	Plate 1 x 2 with Door Rail
4		深蓝灰	3794b	Plate 1 x 2 with Groove with 1 Centre Stud
2		黑	3794a	Plate 1 x 2 without Groove with 1 Centre Stud
3		深蓝灰	3794a	Plate 1 x 2 without Groove with 1 Centre Stud
4		深红	3794a	Plate 1 x 2 without Groove with 1 Centre Stud
4		红	3794a	Plate 1 x 2 without Groove with 1 Centre Stud
1		米	3794a	Plate 1 x 2 without Groove with 1 Centre Stud
2		黑	3623	Plate 1 x 3
4		深蓝灰	3623	Plate 1 x 3
3		浅蓝灰	3623	Plate 1 x 3
3		米	3623	Plate 1 x 3
2		浅蓝灰	3710	Plate 1 x 4
1		红	3710	Plate 1 x 4
3		浅蓝灰	3666	Plate 1 x 6
3		红	3666	Plate 1 x 6
1		深蓝灰	3460	Plate 1 x 8
2		浅蓝灰	3460	Plate 1 x 8
2		红	3460	Plate 1 x 8
1		红	3022	Plate 2 x 2
1		黑	2420	Plate 2 x 2 Corner
2		卡其	2420	Plate 2 x 2 Corner
2		红	2420	Plate 2 x 2 Corner
4		深蓝灰	4032a	Plate 2 x 2 Round with Axlehole
5		浅蓝灰	4032a	Plate 2 x 2 Round with Axlehole
1		深蓝灰	87580	Plate 2 x 2 with Groove with 1 Center Stud
2		深红	87580	Plate 2 x 2 with Groove with 1 Center Stud
2		浅蓝灰	87580	Plate 2 x 2 with Groove with 1 Center Stud
1		深蓝灰	3021	Plate 2 x 3
4		浅蓝灰	3021	Plate 2 x 3
1		红	3021	Plate 2 x 3
2		红	3020	Plate 2 x 4
1		深蓝灰	3795	Plate 2 x 6
3		红	3795	Plate 2 x 6
2		深蓝灰	3176	Plate 3 x 2 with Hole
2		深红	2450	Plate 3 x 3 without Corner
2		深蓝灰	30565	Plate 4 x 4 Corner Round
2		深红	30565	Plate 4 x 4 Corner Round

数量	颜色		零件编号	零件名称
1		深蓝灰	60474	Plate 4 x 4 Round with Hole and Snapstud
2		深蓝灰	3035	Plate 4 x 8
1		深蓝灰	61409	Slope Brick 18 2 x 1 x 2/3 Grille
5		黑	54200	Slope Brick 31 1 x 1 x 2/3
10		深红	54200	Slope Brick 31 1 x 1 x 2/3
4		浅蓝灰	54200	Slope Brick 31 1 x 1 x 2/3
1		深蓝灰	85984	Slope Brick 31 1 x 2 x 2/3
2		浅蓝灰	4287	Slope Brick 33 3 x 1 Inverted
2		深蓝灰	3665	Slope Brick 45 2 x 1 Inverted
3		黑	50950	Slope Brick Curved 3 x 1
4		墨绿	50950	Slope Brick Curved 3 x 1
14		深红	50950	Slope Brick Curved 3 x 1
2		深蓝灰	61678	Slope Brick Curved 4 x 1
1		黑	6541	Technic Brick 1 x 1 with Hole
1		浅蓝灰	6541	Technic Brick 1 x 1 with Hole
2		浅蓝灰	32064a	Technic Brick 1 x 2 with Axlehole Type 1
2		浅蓝灰	32123a	Technic Bush 1/2 Smooth with Axle Hole 红uced
1		黑	4459	Technic Pin with Friction
8		深蓝灰	2555	Tile 1 x 1 with Clip
2		黑	3070b	Tile 1 x 1 with Groove
3		浅蓝灰	3070b	Tile 1 x 1 with Groove
2		米	3070b	Tile 1 x 1 with Groove
6		深蓝灰	30244	Tile 1 x 2 Grille with Groove
1		黑	3069b	Tile 1 x 2 with Groove
3		深蓝灰	3069b	Tile 1 x 2 with Groove
2		墨绿	3069b	Tile 1 x 2 with Groove
4		深红	3069b	Tile 1 x 2 with Groove
5		浅蓝灰	3069b	Tile 1 x 2 with Groove
1		墨绿	2431	Tile 1 x 4 with Groove
3		米	2431	Tile 1 x 4 with Groove
1		浅蓝灰	6636	Tile 1 x 6
1		红	3068b	Tile 2 x 2 with Groove
2		浅蓝灰	43723	Wing 2 x 3 Left
2		浅蓝灰	43722	Wing 2 x 3 Right
2		浅蓝灰	51739	Wing 2 x 4
1		深红	41770	Wing 2 x 4 Left
1		浅蓝灰	41770	Wing 2 x 4 Left
1		深红	41769	Wing 2 x 4 Right
1		浅蓝灰	41769	Wing 2 x 4 Right
1		深蓝灰	50305	Wing 3 x 8 Left
1		深蓝灰	50304	Wing 3 x 8 Right

贾巴 (Jabba the Hutt)

搭建这个"罪恶之主"要用到橄榄绿色的零件,这个颜色的零件也不太好找齐,可以试着用另一种绿色代替。

本来是由演员Declan Mulholland扮演这个赫特人,但是在第四部拍摄时发现剪辑出来的效果很差,所以到第六部就完全由电脑来模拟这个两栖动物了。

Joe设计搭建

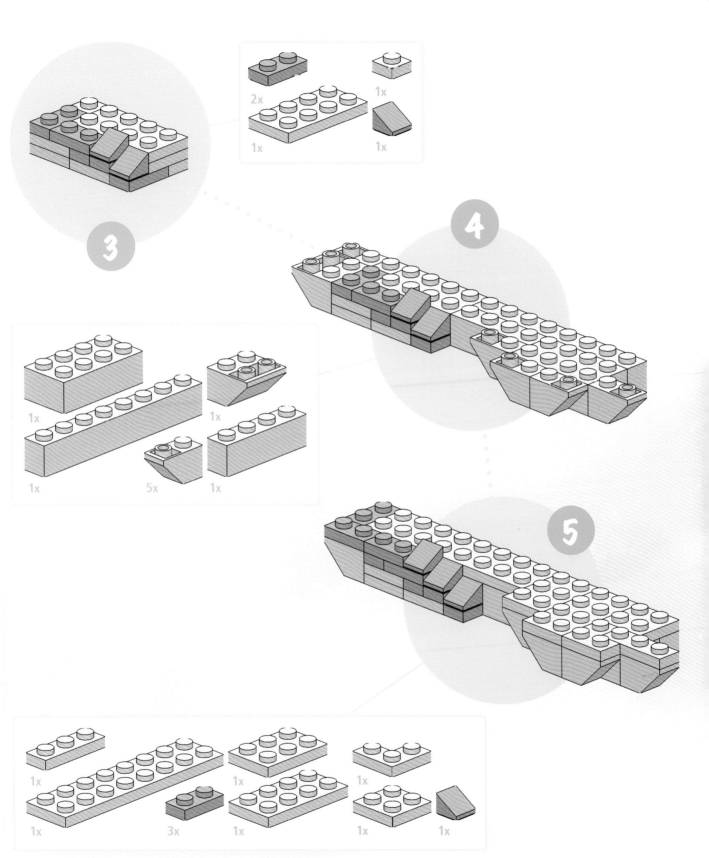

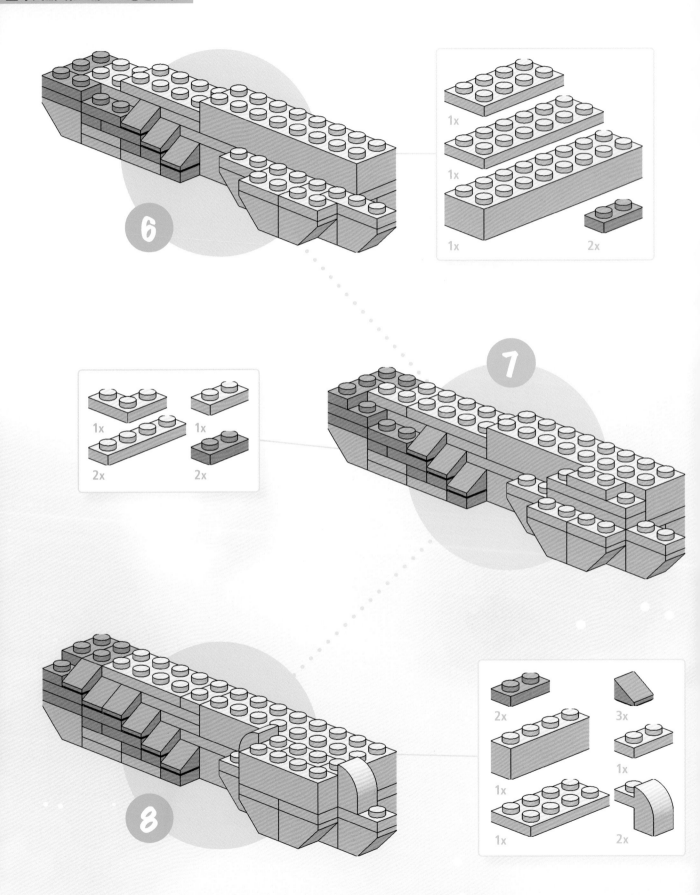

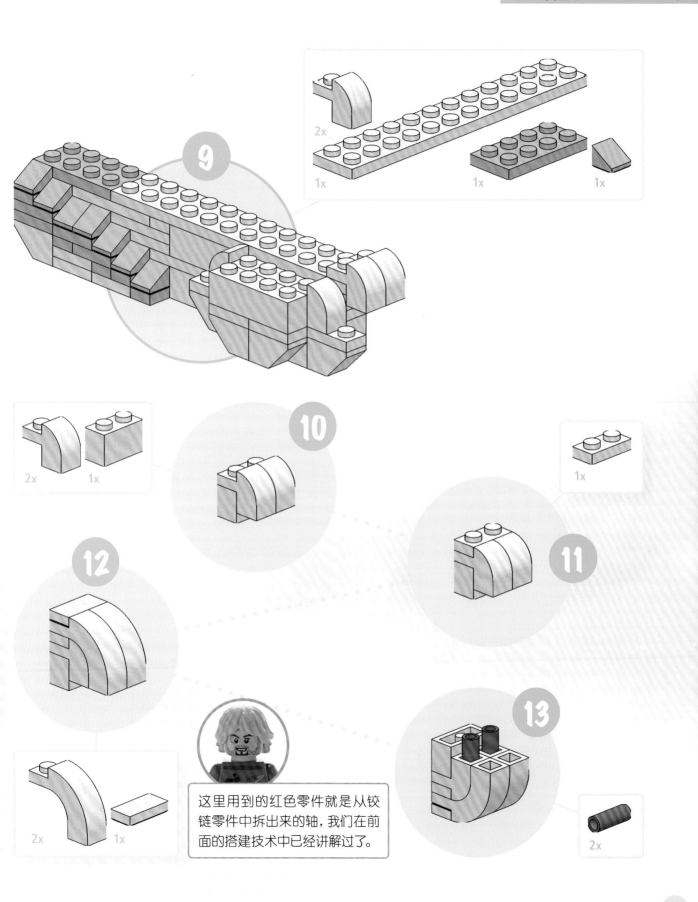

这里用到的红色零件就是从铰链零件中拆出来的轴，我们在前面的搭建技术中已经讲解过了。

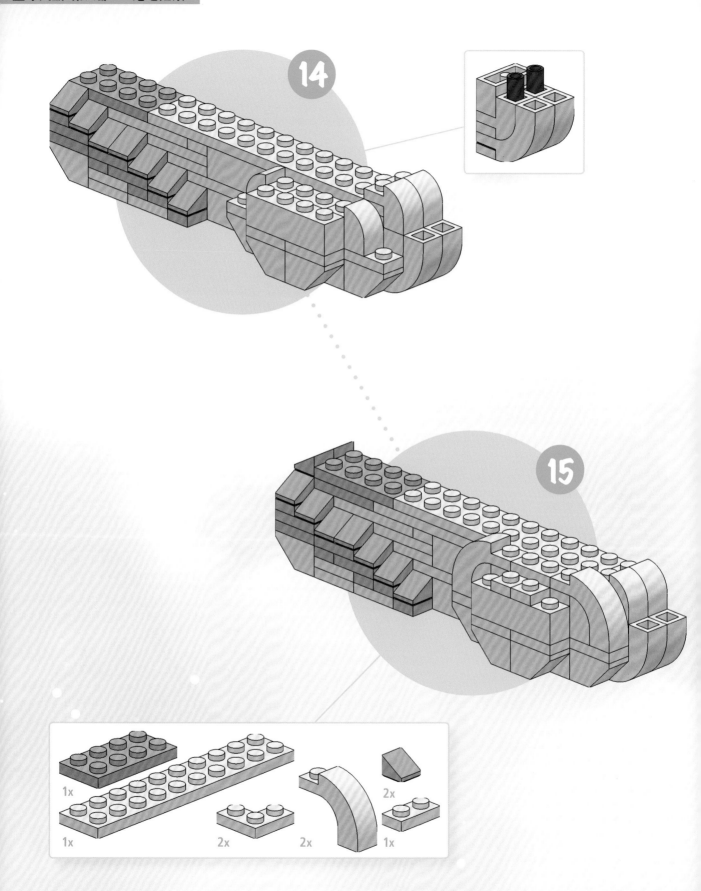

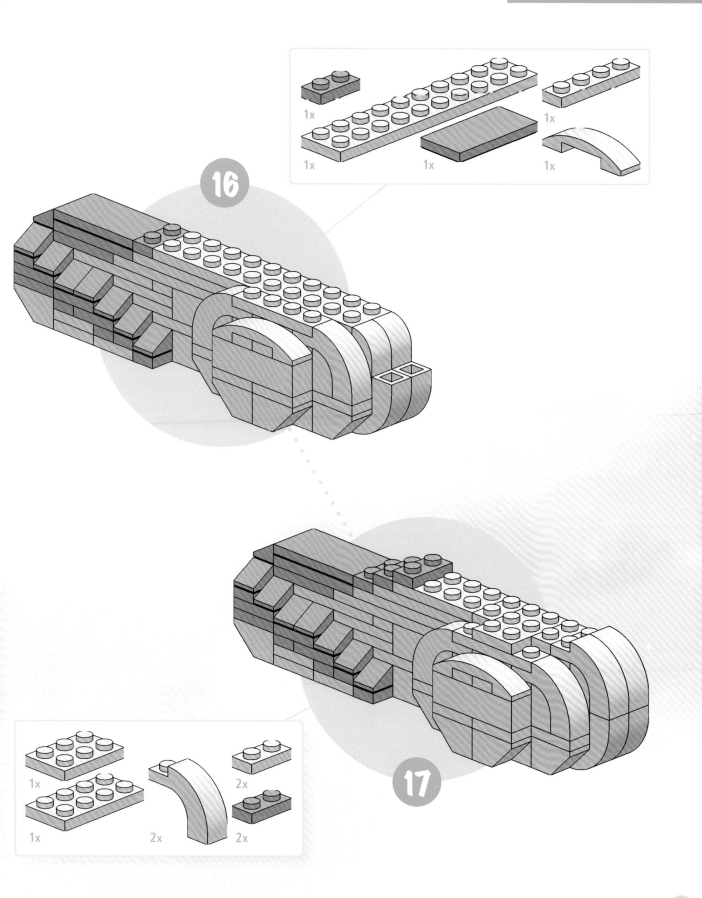

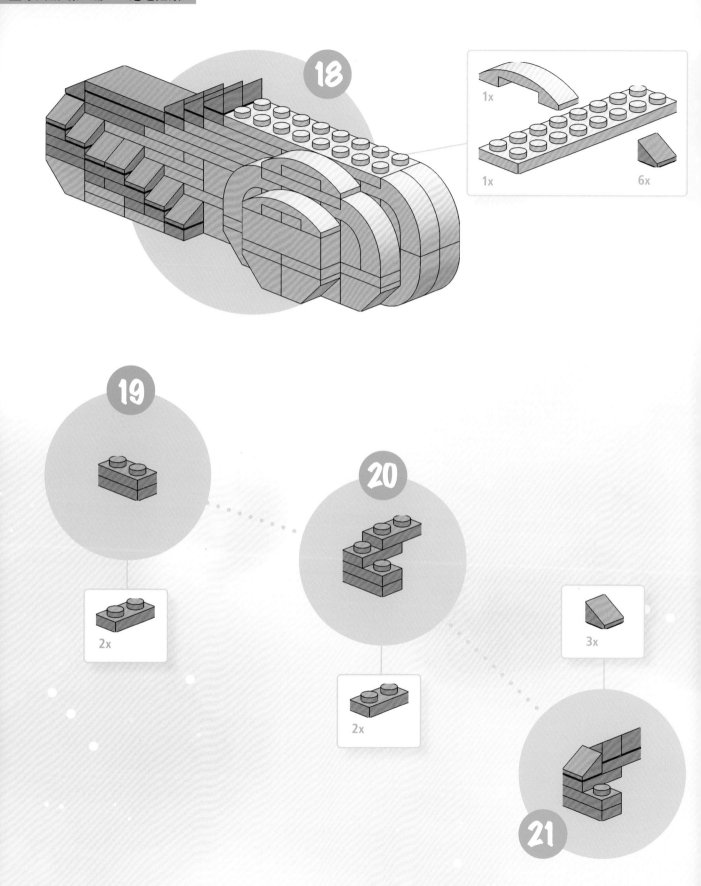

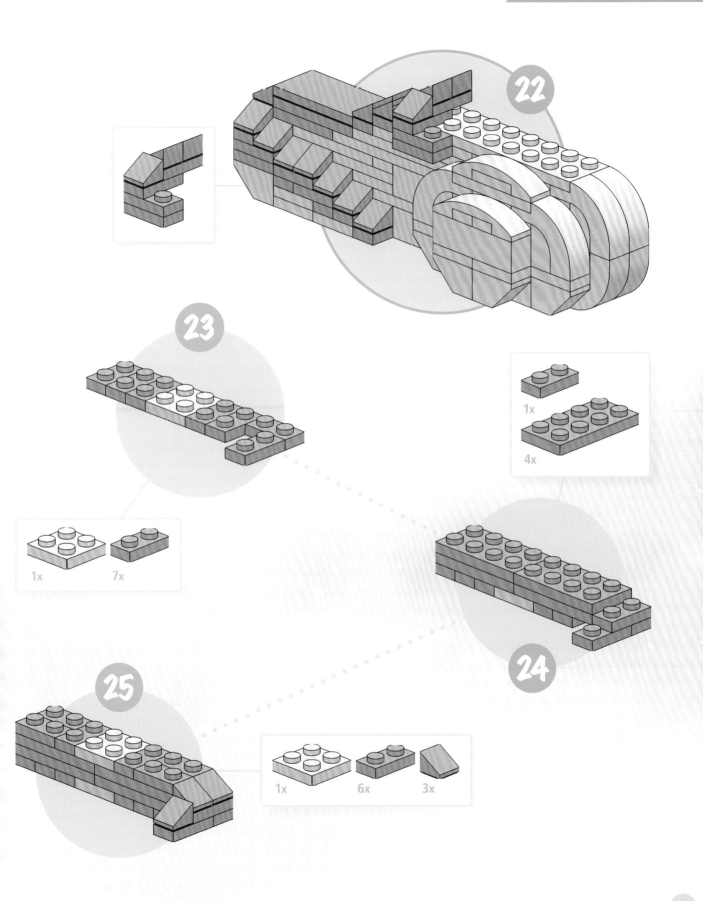

22

23

1x
4x

1x
7x

24

25

1x
6x
3x

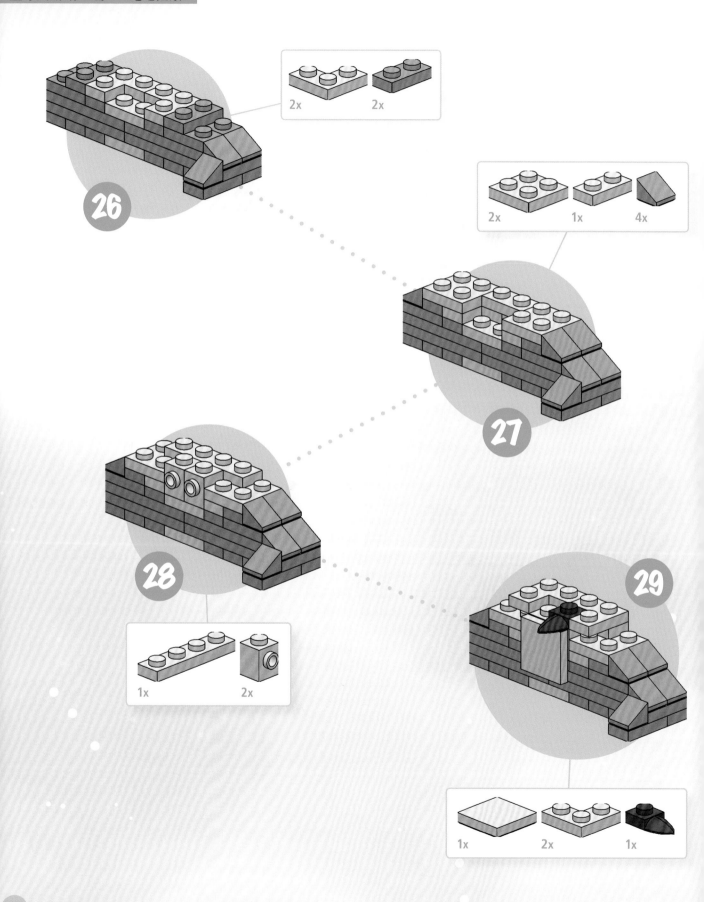

30

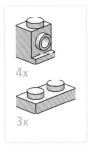

4x

3x

3x 2x 2x 2x 2x

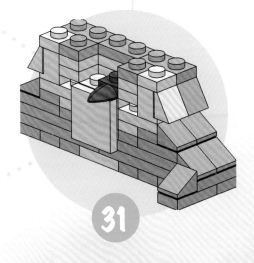

31

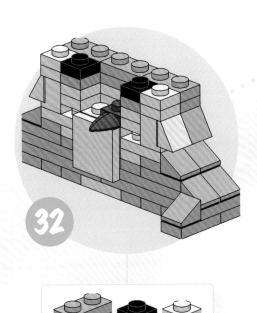

32

3x 2x 2x

33

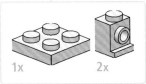

1x 2x

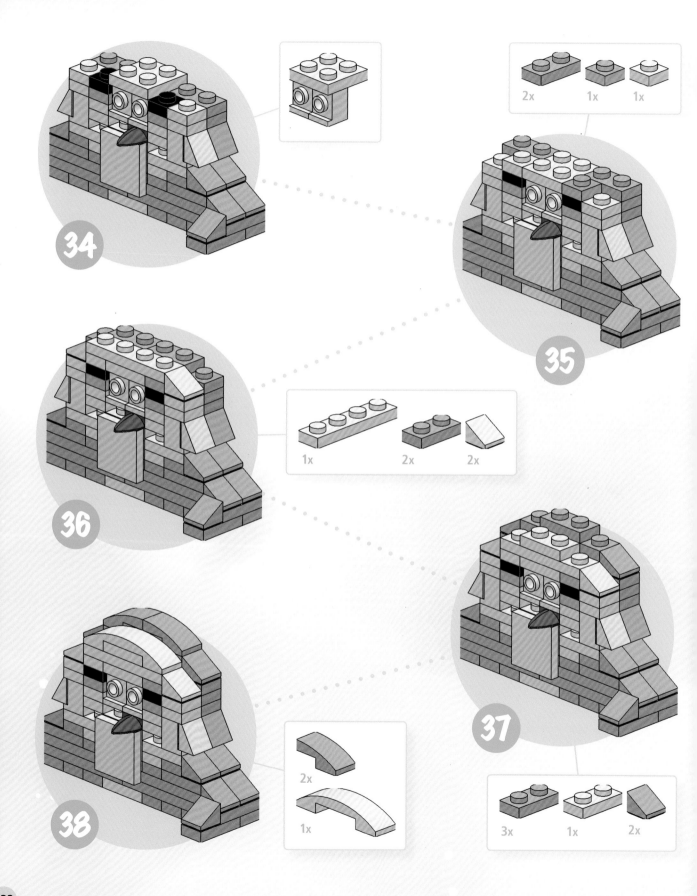

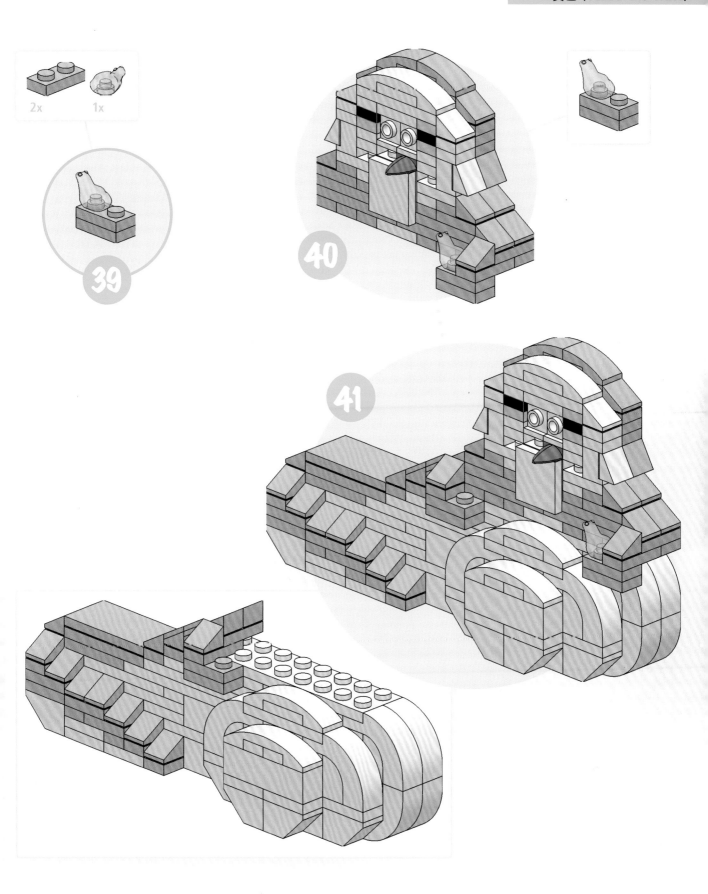

零件清单

1x

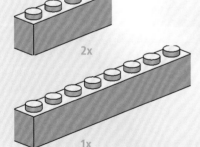
6x

6x

2x

1x

2x

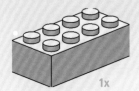
1x

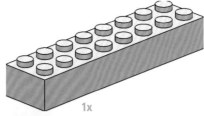
1x

2x

2x

3x

7x

1x

52x

12x

2x

5x

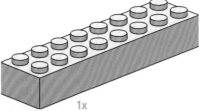
1x

6x

9x

4x

6x

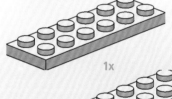
5x

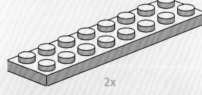
1x

2x

2x

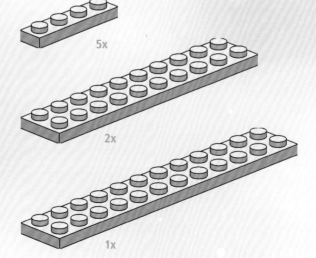
2x

1x

29x
 6x
 3x 1x
 4x
 2x
 2x

数量		颜色	零件编号	零件名称
1		透明绿	33320	Animal Frog
6		米	6005	Arch 1 x 3 x 2 with Curved Top
6		米	4070	Brick 1 x 1 with Headlight
2		米	87087	Brick 1 x 1 with Stud on 1 Side
1		米	3004	Brick 1 x 2
2		米	3010	Brick 1 x 4
1		米	3008	Brick 1 x 8
6		米	6091	Brick 2 x 1 x 1 & 1/3 with Curved Top
1		米	3001	Brick 2 x 4
1		米	3007	Brick 2 x 8
2		红	313	Hinge Plate 2 x 5 Pivot
2		黑	3024	Plate 1 x 1
3		橙	3024	Plate 1 x 1
7		米	3024	Plate 1 x 1
1		红	49668	Plate 1 x 1 with Tooth
52		橄榄绿	3023	Plate 1 x 2
12		米	3023	Plate 1 x 2
2		米	3623	Plate 1 x 3
5		米	3710	Plate 1 x 4
2		米	3832	Plate 2 x 10
1		米	2445	Plate 2 x 12
6		米	3022	Plate 2 x 2
9		米	2420	Plate 2 x 2 Corner
4		米	3021	Plate 2 x 3
6		橄榄绿	3020	Plate 2 x 4
5		米	3020	Plate 2 x 4
1		米	3795	Plate 2 x 6
2		米	3034	Plate 2 x 8
29		橄榄绿	54200	Slope Brick 31 1 x 1 x 2/3
4		米	54200	Slope Brick 31 1 x 1 x 2/3
6		米	3665	Slope Brick 45 2 x 1 Inverted
2		橄榄绿	11477	Slope Brick Curved 2 x 1
3		米	93273	Slope Brick Curved 4 x 1 Double
2		米	3069b	Tile 1 x 2 with Groove
1		橄榄绿	87079	Tile 2 x 4 with Groove

奥拉 (Oola)

用乐高原厂生产的青色零件来表现这个贾巴的舞者恰到好处。如果做些改动，也能接受Aayla Secura的沙蓝色版本。

小百科：《星球大战6：绝地归来》中拍摄这些提列克人是必不可少的，而Femi Taylor在15年后穿着同样的服装再次入镜，几乎没人注意到其中的区别。

Joe设计搭建

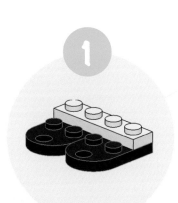

1

2x

1x

2

2x

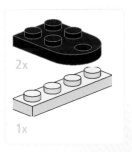

3

4x　　4x

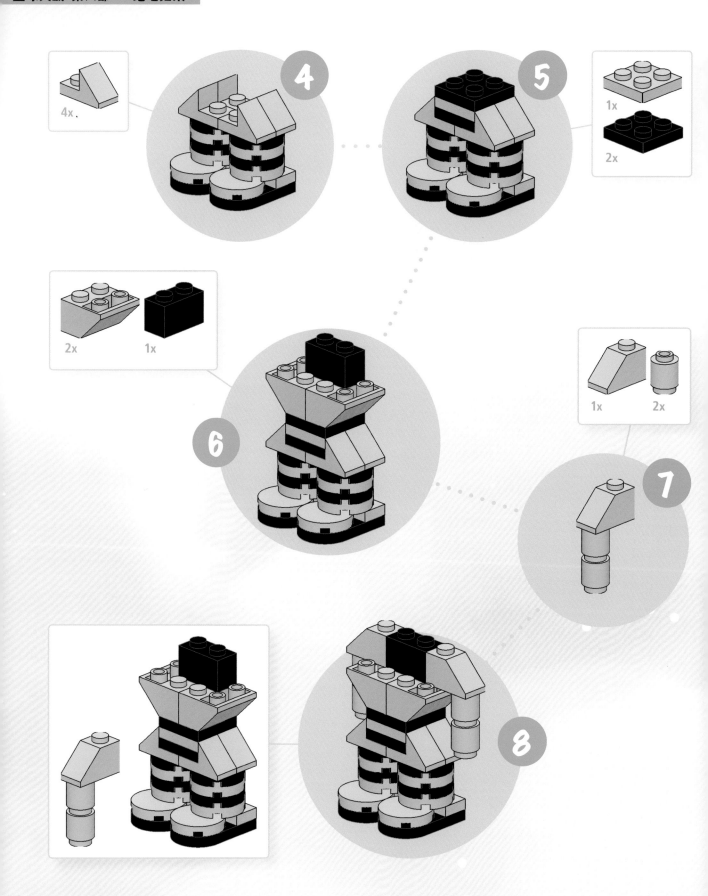

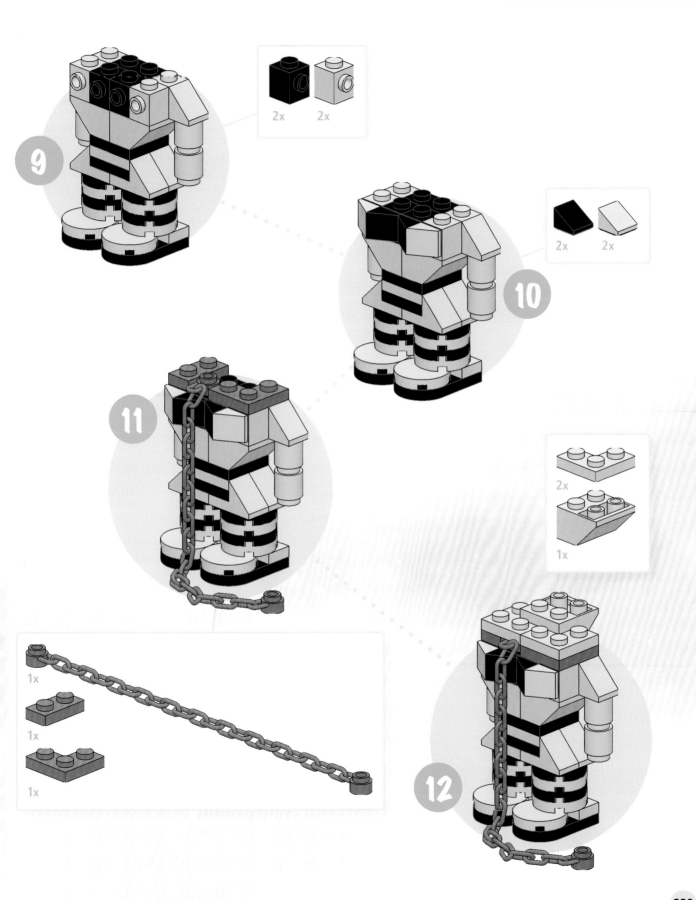

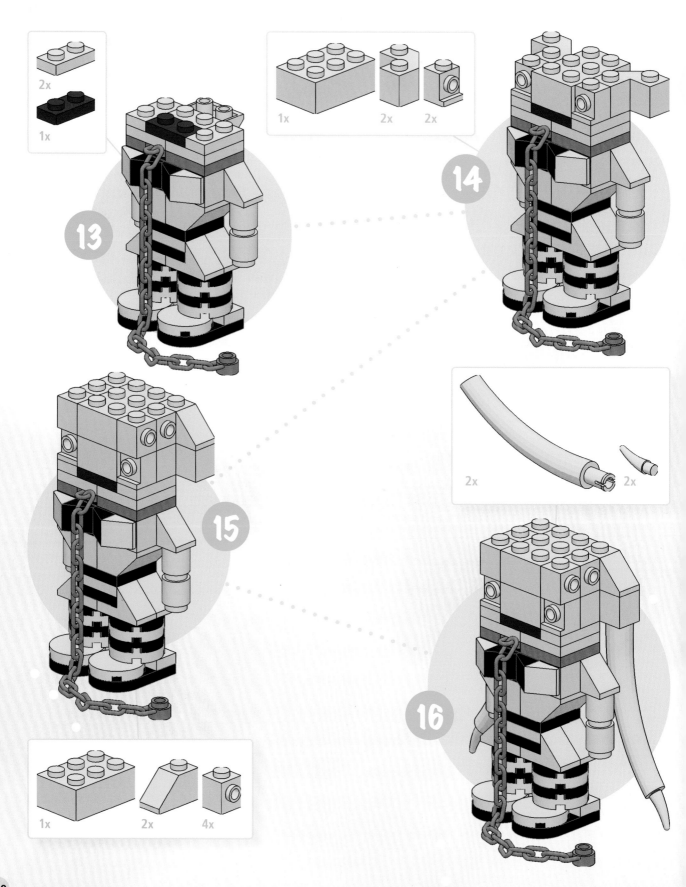

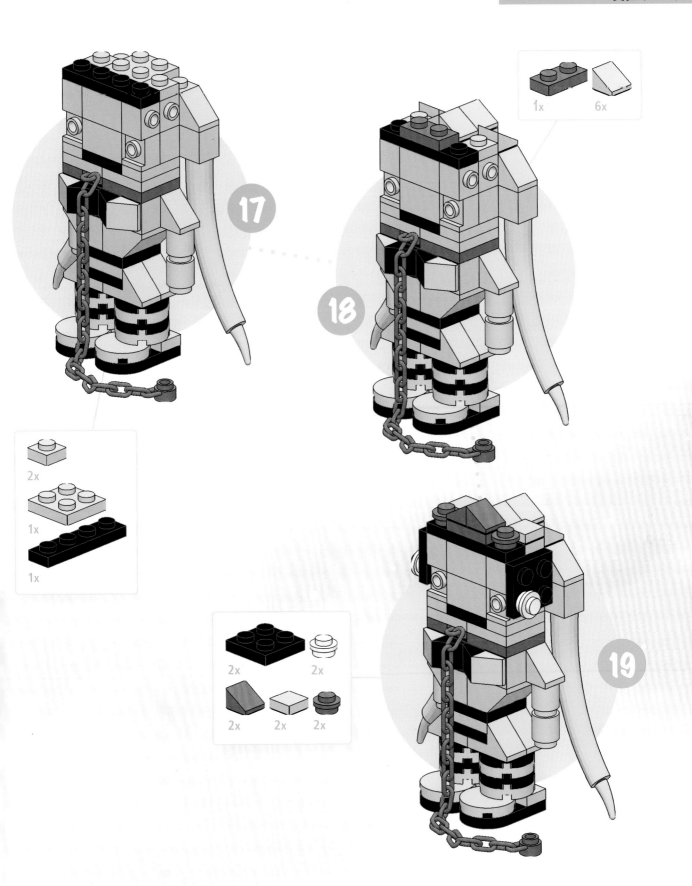

零件清单

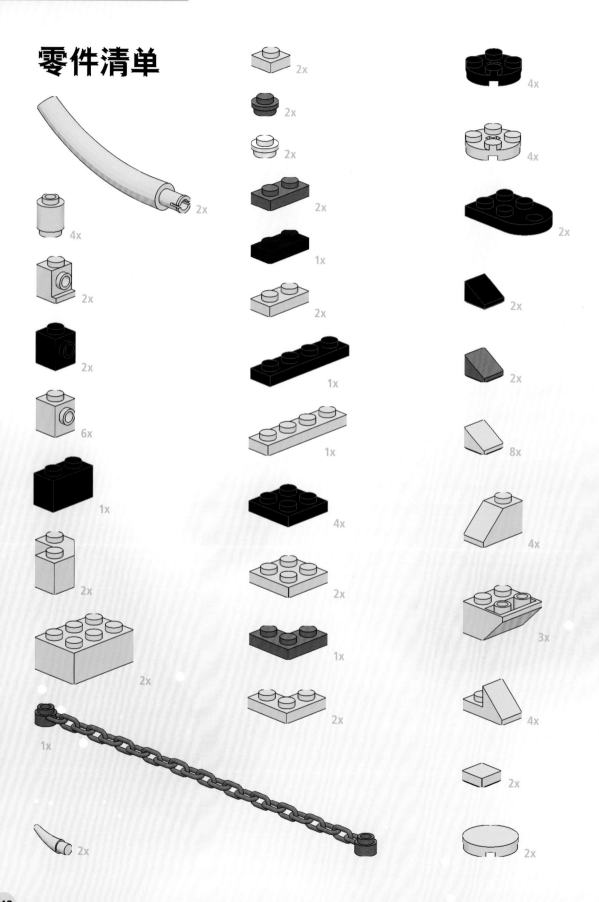

2x
2x
2x
2x
4x
2x
6x
1x
2x
2x
1x
2x
4x
2x
1x
2x
1x
4x
2x
1x
2x
4x
4x
2x
2x
2x
8x
4x
3x
4x
2x
2x

数量		颜色	零件编号	零件名称
2		柠檬绿	40378	Animal Tail Section Middle with Pin
4		柠檬绿	3062b	Brick 1 x 1 Round with Hollow Stud
2		柠檬绿	4070	Brick 1 x 1 with Headlight
2		黑	87087	Brick 1 x 1 with Stud on 1 Side
6		柠檬绿	87087	Brick 1 x 1 with Stud on 1 Side
1		黑	3004	Brick 1 x 2
2		柠檬绿	87620	Brick 2 x 2 Facet
2		柠檬绿	3002	Brick 2 x 3
1		深蓝灰	30104	Minifig Chain 17L
2		柠檬绿	53451	Minifig Helmet Viking Horn
2		柠檬绿	3024	Plate 1 x 1
2		深蓝灰	4073	Plate 1 x 1 Round
2		白	4073	Plate 1 x 1 Round
2		深蓝灰	3023	Plate 1 x 2
1		深红	3023	Plate 1 x 2
2		柠檬绿	3023	Plate 1 x 2
1		黑	3710	Plate 1 x 4
1		柠檬绿	3710	Plate 1 x 4
4		黑	3022	Plate 2 x 2
2		柠檬绿	3022	Plate 2 x 2
1		深蓝灰	2420	Plate 2 x 2 Corner
2		柠檬绿	2420	Plate 2 x 2 Corner
4		黑	4032a	Plate 2 x 2 Round with Axlehole
4		柠檬绿	4032a	Plate 2 x 2 Round with Axlehole
2		黑	3176	Plate 3 x 2 with Hole
2		黑	54200	Slope Brick 31 1 x 1 x 2/3
2		深蓝灰	54200	Slope Brick 31 1 x 1 x 2/3
8		柠檬绿	54200	Slope Brick 31 1 x 1 x 2/3
4		柠檬绿	3040b	Slope Brick 45 2 x 1
3		柠檬绿	3660	Slope Brick 45 2 x 2 Inverted
4		柠檬绿	92946	Slope Plate 45 2 x 1
2		柠檬绿	3070b	Tile 1 x 1 with Groove
2		柠檬绿	4150	Tile 2 x 2 Round

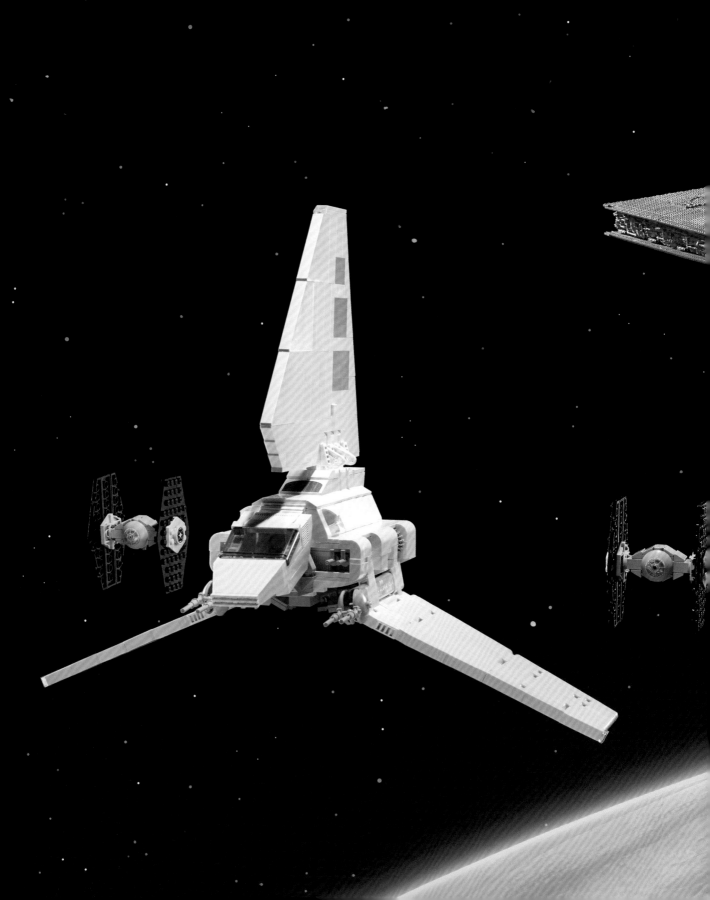

帝国穿梭机

皇帝帕尔帕廷乘坐了这艘拉姆达级的重型太空飞船来往于各大星系之间。另一个版本的帝国穿梭机被反抗军劫持。通过一些巧妙的设计，机翼是可以调整的。需要小心调整飞船的起落架的位置，它们让飞船稳当地停放，起飞后则能完全伸展开它的机翼。

这里有则小故事，从1994年的《初始者的传说》中可以知道这艘帝国穿梭机被反抗军藏了起来。有些玩家就这个故事搭建了超大型的帝国穿梭机模型。

Orion Pax设计搭建

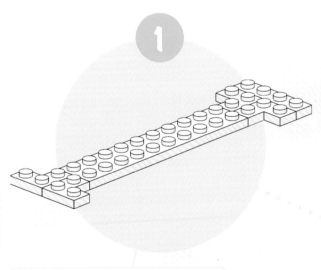

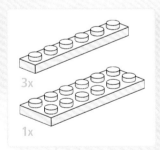

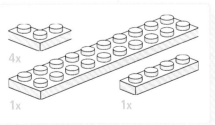

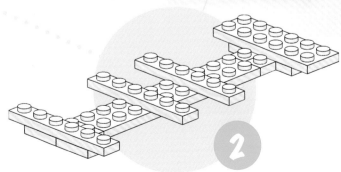

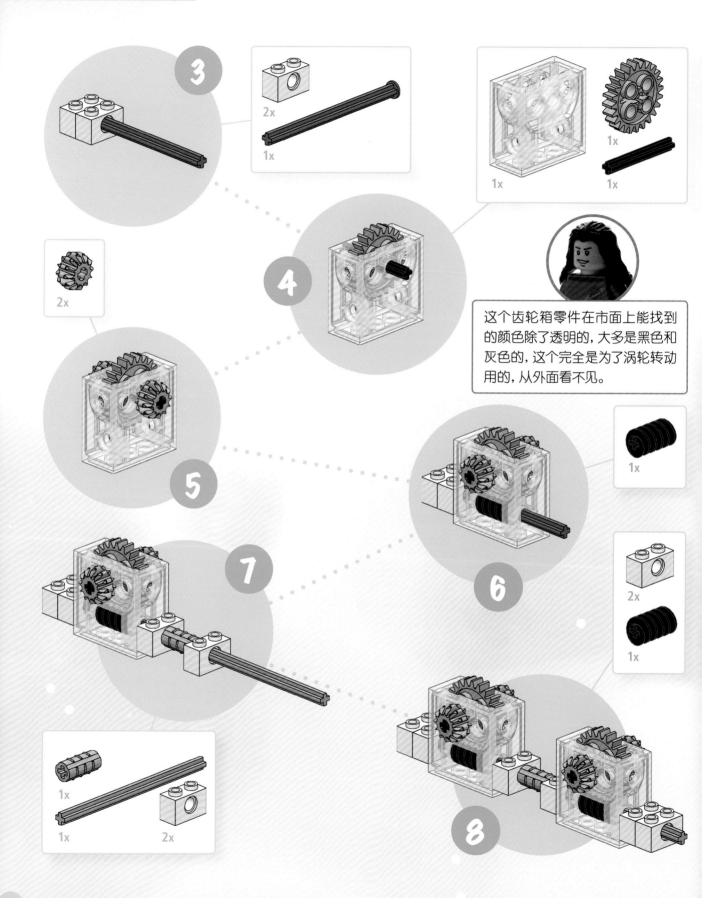

这个齿轮箱零件在市面上能找到的颜色除了透明的, 大多是黑色和灰色的, 这个完全是为了涡轮转动用的, 从外面看不见。

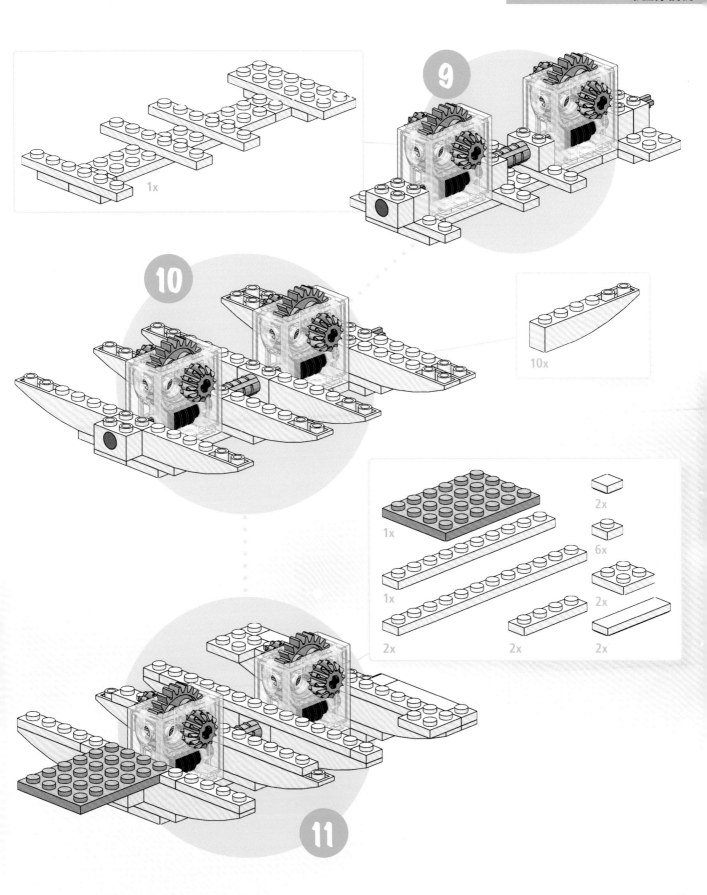

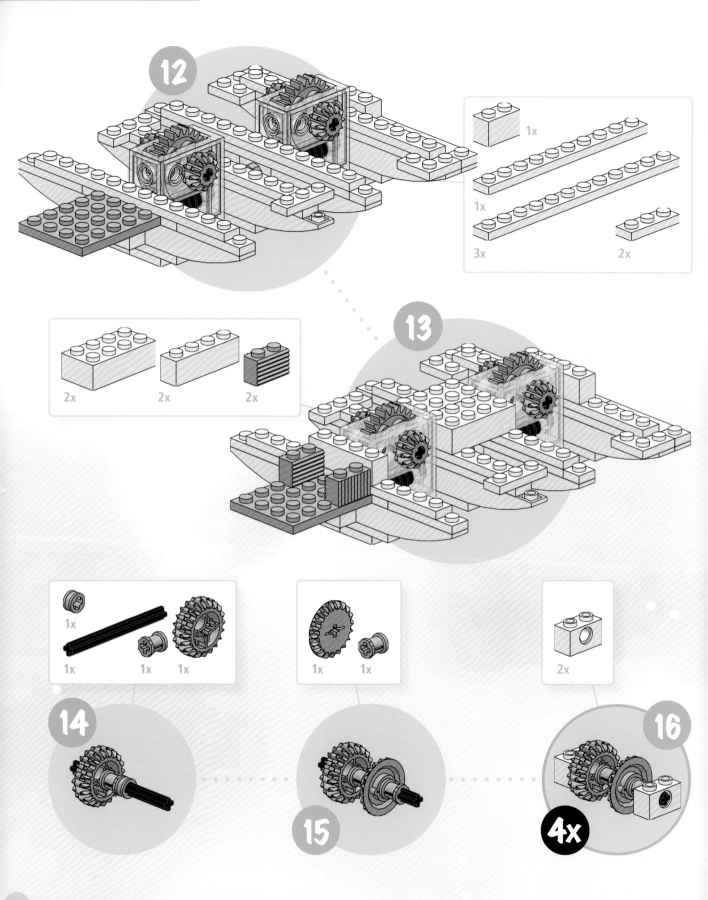

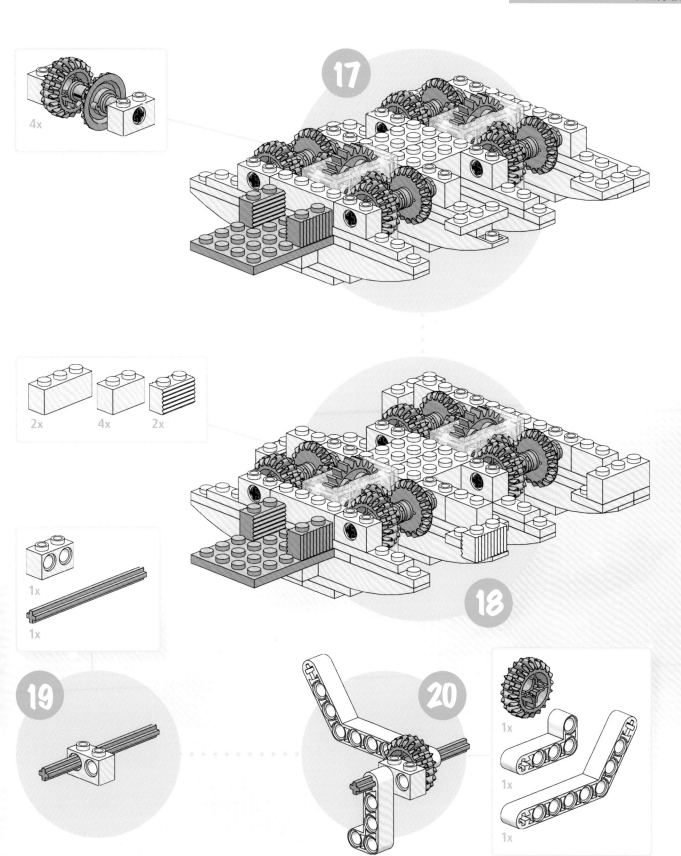

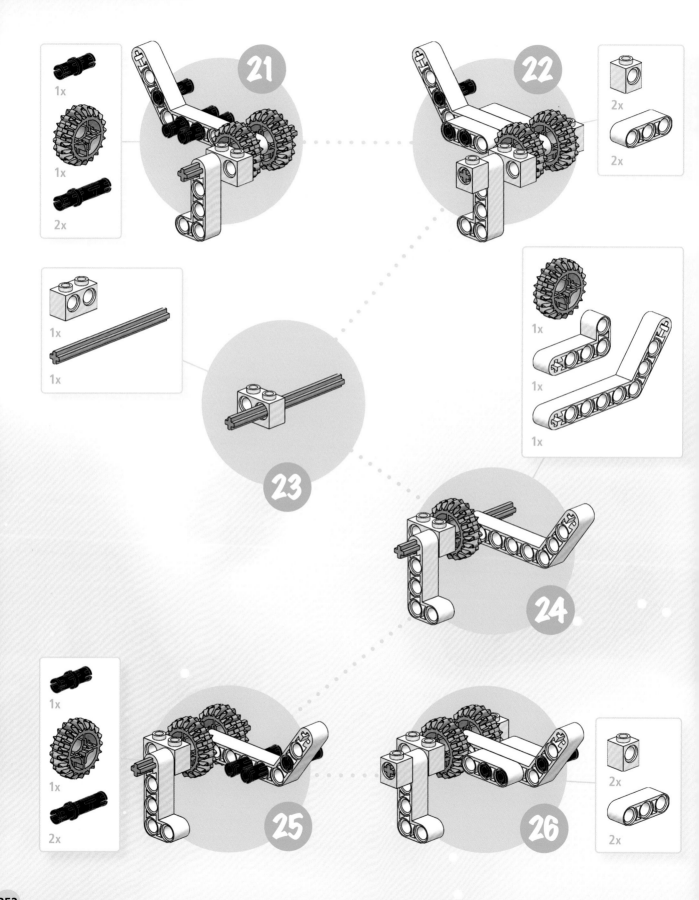

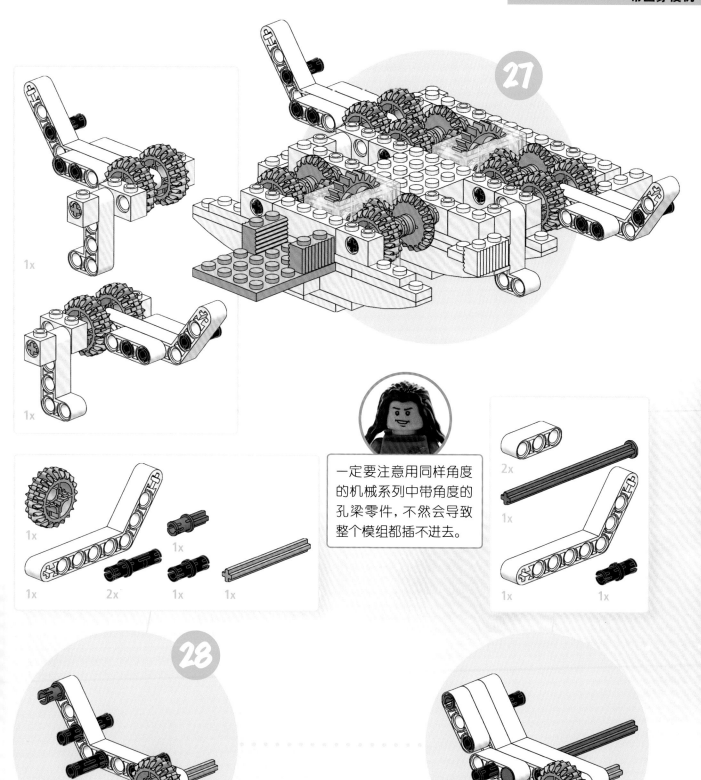

一定要注意用同样角度的机械系列中带角度的孔梁零件，不然会导致整个模组都插不进去。

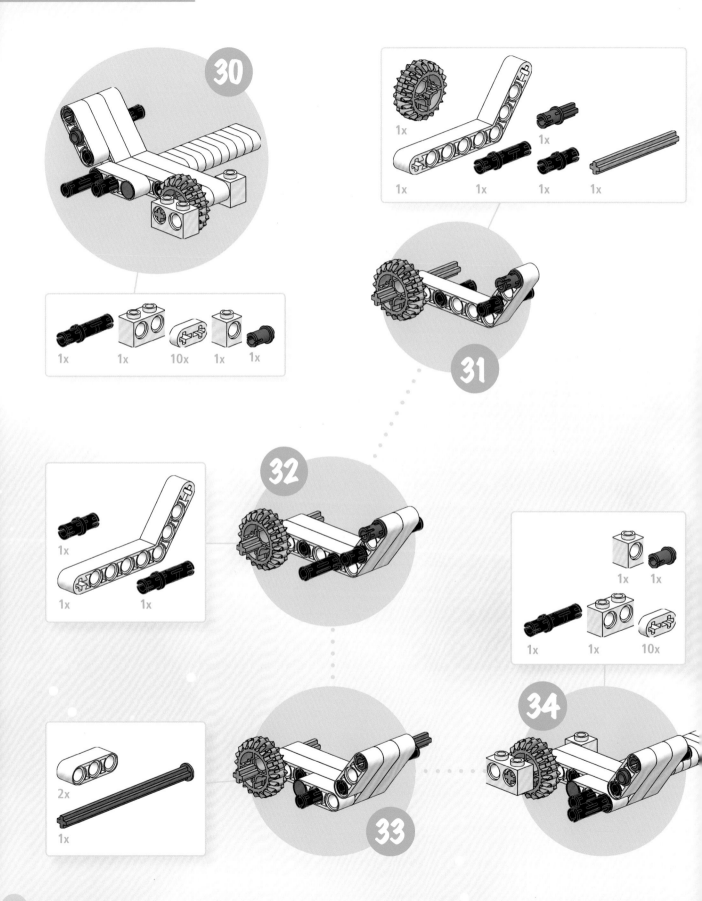

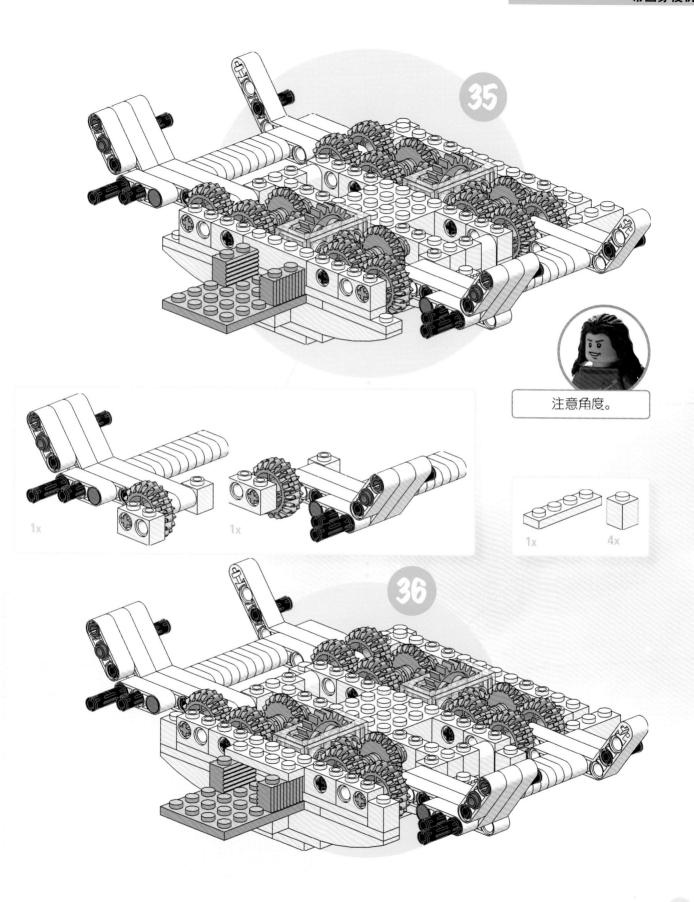

注意角度。

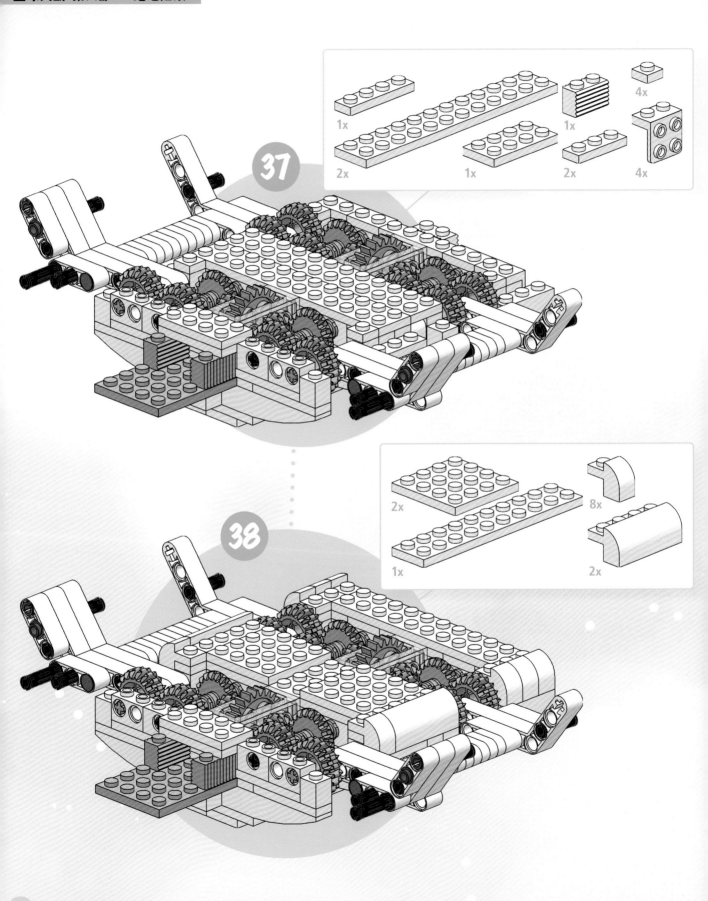

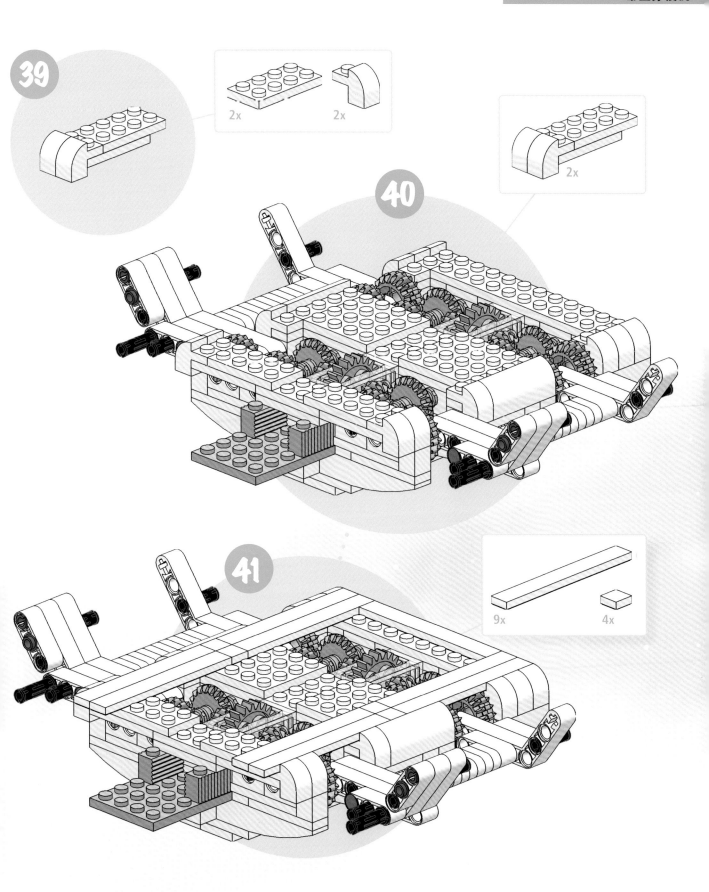

39

40

41

2x

2x

2x

9x

4x

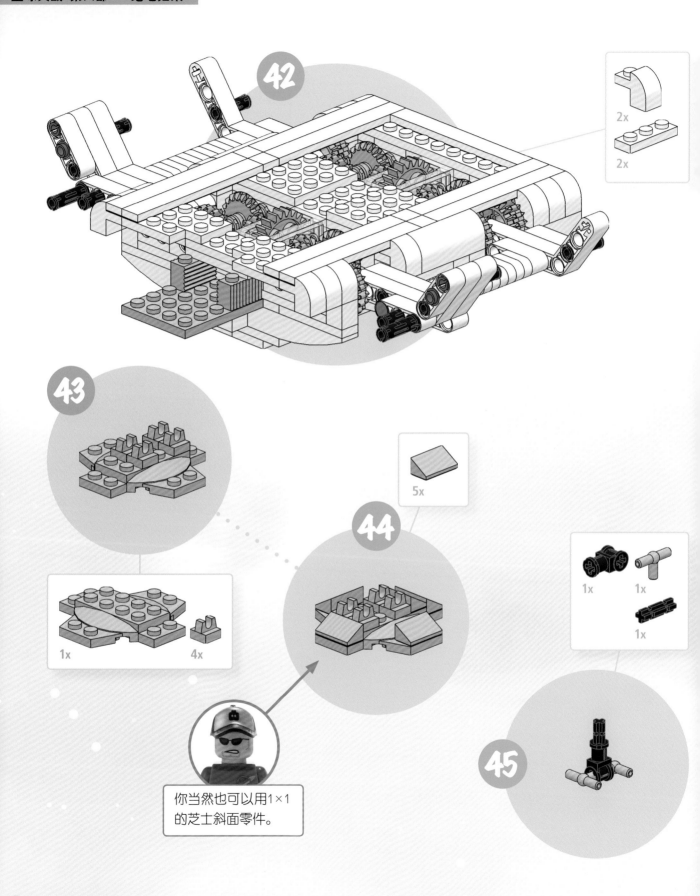

你当然也可以用1×1
的芝士斜面零件。

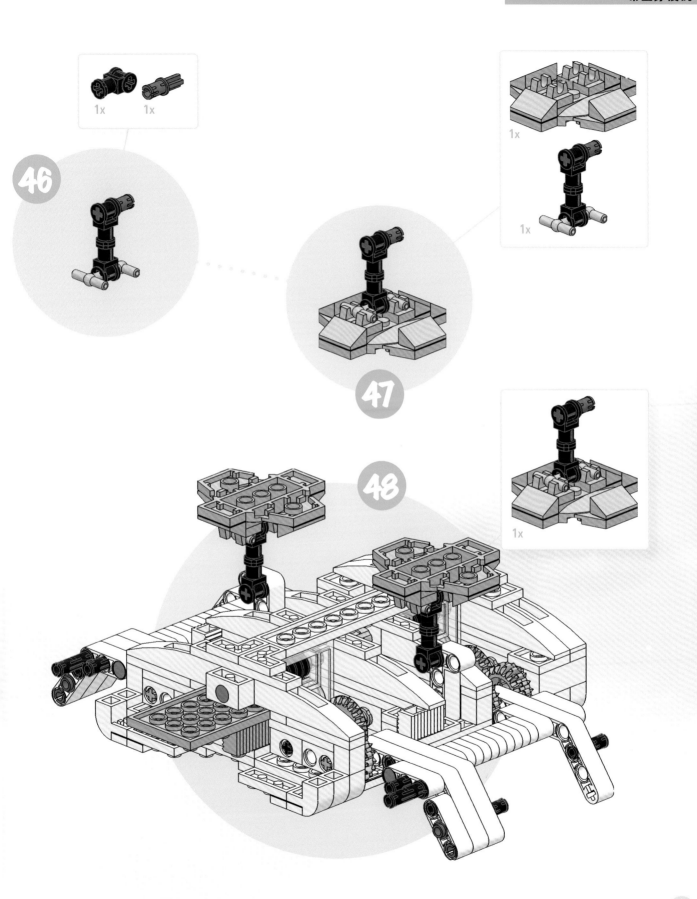

46

47

48

1x

1x

1x

1x

1x

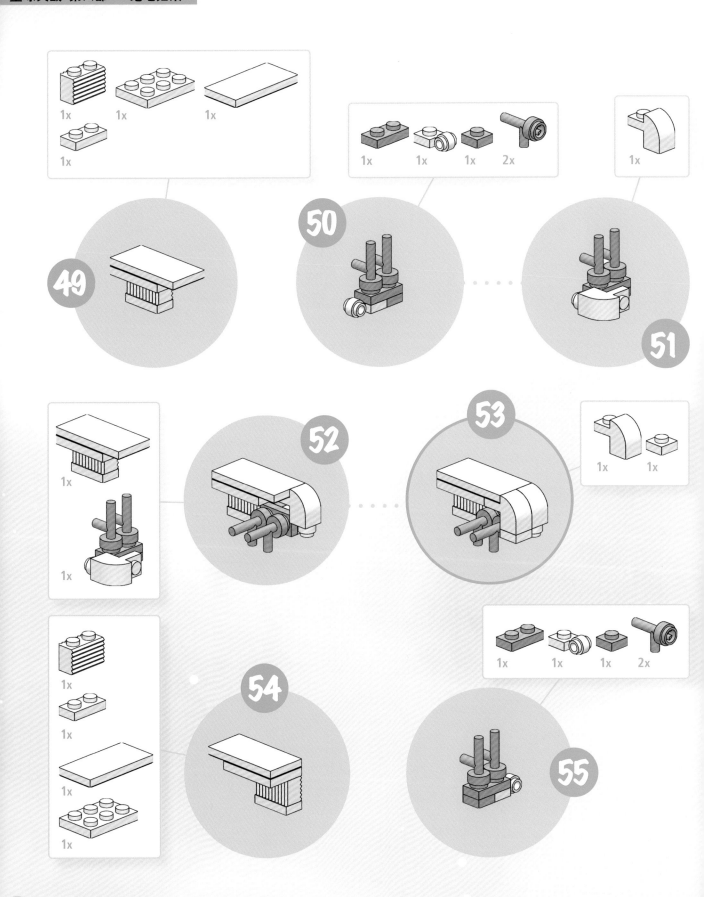

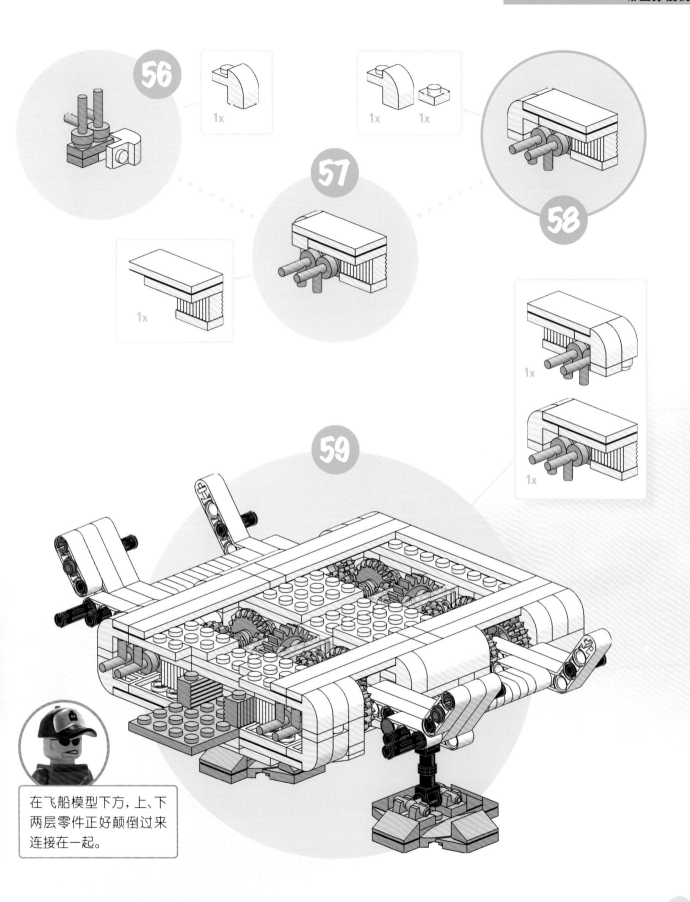

在飞船模型下方，上、下两层零件正好颠倒过来连接在一起。

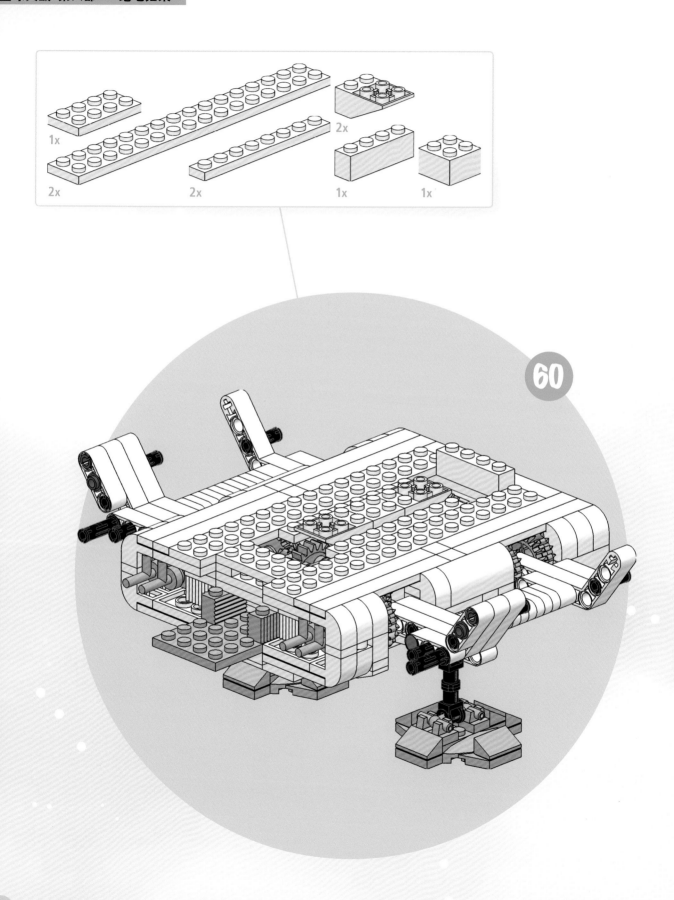

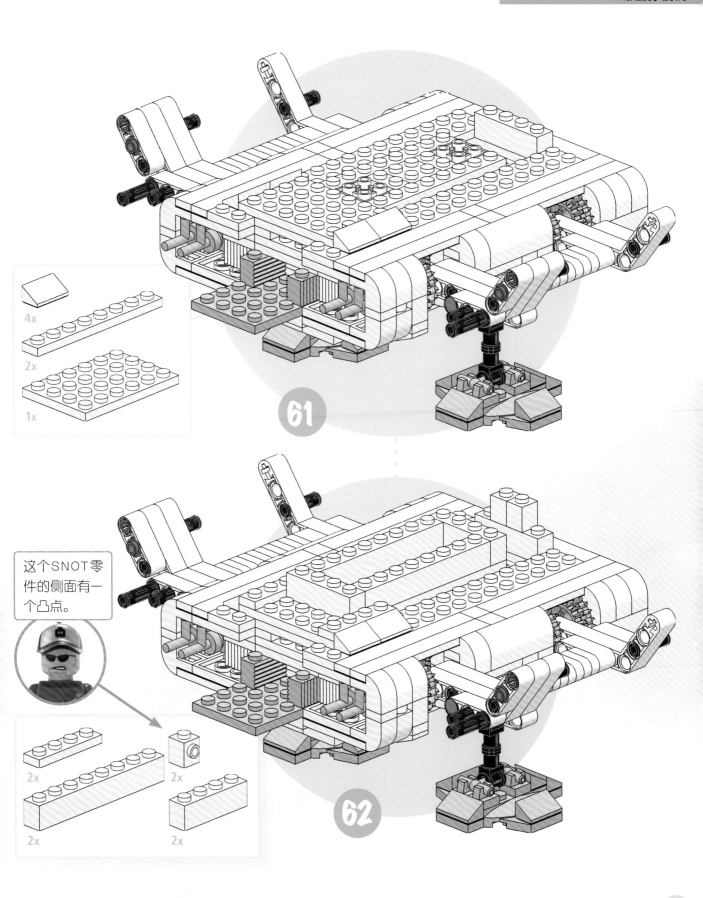

这个SNOT零件的侧面有一个凸点。

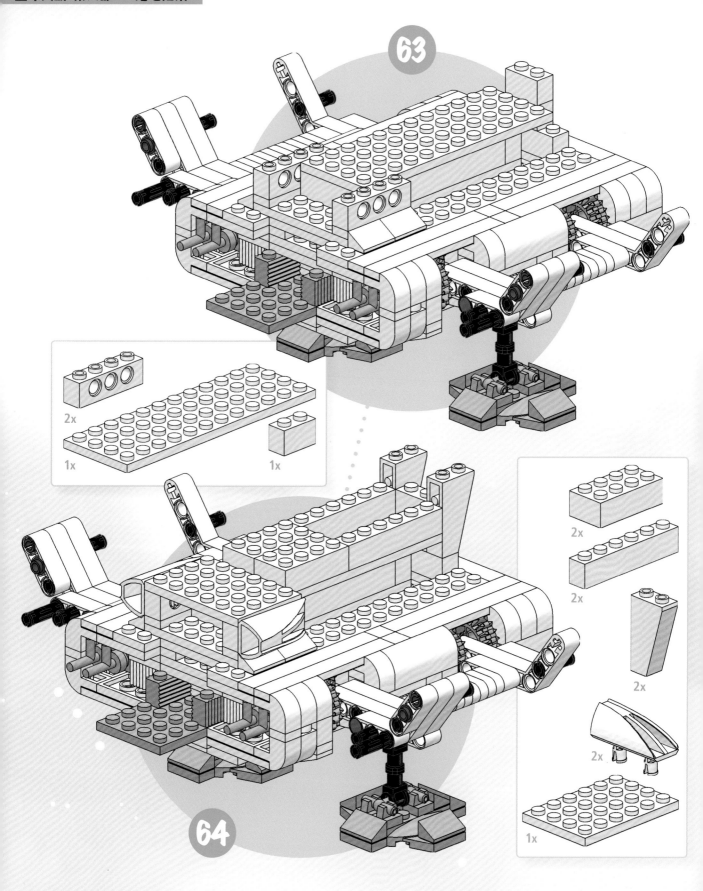

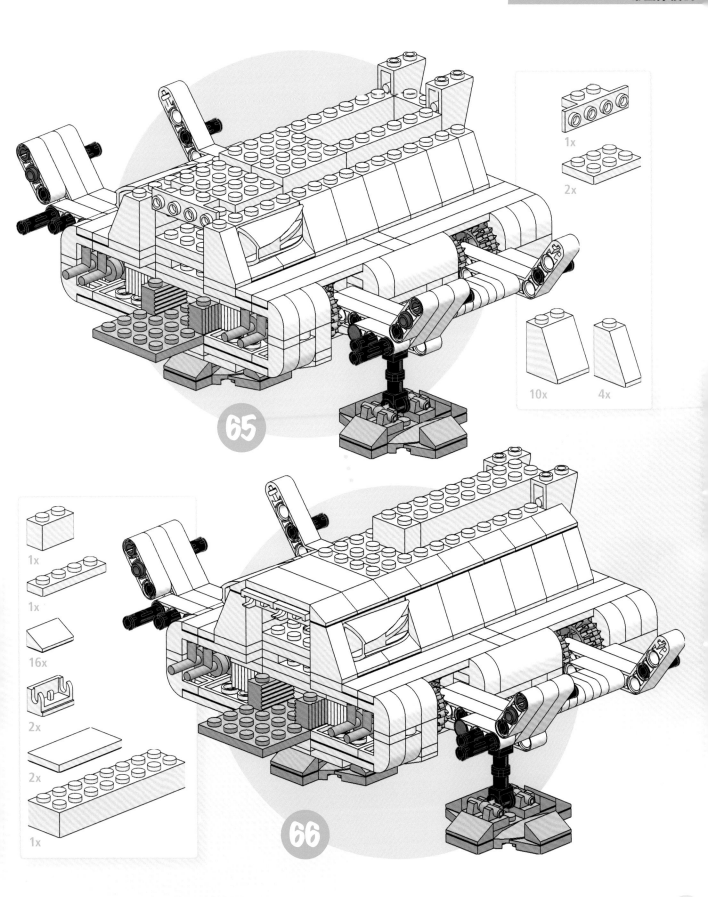

当然，在这里你也可以使用不带印刷的零件。

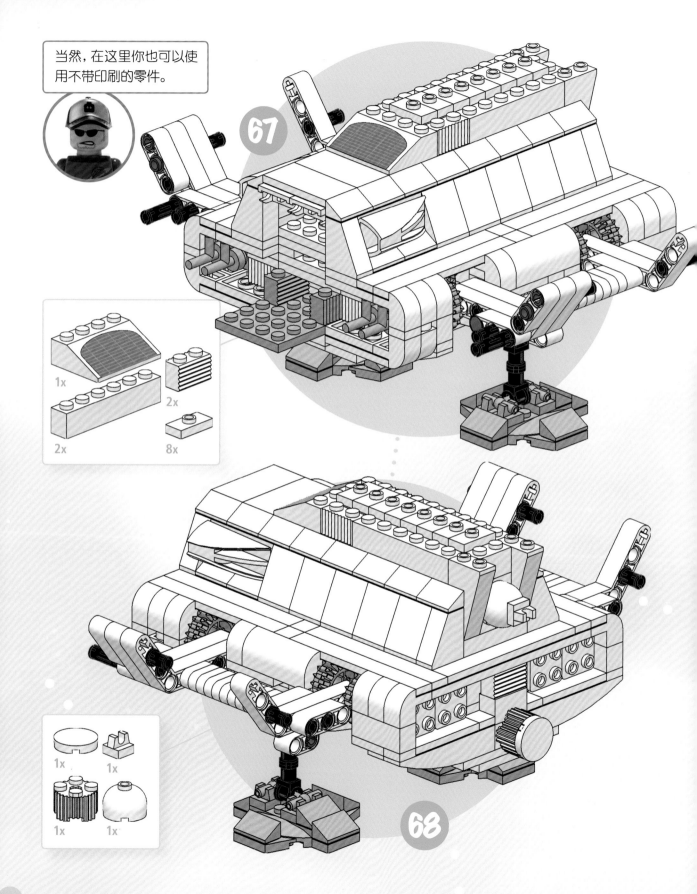

1x
2x
2x
8x

67

1x
1x
1x
1x

68

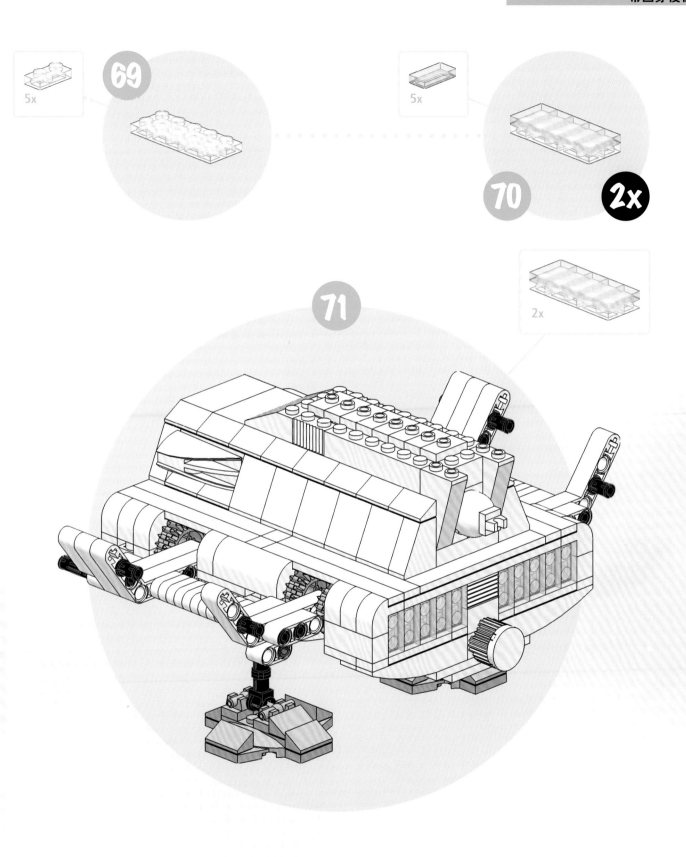

69

5x

70

2x

2x

71

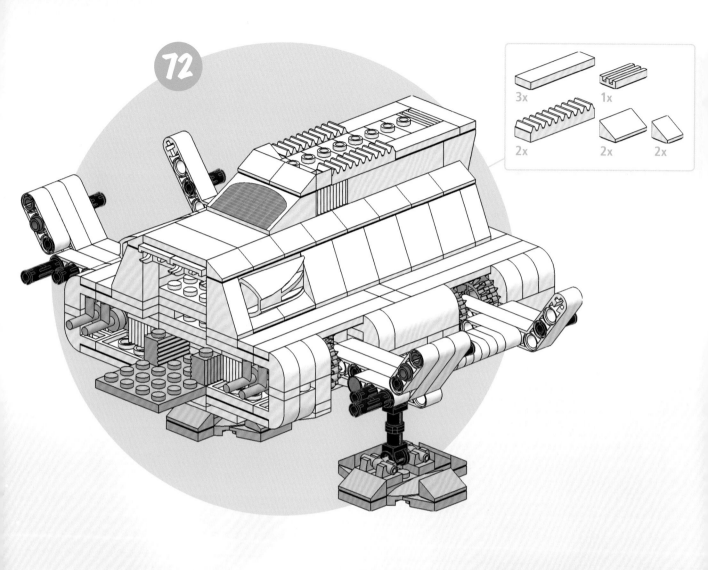

72

3x 1x
2x 2x 2x

73

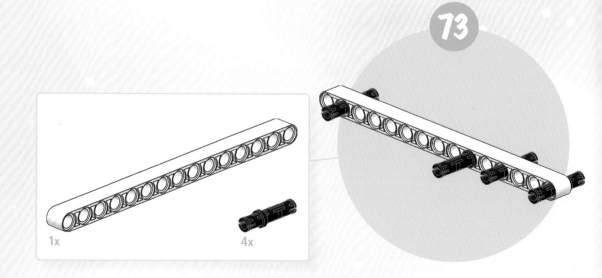

1x 4x

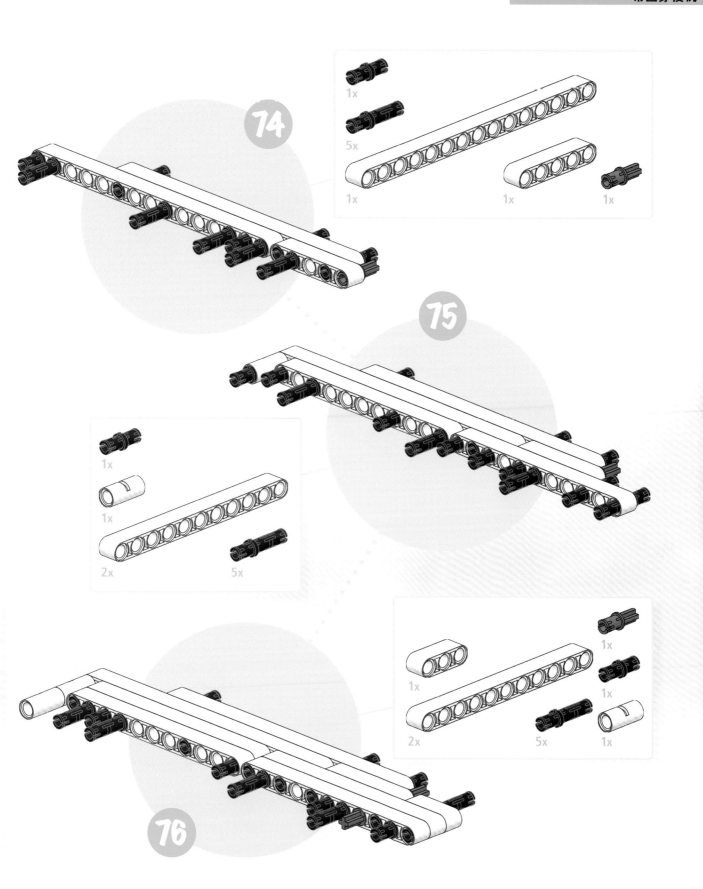

74

1x
5x
1x
1x
1x

75

1x
1x
2x
5x

76

1x
1x
2x
5x
1x

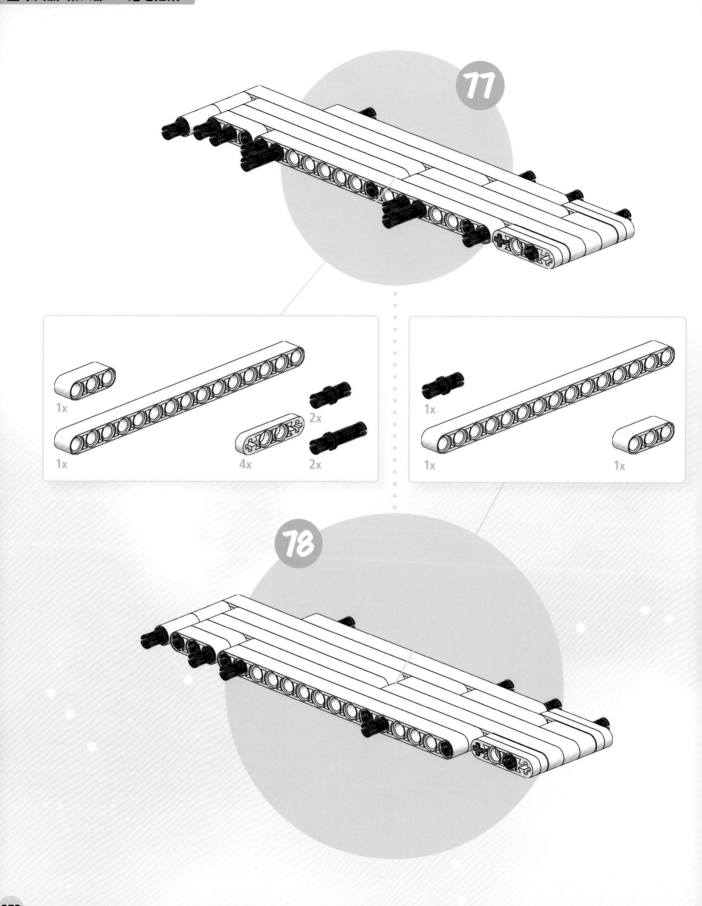

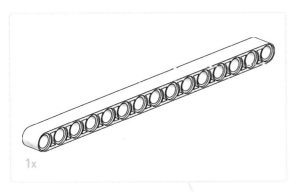

1x

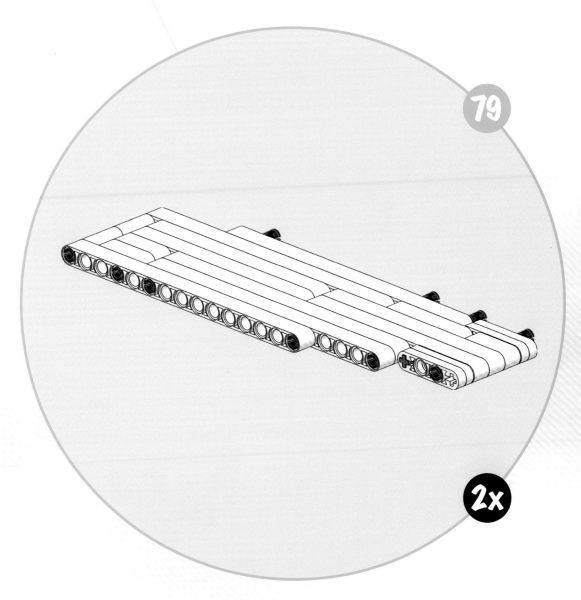

79

2x

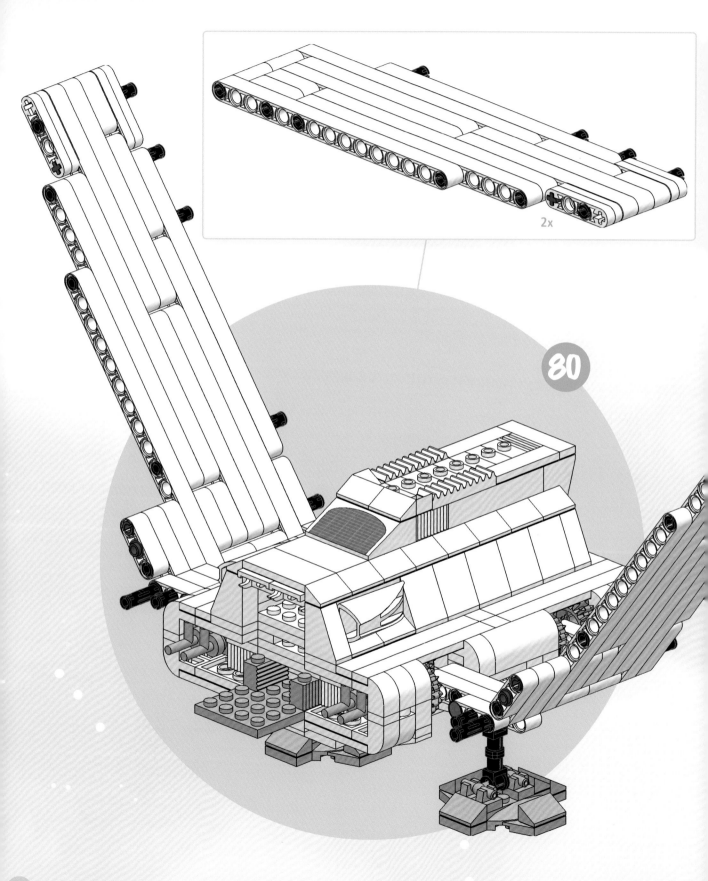

2x

80

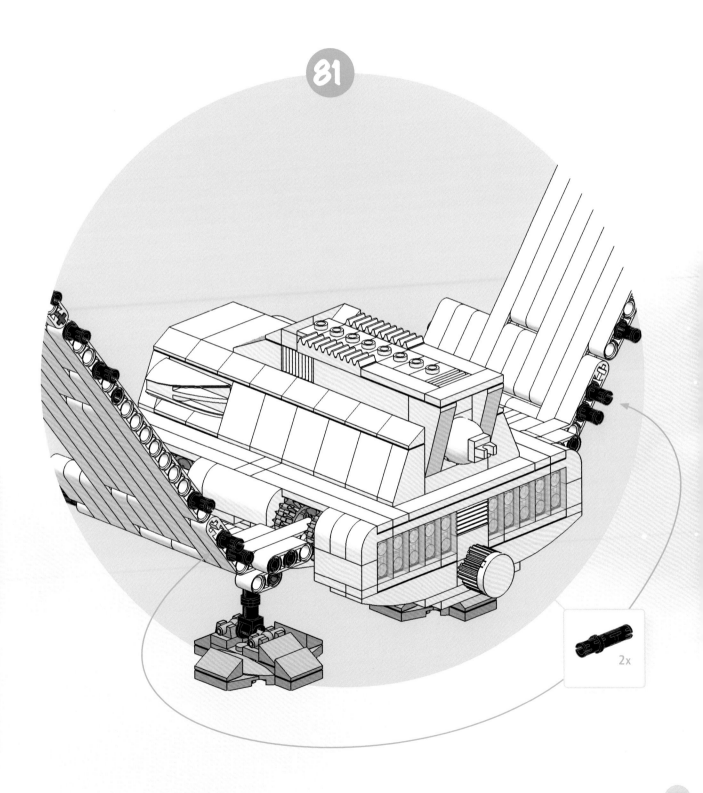

81

2x

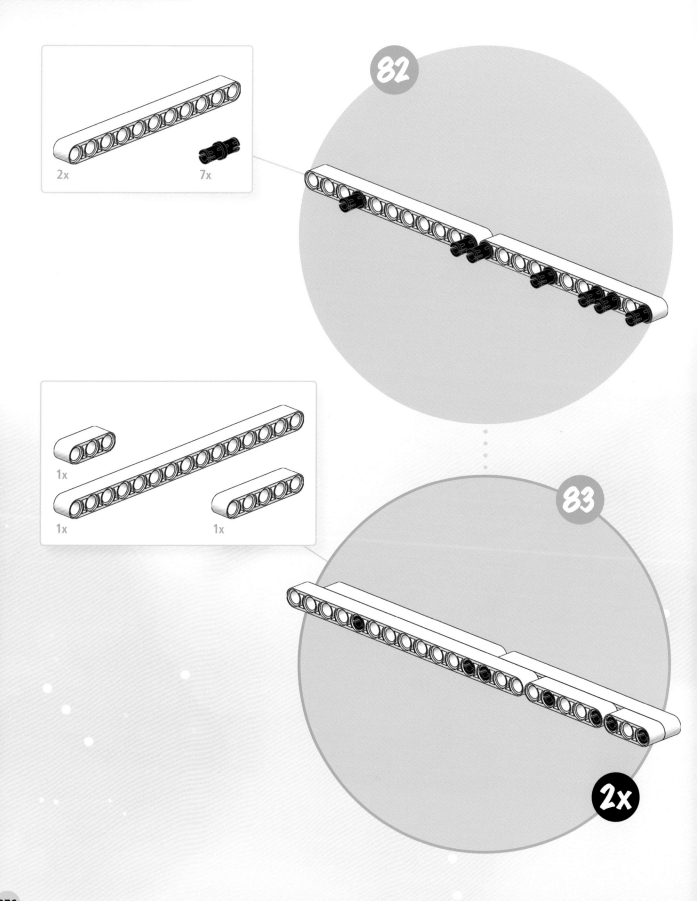

2x

7x

1x

1x

1x

82

83

2x

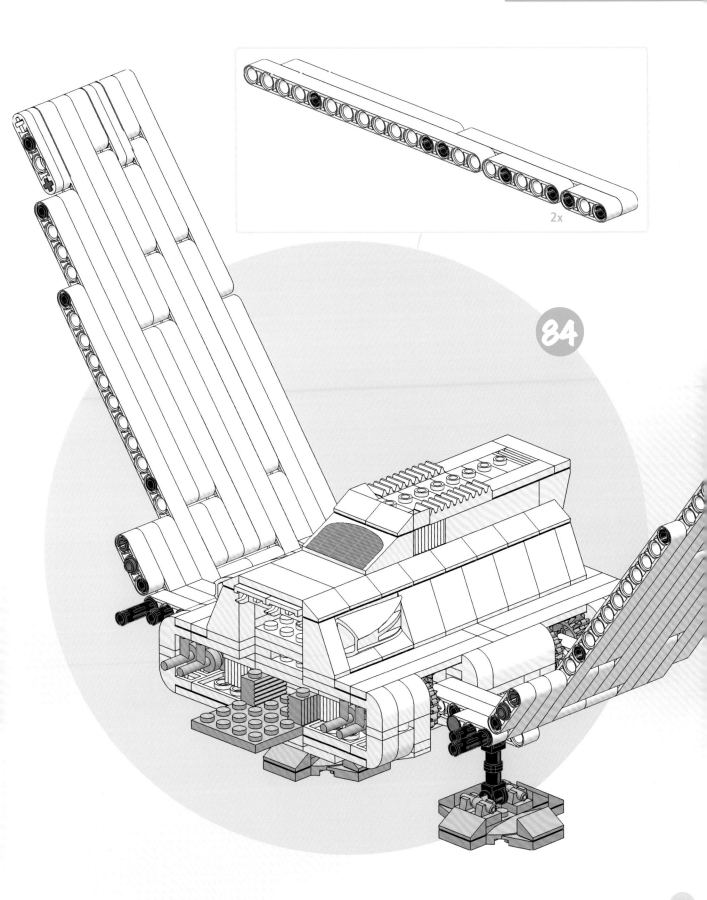

2x

84

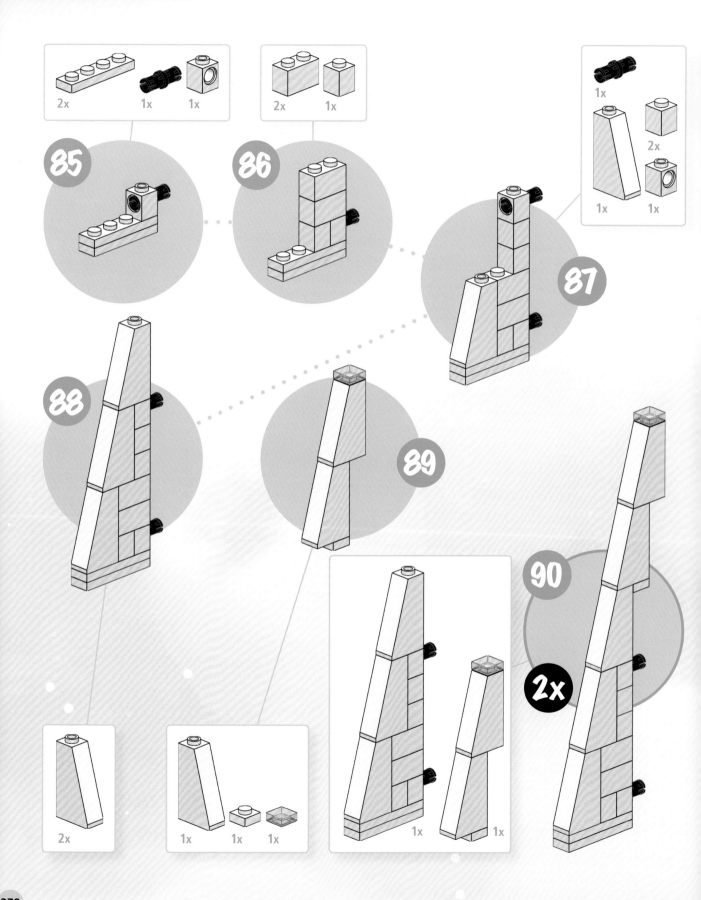

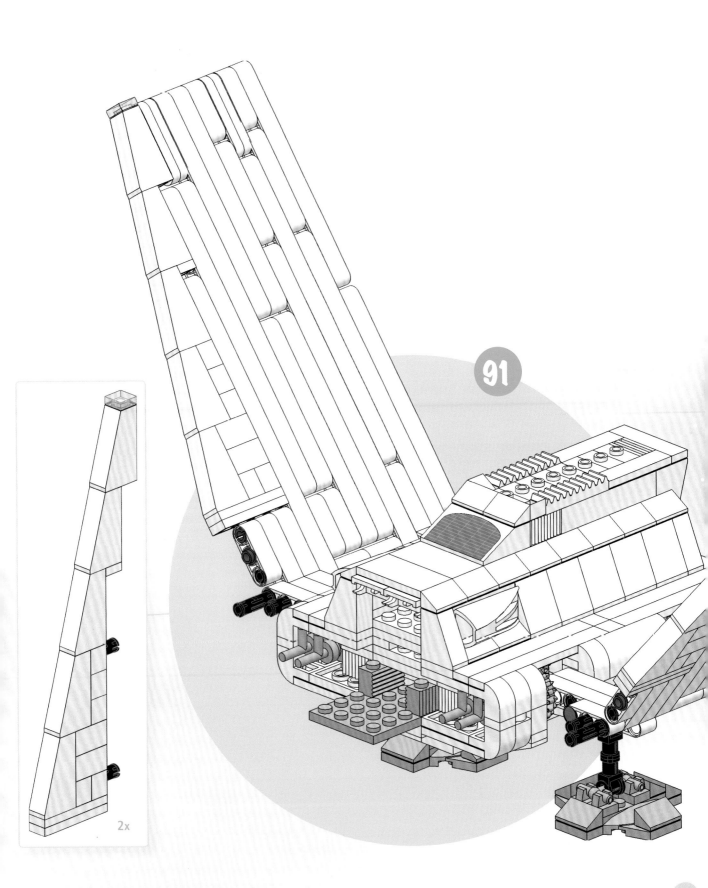

2x

91

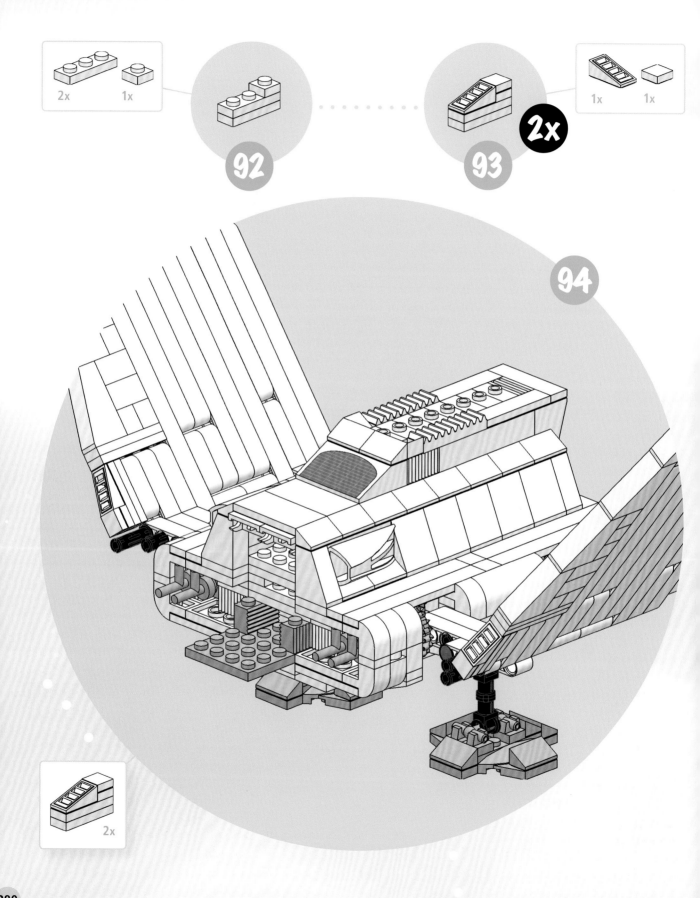

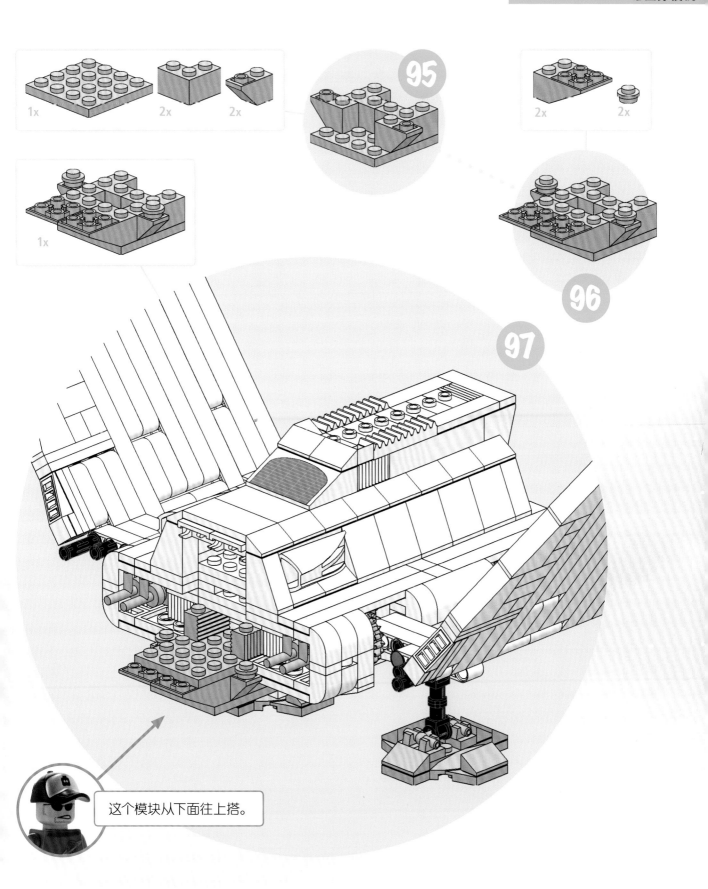

这个模块从下面往上搭。

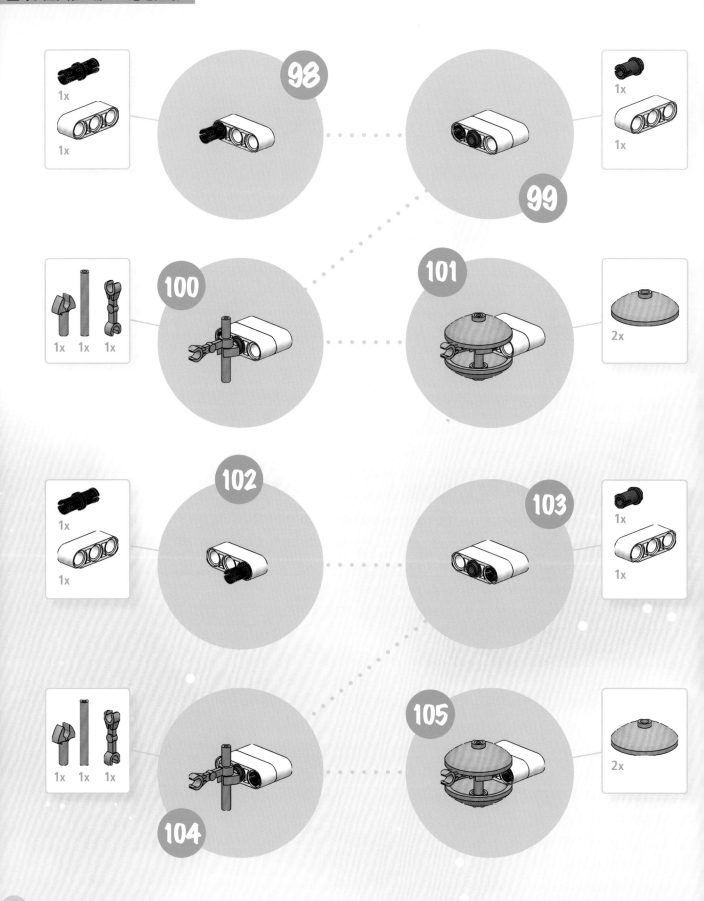

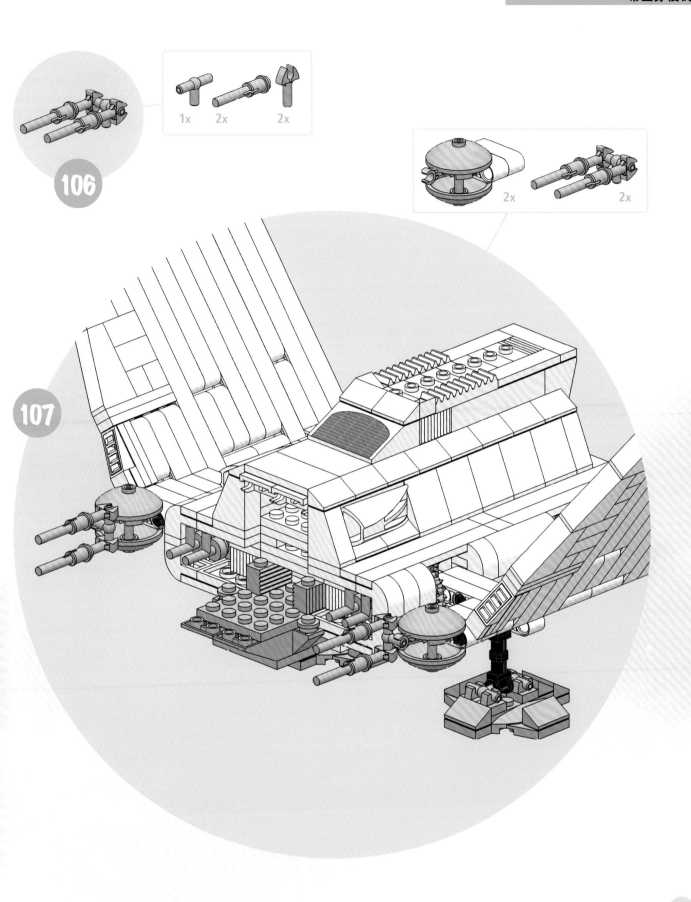

106

107

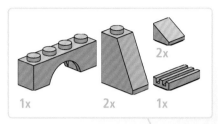

1x   2x   2x   1x

108

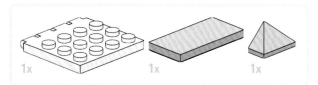

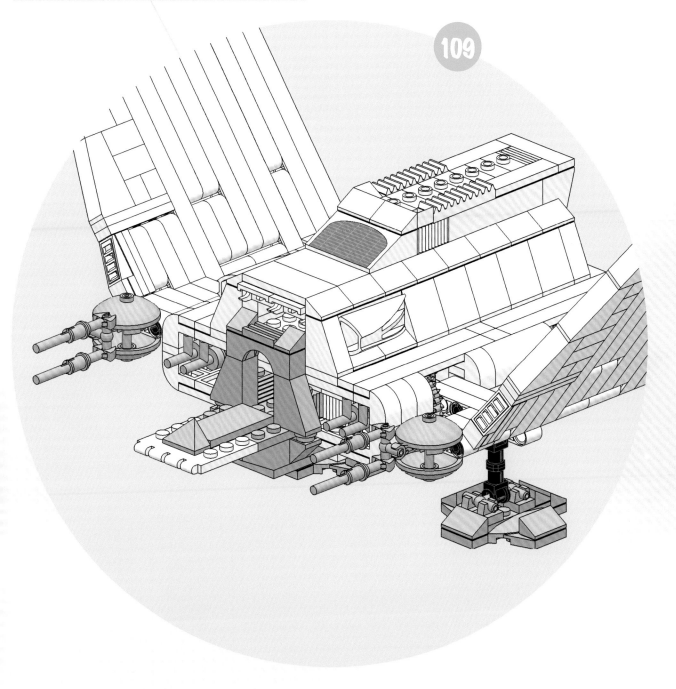

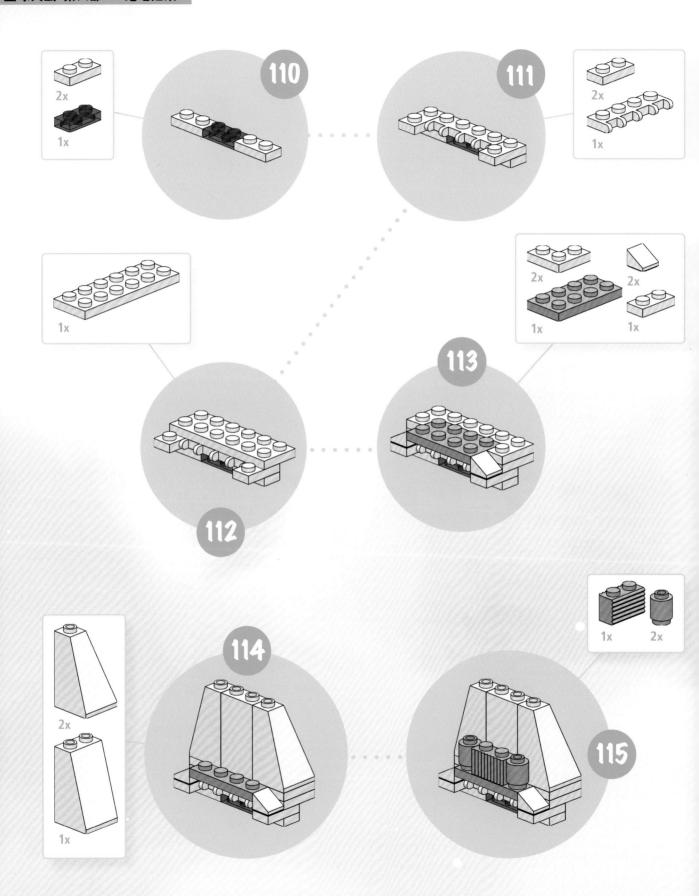

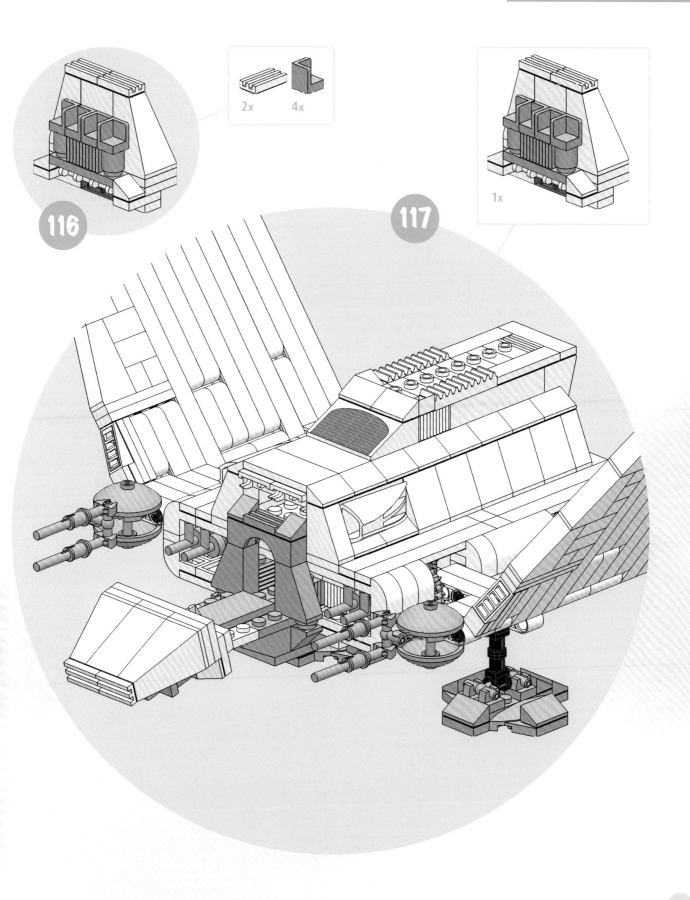

116

117

2x   4x

1x

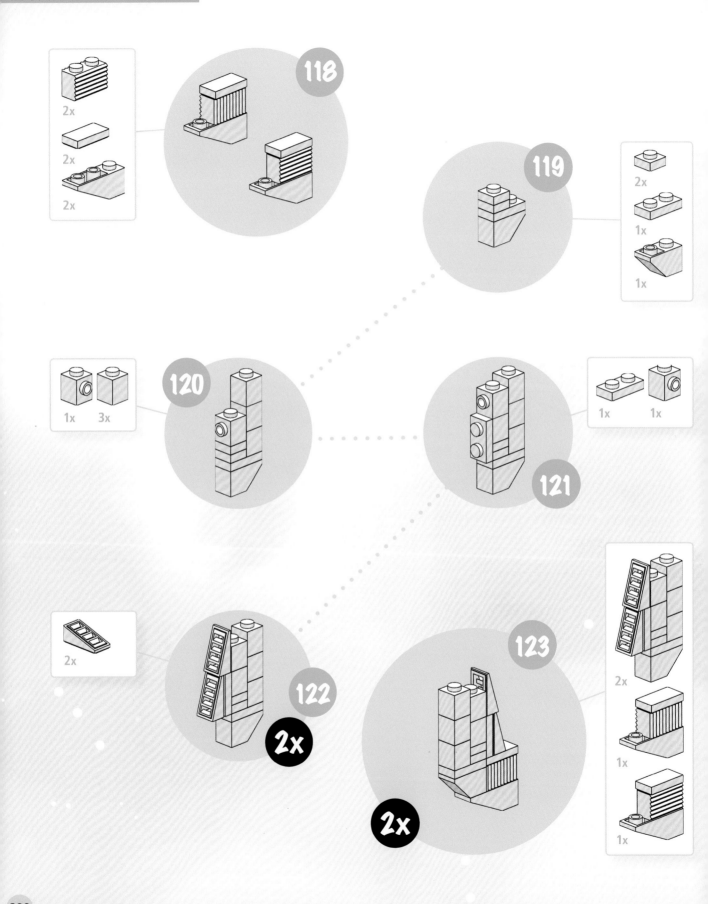

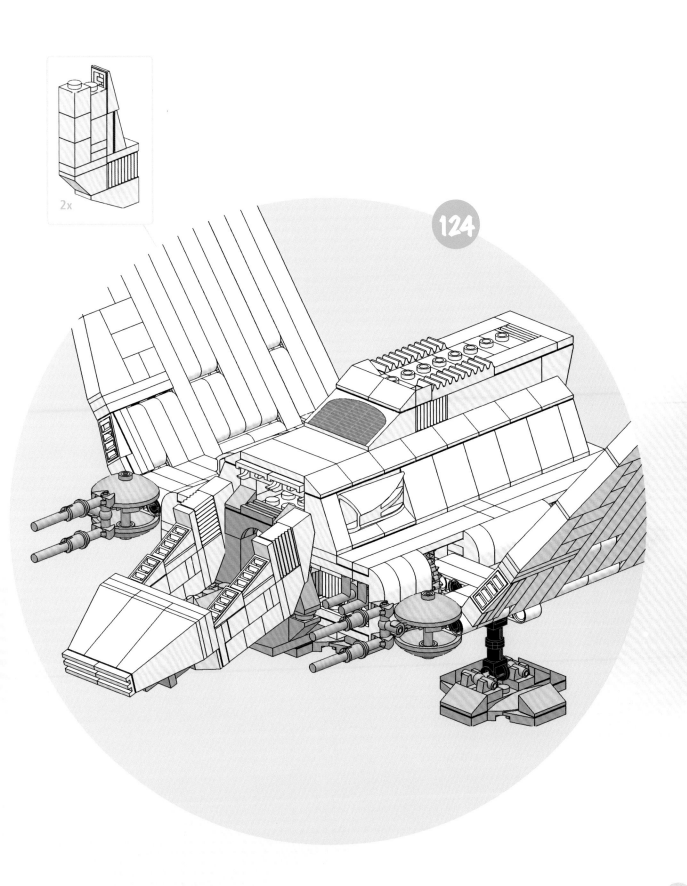

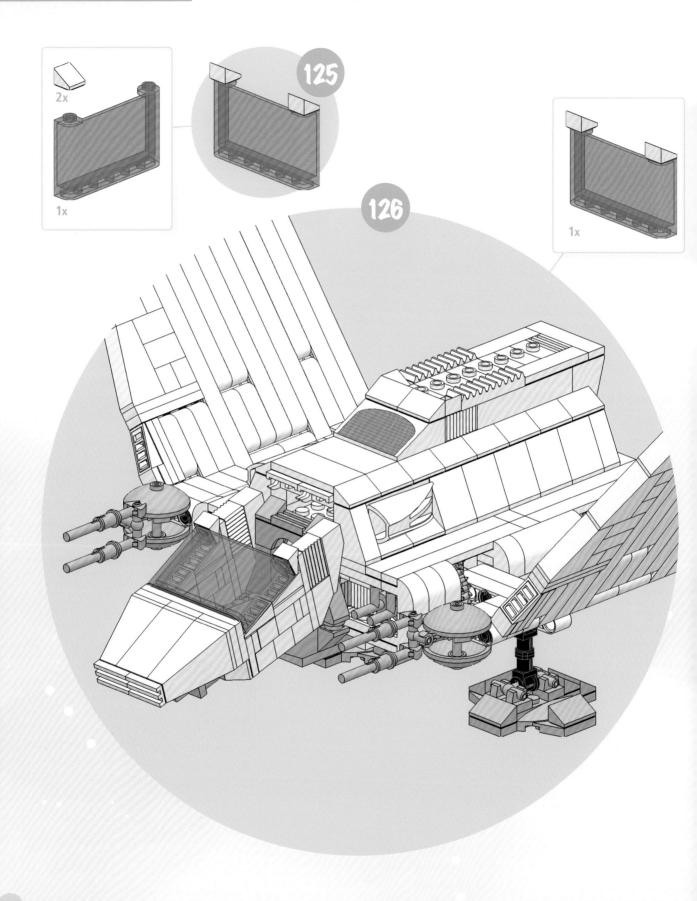

125

126

2x

1x

1x

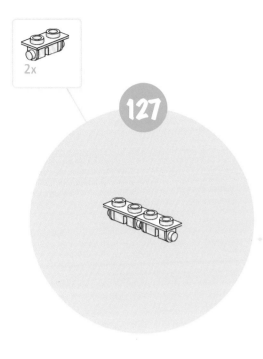

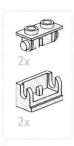

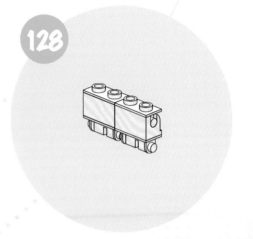

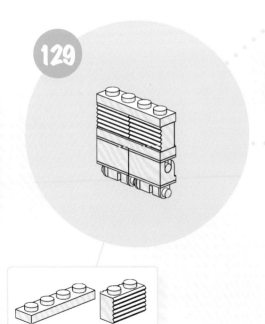

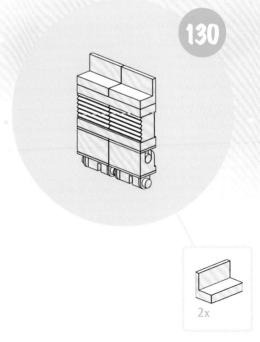

1x

131

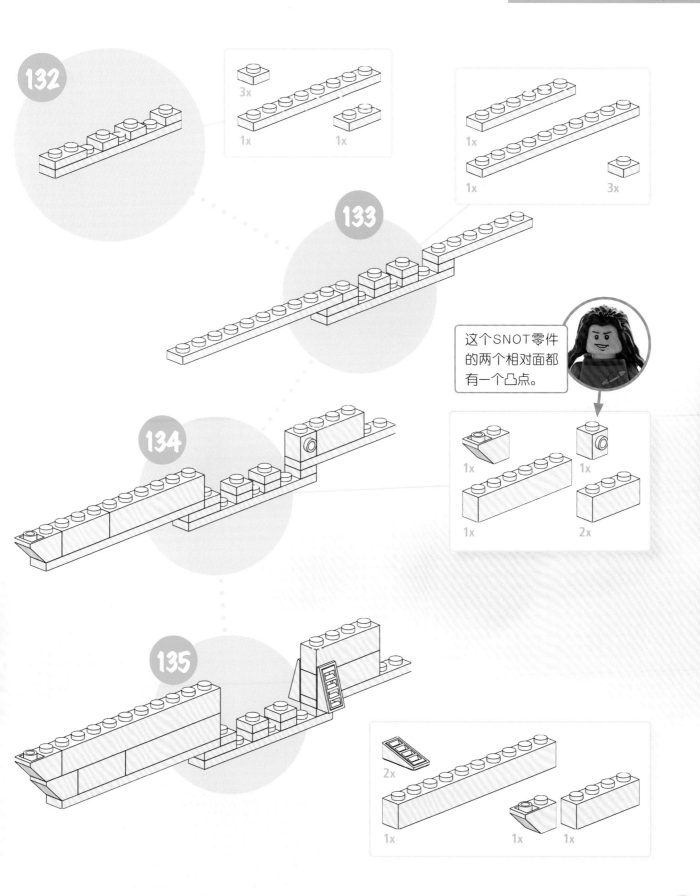

这个SNOT零件的两个相对面都有一个凸点。

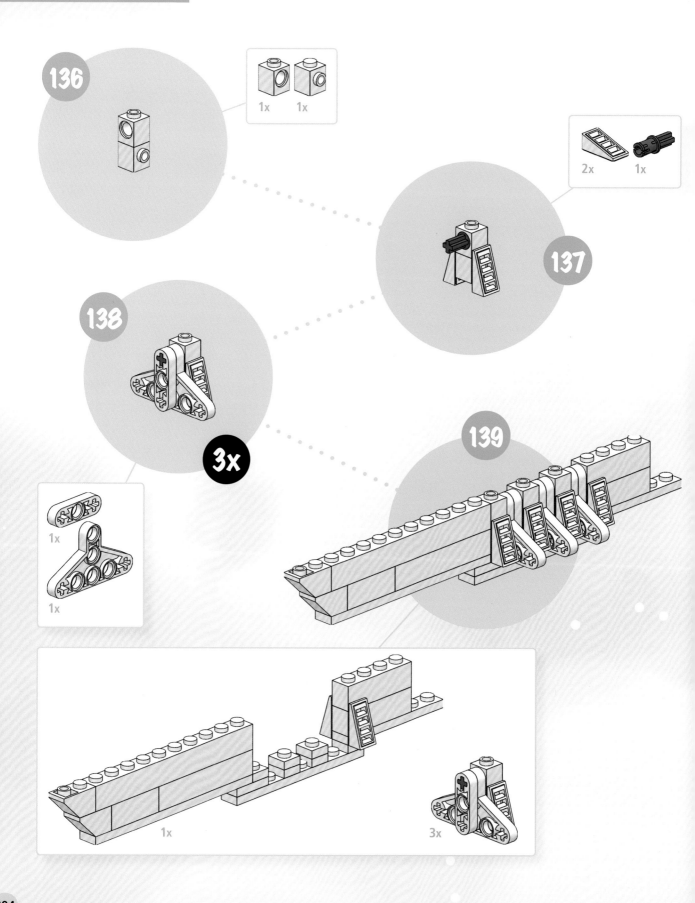

你也可以用比较短的零件来做，不过长零件的好处是更牢固。

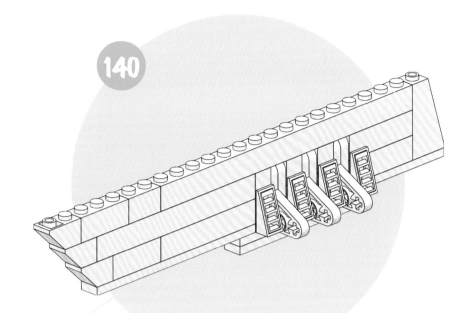

140

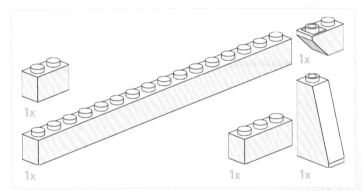

1x

1x

1x

1x

这个SNOT零件的两个相对面都有一个凸点。

141

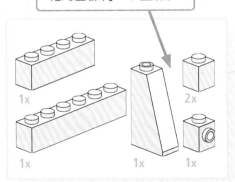

1x

1x

1x

2x

1x

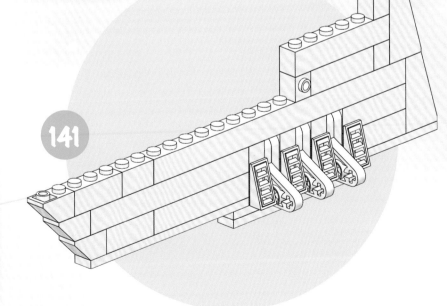

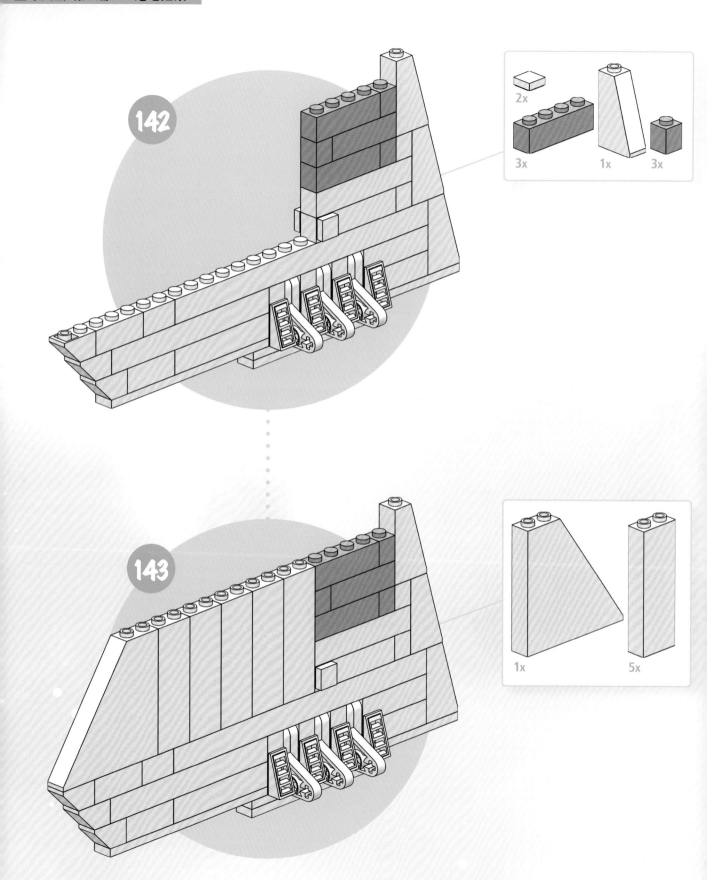

142

2x

3x 1x 3x

143

1x 5x

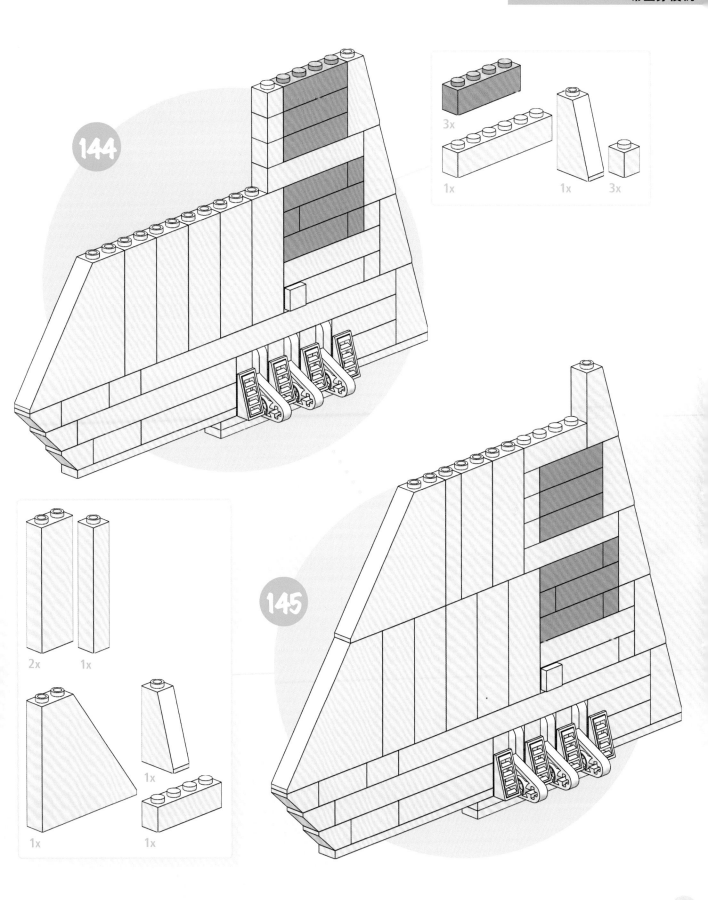

144

145

3x

1x

1x

3x

2x

1x

1x

1x

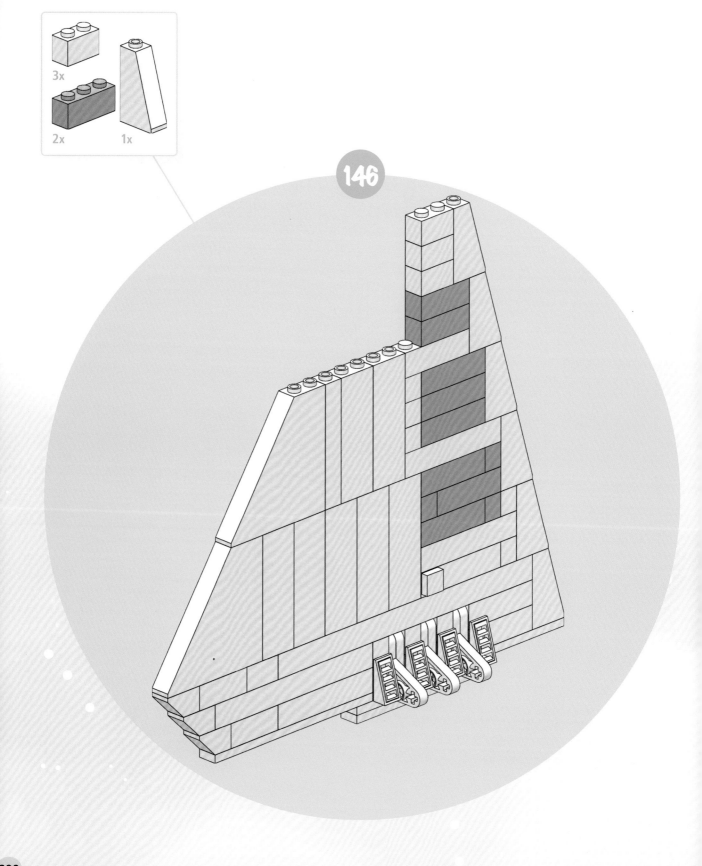

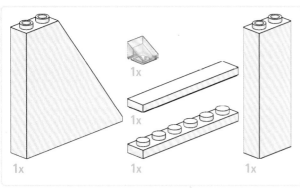

147

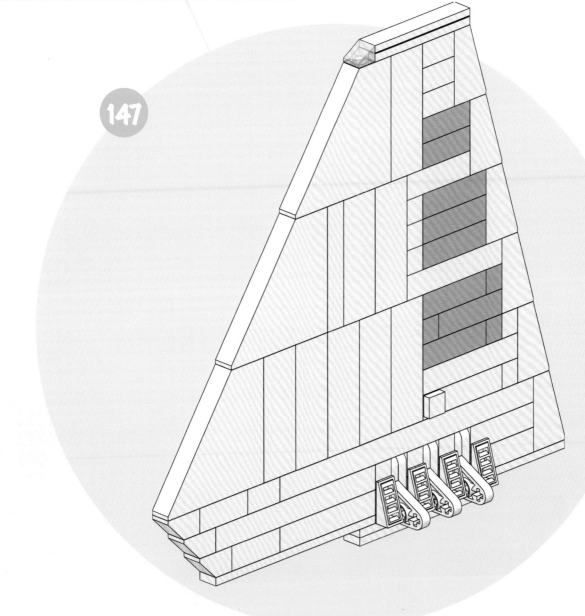

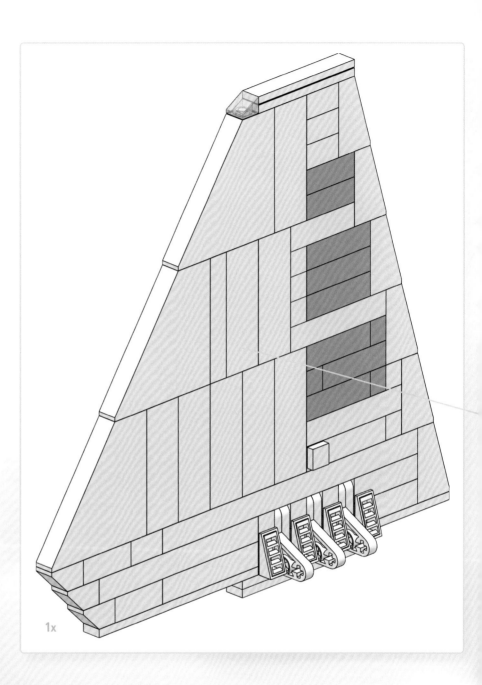

1x

拿起帝国穿梭机时不要抓中间的机翼，这个模块只是装饰性的，非常容易散架。

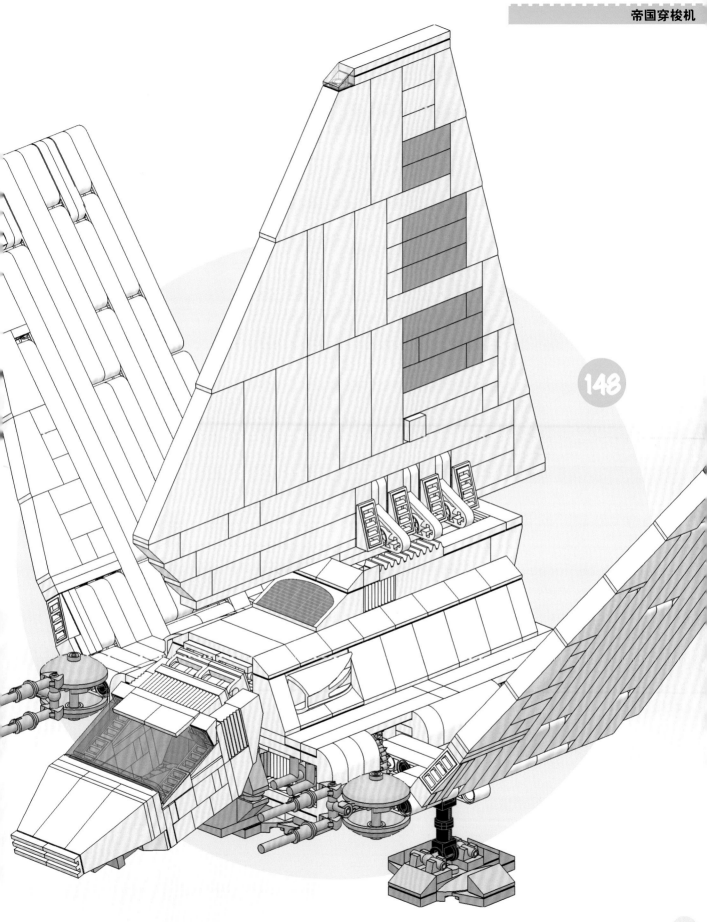

148

零件清单

 1x

 6x

 1x

 4x

 3x

 21x

 2x

 6x

 2x

 1x

 15x

 3x

 11x

 8x

 2x

 5x

 6x

 8x

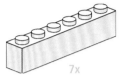 7x

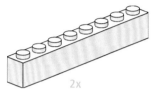 2x

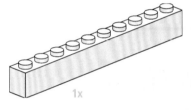 1x

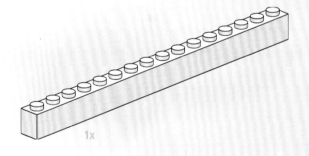 1x

 18x

 1x

 2x

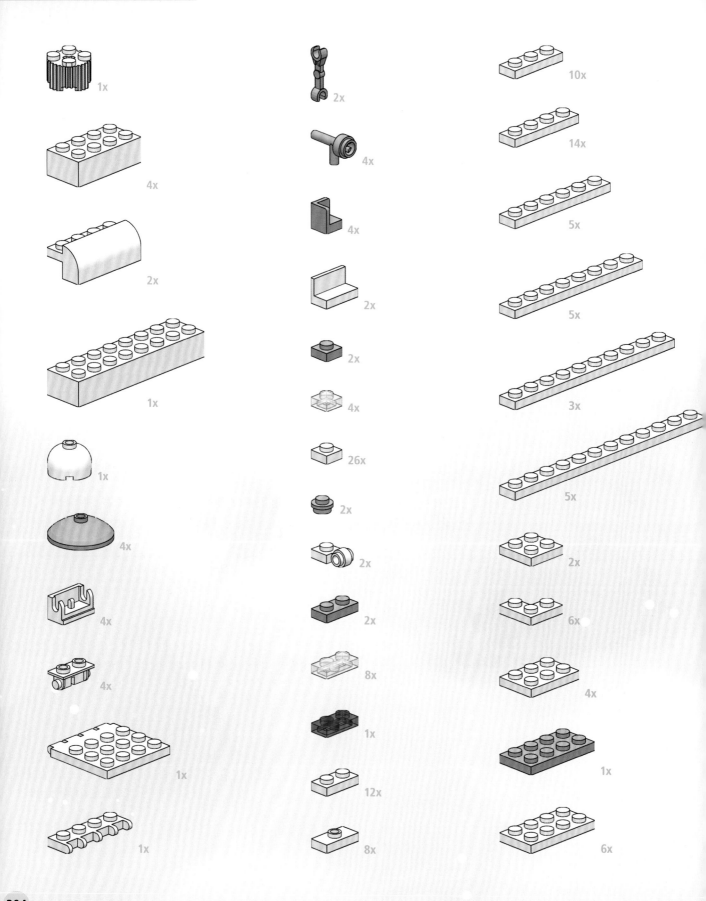

1x

4x

2x

1x

1x

4x

4x

4x

1x

1x

2x

4x

4x

2x

2x

4x

26x

2x

2x

2x

8x

1x

12x

8x

10x

14x

5x

5x

3x

5x

2x

6x

4x

1x

6x

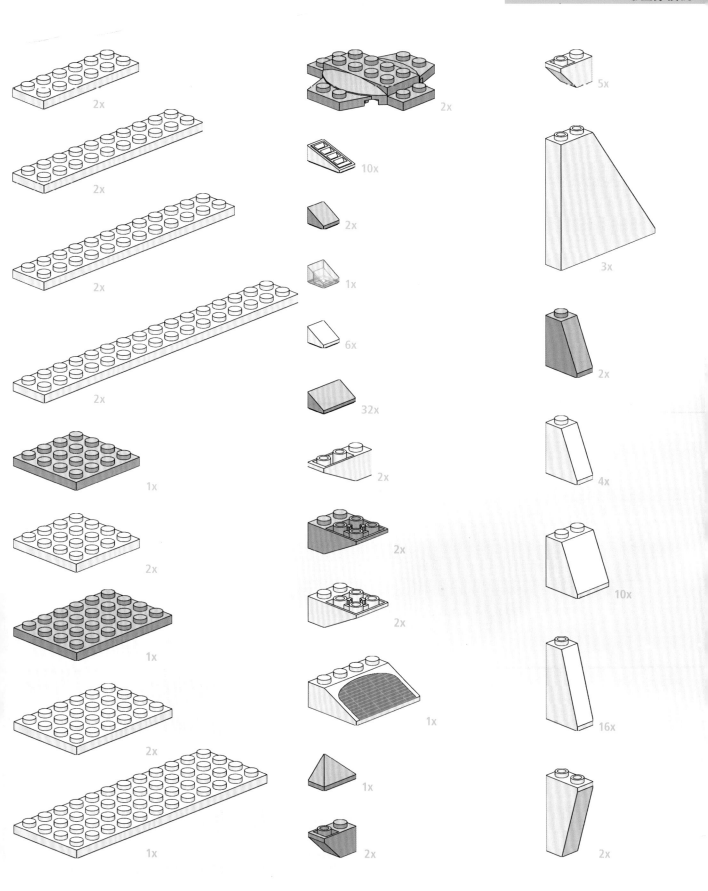

2x
2x
2x
2x

1x
2x
1x

2x
1x

2x
10x
2x
1x
6x
32x
2x
2x
2x
1x
1x
2x

5x
3x
2x
4x
10x
16x
2x

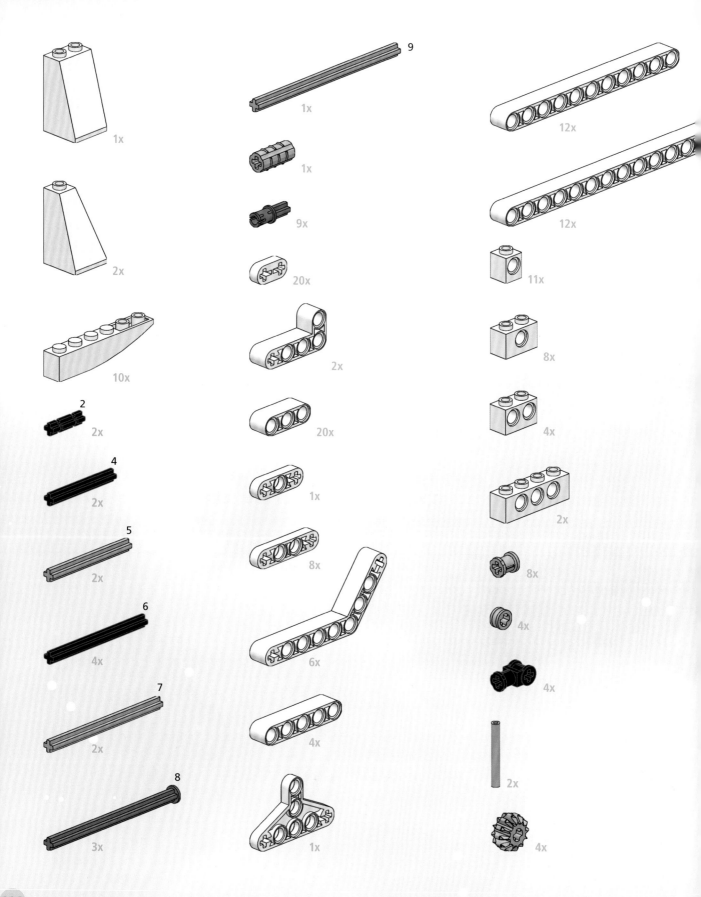

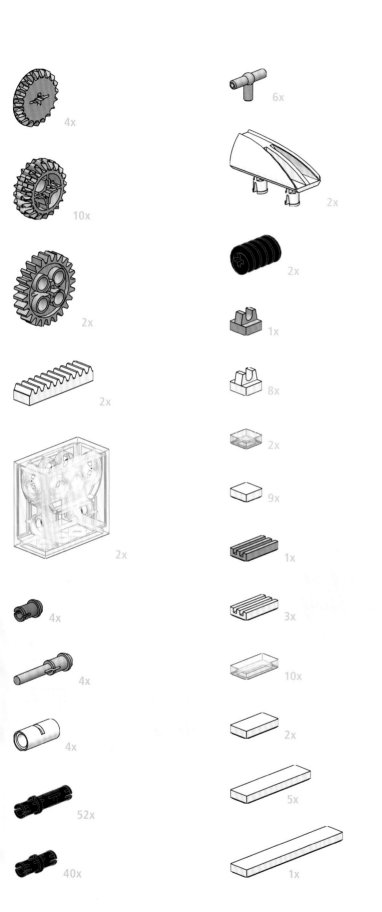

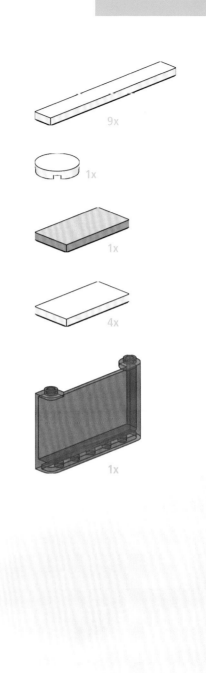

4x

10x

2x

2x

2x

4x

4x

4x

52x

40x

6x

2x

2x

1x

8x

2x

9x

1x

3x

10x

2x

5x

1x

9x

1x

1x

4x

1x

数量		颜色	零件编号	零件名称
1		浅蓝灰	3659	Arch 1 x 4
6		浅蓝灰	48729	Bar 1.5L with Clip
1		白	2436a	Bracket 1 x 2 – 1 x 4
4		白	44728	Bracket 1 x 2 – 2 x 2
3		浅蓝灰	3005	Brick 1 x 1
21		白	3005	Brick 1 x 1
2		浅蓝灰	3062b	Brick 1 x 1 Round with Hollow Stud
6		白	87087	Brick 1 x 1 with Stud on 1 Side
5		白	47905	Brick 1 x 1 with Studs on Two Opposite Sides
1		白	2453	Brick 1 x 1 x 5
15		白	3004	Brick 1 x 2
3		浅蓝灰	2877	Brick 1 x 2 with Grille
11		白	2877	Brick 1 x 2 with Grille
8		白	2454	Brick 1 x 2 x 5
2		浅蓝灰	3622	Brick 1 x 3
5		白	3622	Brick 1 x 3
6		浅蓝灰	3010	Brick 1 x 4
8		白	3010	Brick 1 x 4
7		白	3009	Brick 1 x 6
2		白	3008	Brick 1 x 8
1		白	6111	Brick 1 x 10
1		白	2465	Brick 1 x 16
18		白	6091	Brick 2 x 1 x 1 & 1/3 with Curved Top
1		白	3003	Brick 2 x 2
2		浅蓝灰	2357	Brick 2 x 2 Corner
1		白	92947	Brick 2 x 2 Round with Grille
4		白	3001	Brick 2 x 4
2		白	6081	Brick 2 x 4 x 1 & 1/3 with Curved Top
1		白	3007	Brick 2 x 8
1		白	30367	Cylinder 2 x 2 with Dome Top
4		浅蓝灰	43898	Dish 3 x 3 Inverted
4		白	3937	Hinge 1 x 2 Base
4		白	3938	Hinge 1 x 2 Top
1		白	4213	Hinge Car Roof 4 x 4
1		白	4315	Hinge Plate 1 x 4 with Car Roof Holder
2		浅蓝灰	59230	Minifig Mechanical Arm Straight
4		浅蓝灰	86208	Minifig Torch without Grooves

续表

数量		颜色	零件编号	零件名称
4		浅蓝灰	6231	Panel 1 x 1 x 1 Corncr with Rounded Corners
2		白	30010	Panel 1 x 2 x 1 with Square Corners
2		浅蓝灰	3024	Plate 1 x 1
4		纯透明	3024	Plate 1 x 1
26		白	3024	Plate 1 x 1
2		浅蓝灰	4073	Plate 1 x 1 Round
2		白	4081b	Plate 1 x 1 with Clip Light Type 2
2		浅蓝灰	3023	Plate 1 x 2
8		纯透明	3023	Plate 1 x 2
1		深透明蓝	3023	Plate 1 x 2
12		白	3023	Plate 1 x 2
8		白	3794a	Plate 1 x 2 without Groove with 1 Centre Stud
10		白	3623	Plate 1 x 3
14		白	3710	Plate 1 x 4
5		白	3666	Plate 1 x 6
5		白	3460	Plate 1 x 8
3		白	4477	Plate 1 x 10
5		白	60479	Plate 1 x 12
2		白	3022	Plate 2 x 2
6		白	2420	Plate 2 x 2 Corner
4		白	3021	Plate 2 x 3
1		浅蓝灰	3020	Plate 2 x 4
6		白	3020	Plate 2 x 4
2		白	3795	Plate 2 x 6
2		白	3832	Plate 2 x 10
2		白	2445	Plate 2 x 12
2		白	4282	Plate 2 x 16
1		浅蓝灰	3031	Plate 4 x 4
2		白	3031	Plate 4 x 4
1		浅蓝灰	3032	Plate 4 x 6
2		白	3032	Plate 4 x 6
1		白	3029	Plate 4 x 12
2		浅蓝灰	30303	Plate 6 x 6 x 2/3 Cross with Dome
10		白	61409	Slope Brick 18 2 x 1 x 2/3 Grille
2		浅蓝灰	54200	Slope Brick 31 1 x 1 x 2/3
1		透明黄	54200	Slope Brick 31 1 x 1 x 2/3
6		白	54200	Slope Brick 31 1 x 1 x 2/3

续表

数量		颜色	零件编号	零件名称
32		浅蓝灰	85984	Slope Brick 31 1 x 2 x 2/3
2		白	4287	Slope Brick 33 3 x 1 Inverted
2		浅蓝灰	3747b	Slope Brick 33 3 x 2 Inverted with Ribs between Studs
2		白	3747b	Slope Brick 33 3 x 2 Inverted with Ribs between Studs
1		白	3297ps1	Slope Brick 33 3 x 4 with SW Grille Pattern
1		浅蓝灰	3048	Slope Brick 45 1 x 2 Triple
2		浅蓝灰	3665	Slope Brick 45 2 x 1 Inverted
5		白	3665	Slope Brick 45 2 x 1 Inverted
3		白	30249	Slope Brick 55 1 x 6 x 5
2		浅蓝灰	60481	Slope Brick 65 2 x 1 x 2
4		白	60481	Slope Brick 65 2 x 1 x 2
10		白	3678b	Slope Brick 65 2 x 2 x 2 with Centre Tube
16		白	4460	Slope Brick 75 2 x 1 x 3
2		白	2449	Slope Brick 75 2 x 1 x 3 Inverted
1		白	3684	Slope Brick 75 2 x 2 x 3
2		白	3685	Slope Brick 75 2 x 2 x 3 Double Convex
10		白	41763	Slope Brick Curved 6 x 1 Inverted
2		黑	32062	Technic Axle 2 Notched
2		黑	3705	Technic Axle 4
2		浅蓝灰	32073	Technic Axle 5
4		黑	3706	Technic Axle 6
2		浅蓝灰	44294	Technic Axle 7
3		深蓝灰	55013	Technic Axle 8 with Stop
1		浅蓝灰	60485	Technic Axle 9
1		浅蓝灰	6538a	Technic Axle Joiner
11		蓝	43093	Technic Axle Pin with Friction
22		白	41677	Technic Beam 2 x 0.5 Liftarm
2		白	32140	Technic Beam 2 x 4 Liftarm Bent 90
20		白	32523	Technic Beam 3
1		白	6632	Technic Beam 3 x 0.5 Liftarm
8		白	32449	Technic Beam 4 x 0.5 Liftarm
6		白	6629	Technic Beam 4 x 6 Liftarm Bent 53.13
4		白	32316	Technic Beam 5
1		白	2905	Technic Beam 5 x 3 x 0.5 Liftarm Triangle
12		白	32525	Technic Beam 11
12		白	32278	Technic Beam 15
13		白	6541	Technic Brick 1 x 1 with Hole

数量		颜色	零件编号	零件名称
8		白	3700	Technic Brick 1 x 2 with Hole
4		白	32000	Technic Brick 1 x 2 with Holes
2		白	3701	Technic Brick 1 x 4 with Holes
8		浅蓝灰	3713	Technic Bush
4		浅蓝灰	32123a	Technic Bush 1/2 Smooth with Axle Hole 红uced
4		黑	32039	Technic Connector (Axle/Bush)
2		浅蓝灰	76263	Technic Flex-System Hose 3L (2,4 cm)
4		浅蓝灰	32270	Technic Gear 12 Tooth Double Bevel
4		浅蓝灰	32198	Technic Gear 20 Tooth Bevel
10		浅蓝灰	32269	Technic Gear 20 Tooth Double Bevel
2		浅蓝灰	3648	Technic Gear 24 Tooth
2		白	3743	Technic Gear Rack 1 x 4
2		纯透明	6588	Technic Gearbox 2 x 4 x 3 & 1/3
4		蓝	4274	Technic Pin 1/2
4		浅蓝灰	61184	Technic Pin 1/2 with Bar 2L
4		白	62462	Technic Pin Joiner Round with Slot
54		黑	6558	Technic Pin Long with Friction and Slot
38		黑	2780	Technic Pin with Friction and Slots
6		浅蓝灰	4697b	Technic Pneumatic T-Piece –Type 2
2		白	30647	Technic Side Flaring Intake 1 x 4 with Two Pins
2		黑	4716	Technic Worm Gear
1		深蓝灰	2555	Tile 1 x 1 with Clip
8		浅蓝灰	2555	Tile 1 x 1 with Clip
2		透明黄	3070b	Tile 1 x 1 with Groove
10		白	3070b	Tile 1 x 1 with Groove
1		浅蓝灰	2412b	Tile 1 x 2 Grille with Groove
3		白	2412b	Tile 1 x 2 Grille with Groove
10		浅透明蓝	3069b	Tile 1 x 2 with Groove
2		白	3069b	Tile 1 x 2 with Groove
5		白	2431	Tile 1 x 4 with Groove
1		白	6636	Tile 1 x 6
9		白	4162	Tile 1 x 8
1		白	4150	Tile 2 x 2 Round
1		浅蓝灰	87079	Tile 2 x 4 with Groove
4		白	87079	Tile 2 x 4 with Groove
1		透明黑	64453	Windscreen 1 x 6 x 3

指挥官阿达玛(Adama)

阿达玛带领约200艘飞船组成的流亡舰队从Cylon人的进攻中逃了出来,并指挥搜寻地球家园的旅程。

不知为何,扮演年长的将军的罗恩·格林(Lorne Greene)在我们的脑海中总是以西部片《大淘金》中的本·卡特莱特(Ben Cartwright)的形象出现。

Joe设计搭建

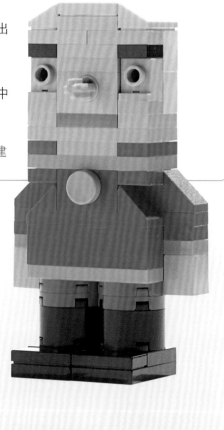

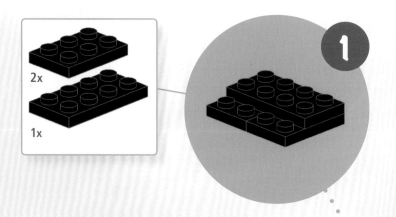

2x

1x

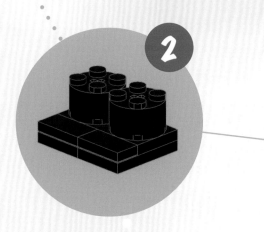

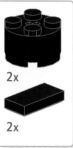

2x

2x

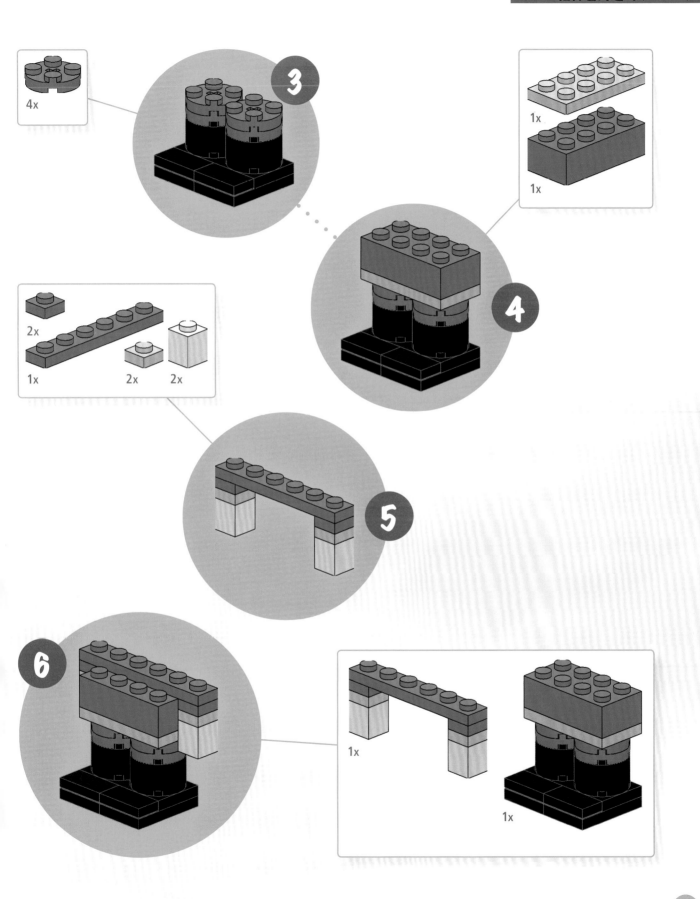

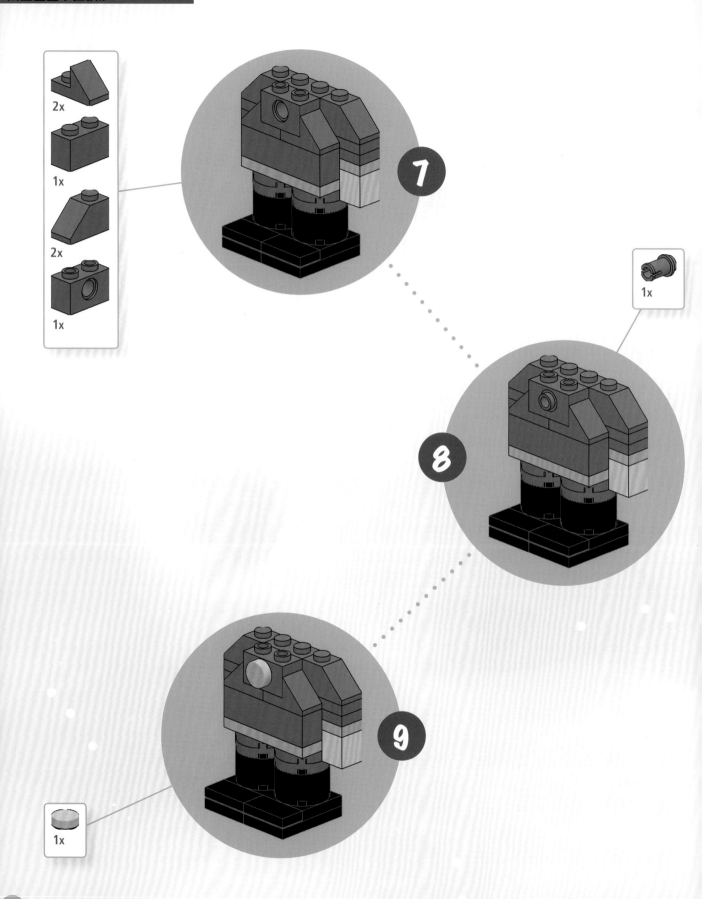

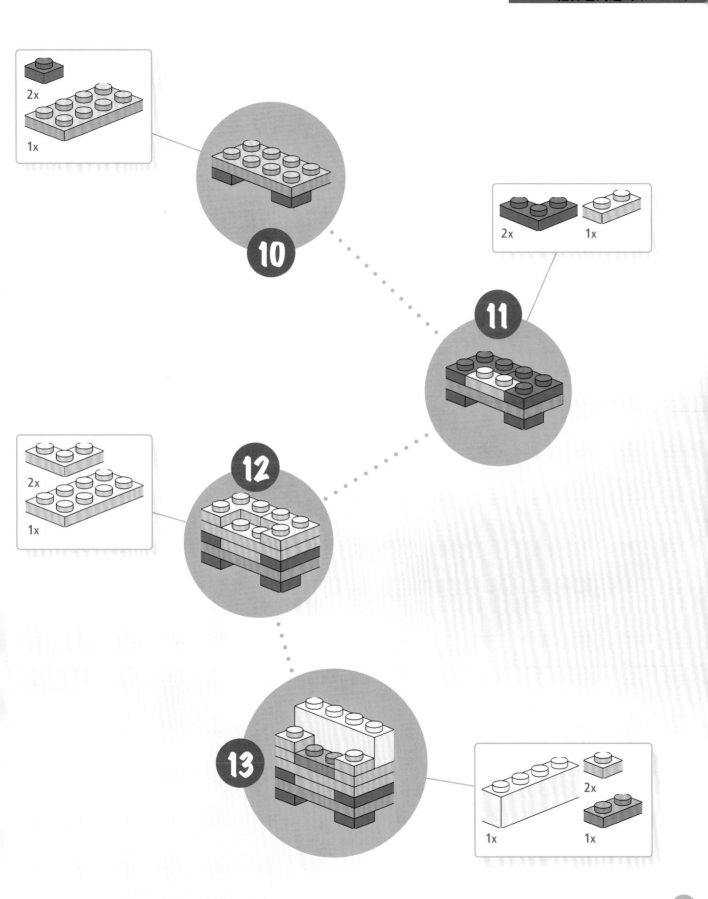

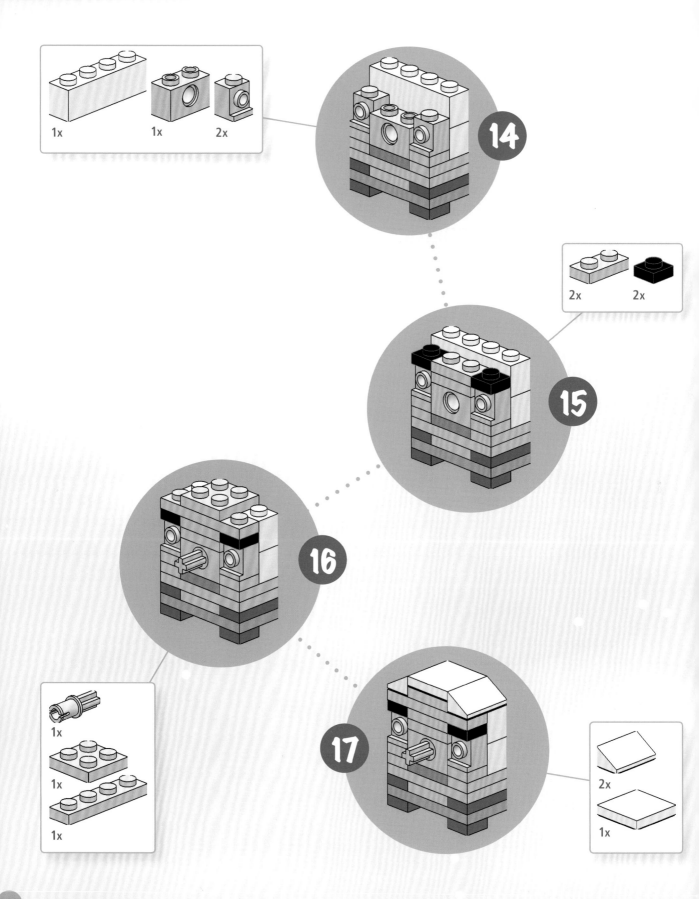

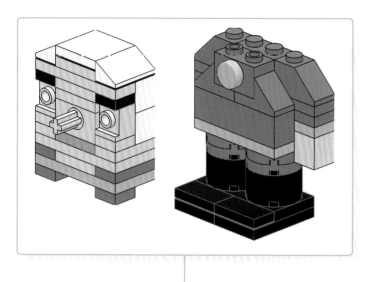

有了我们的指导，想来你也可以自己设计一下角色，比如这个阿波罗队长。

零件清单

2x

2x

1x

2x

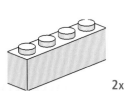
2x

2x

1x

2x

4x

2x

2x

1x

3x

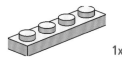
1x

1x

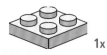
1x

2x

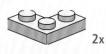
2x

4x

2x

1x

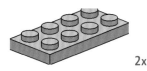
2x

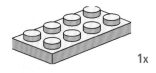
1x

2x

4x

1x

1x

2x

1x

1x

2x

1x

数量		颜色	零件编号	零件名称
2		米	3005	Brick 1 x 1
2		米	4070	Brick 1 x 1 with Headlight
1		蓝	3004	Brick 1 x 2
2		白	3010	Brick 1 x 4
2		黑	3941	Brick 2 x 2 Round
1		蓝	3001	Brick 2 x 4
2		黑	3024	Plate 1 x 1
6		蓝	3024	Plate 1 x 1
2		米	3024	Plate 1 x 1
1		卡其	3023	Plate 1 x 2
3		米	3023	Plate 1 x 2
1		米	3710	Plate 1 x 4
1		蓝	3666	Plate 1 x 6
1		米	3022	Plate 2 x 2
2		蓝	2420	Plate 2 x 2 Corner
2		米色	2420	Plate 2 x 2 Corner
4		蓝	4032a	Plate 2 x 2 Round with Axlehole Type 1
2		黑	3021	Plate 2 x 3
1		黑	3020	Plate 2 x 4
2		浅蓝灰	3020	Plate 2 x 4
1		米	3020	Plate 2 x 4
2		白	85984	Slope Brick 31 1 x 2 x 667
4		蓝	3040b	Slope Brick 45 2 x 1
1		米	3749	Technic Axle Pin
1		蓝	3700	Technic Brick 1 x 2 with Hole
2		米	3700	Technic Brick 1 x 2 with Hole
1		蓝	4274	Technic Pin 1 / 2
1		浅蓝灰	98138	Tile 1 x 1 Round with Groove
2		黑	3069b	Tile 1 x 2 with Groove
1		白	3068b	Tile 2 x 2 with Groove

机器人Cylon

这个是为《太空堡垒卡拉狄加》真爱粉准备的"砖块头"，因为全身用到的都是金属银色的零件，比较普通的版本当然也可以用灰色代替。

小百科：在剧中Cylon是完全由电脑建模的，在给演员的初期排练中，用到了一个真人大小的纸板模型，而且在拍摄中也派上了用场。

Joe设计搭建

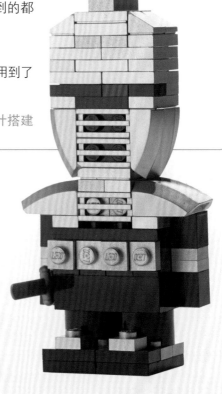

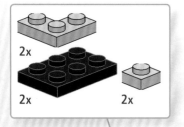

2x

2x

2x

1

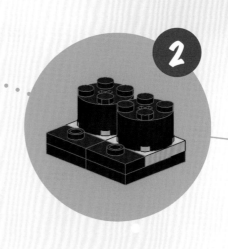

2

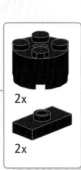

2x

2x

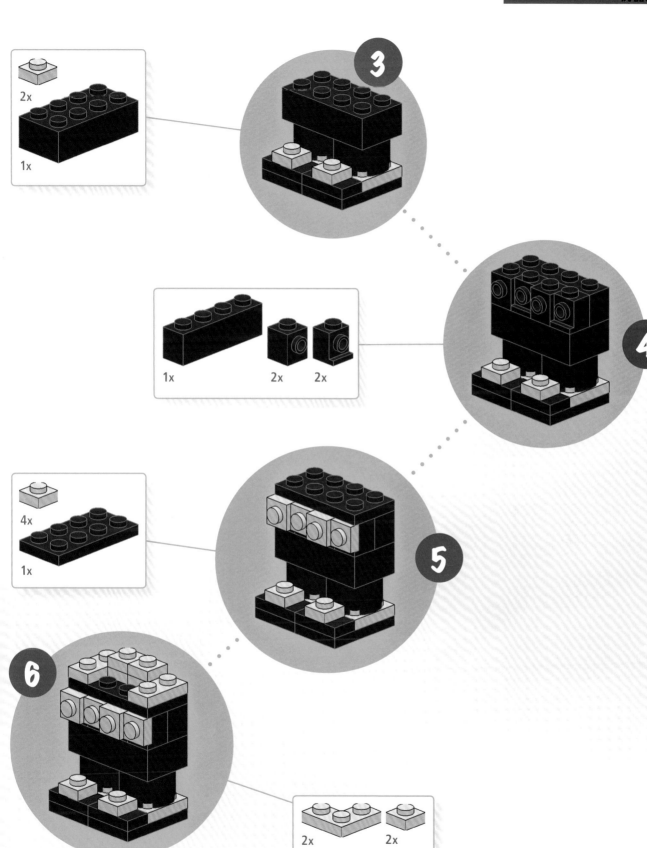

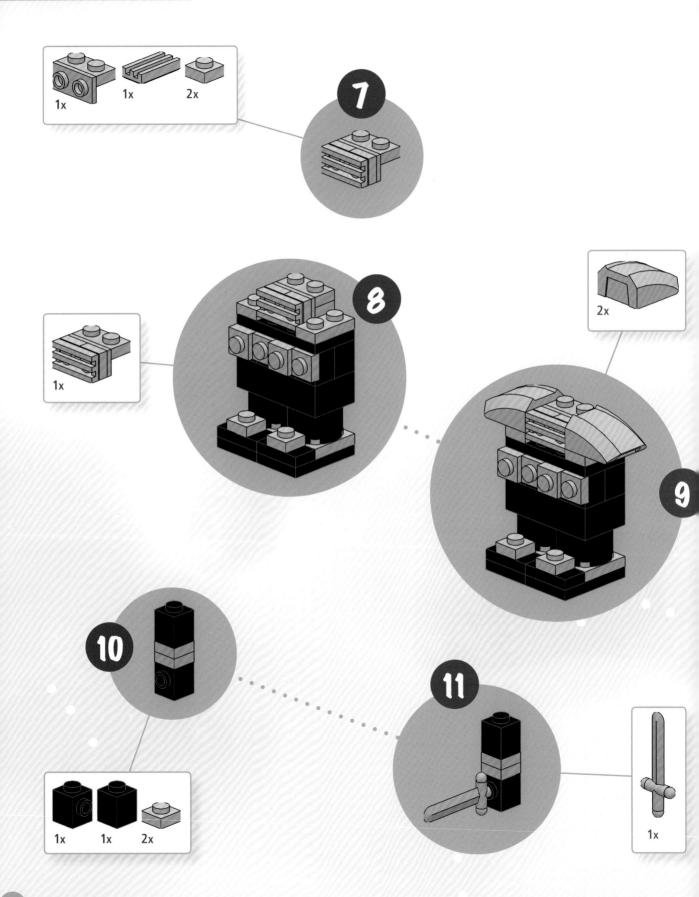

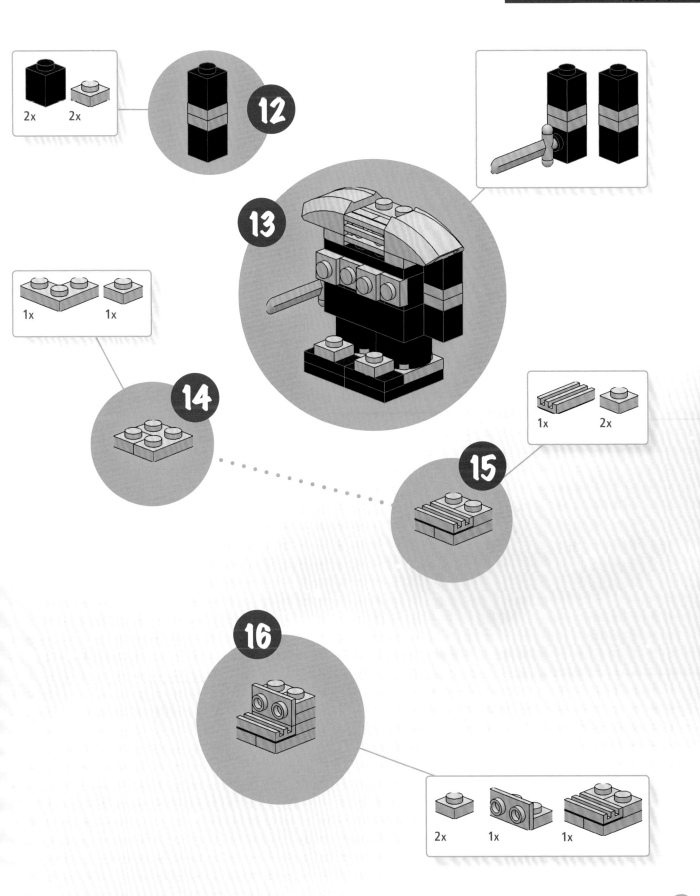

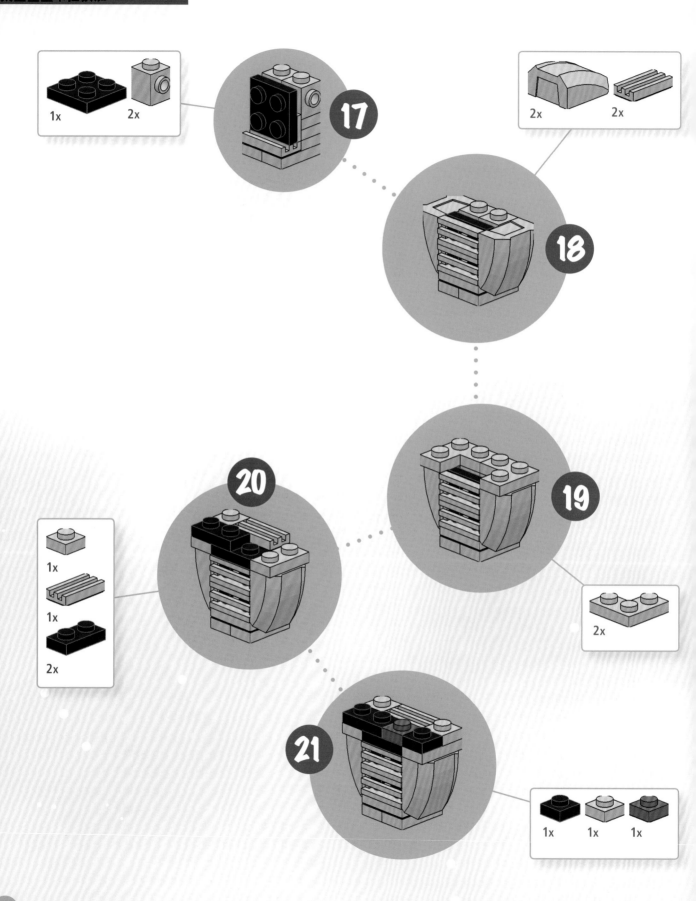

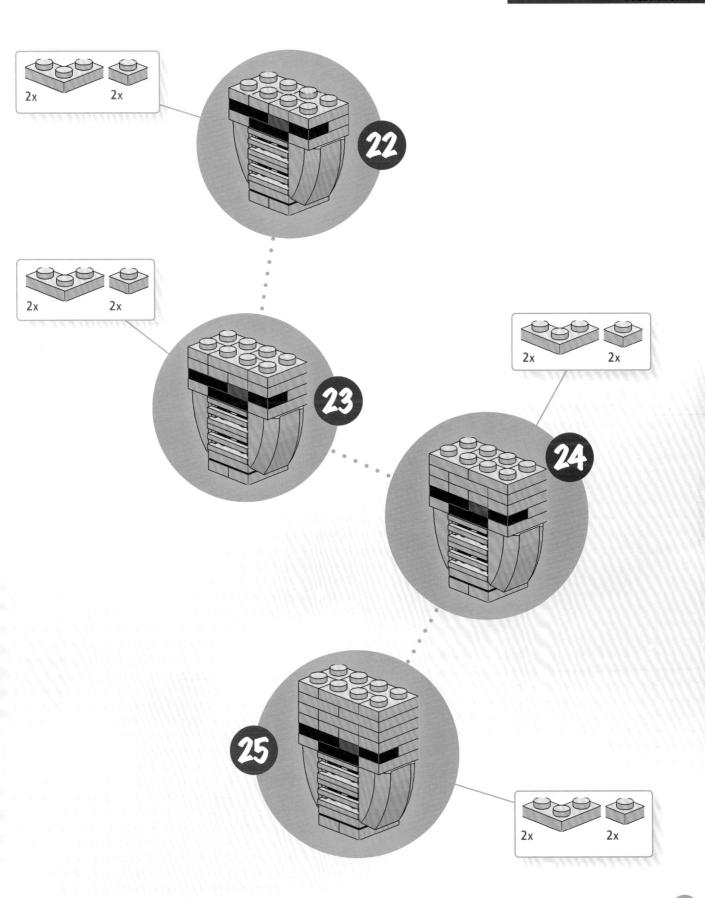

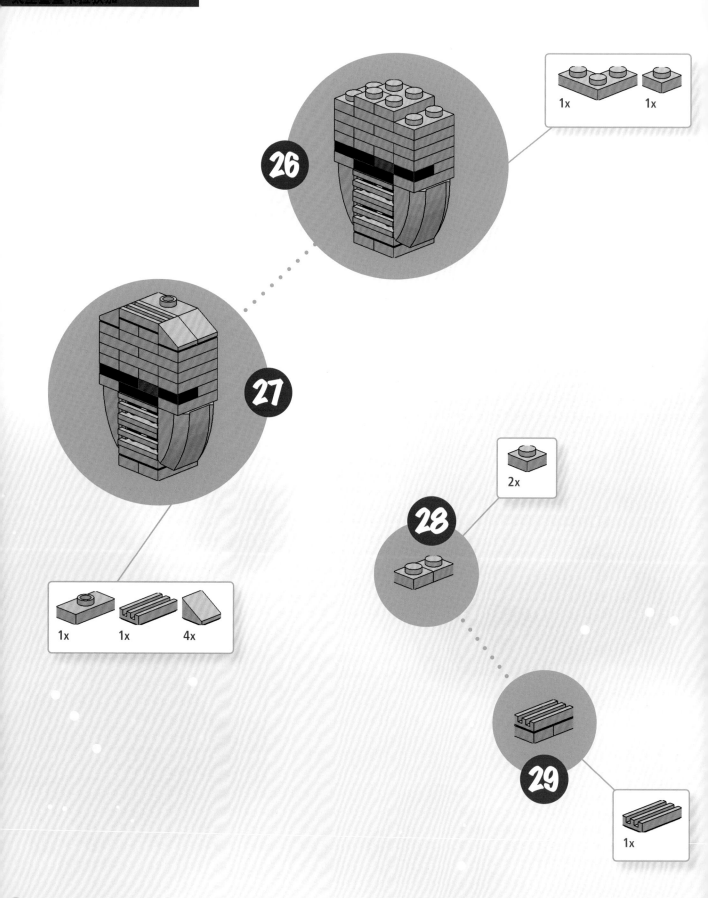

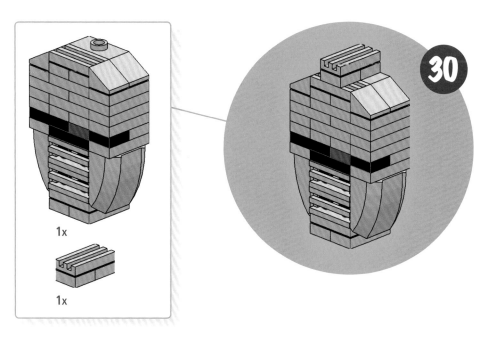

1x

1x

30

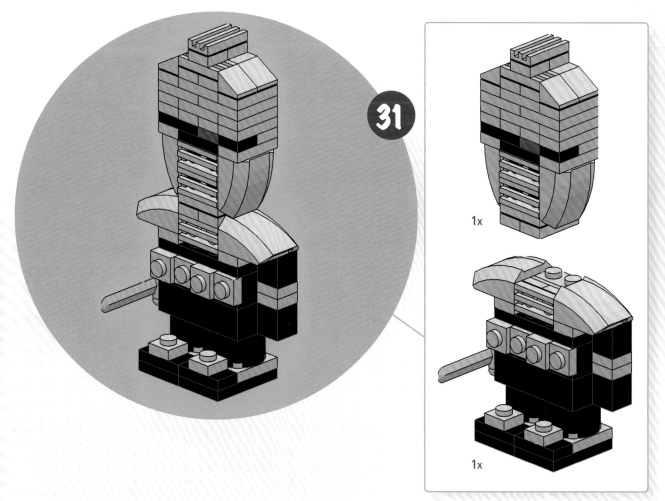

31

1x

1x

零件清单

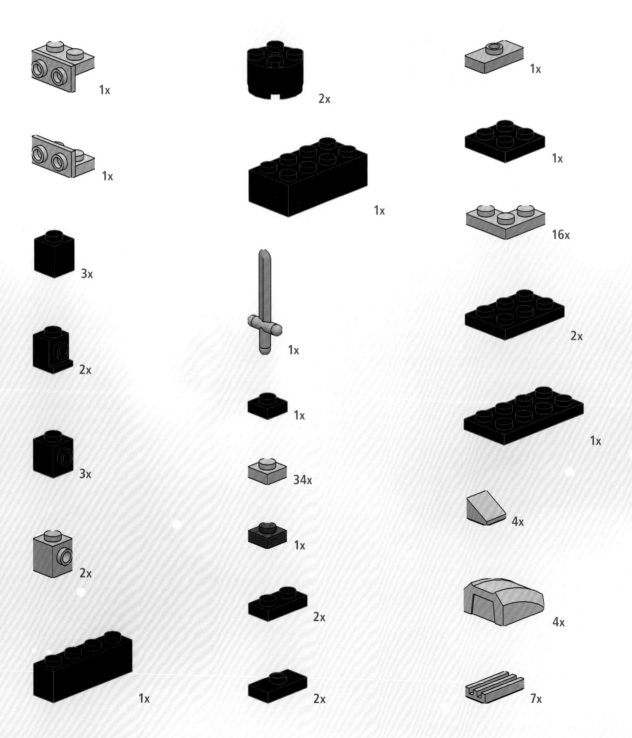

1x

2x

1x

1x

1x

16x

3x

1x

2x

2x

1x

3x

1x

34x

2x

1x

4x

2x

4x

1x

2x

7x

数量		颜色	零件编号	零件名称
1		浅蓝灰	99780	Bracket 1 x 2 – 1 x 2
1		浅蓝灰	99781	Bracket 1 x 2 – 1 x 2 Inverted
3		黑	3005	Brick 1 x 1
2		黑	4070	Brick 1 x 1 with Headlight
3		黑	87087	Brick 1 x 1 with Stud on 1 Side
2		浅蓝灰	87087	Brick 1 x 1 with Stud on 1 Side
1		黑	3010	Brick 1 x 4
2		黑	3941	Brick 2 x 2 Round
1		黑	3001	Brick 2 x 4
1		浅珠光灰	3847	Minifig Sword Shortsword
1		黑	3024	Plate 1 x 1
34		金属银	3024	Plate 1 x 1
1		红	3024	Plate 1 x 1
2		黑	3023	Plate 1 x 2
2		黑	3794a	Plate 1 x 2 without Groove with 1 Centre Stud
1		浅蓝灰	3794a	Plate 1 x 2 without Groove with 1 Centre Stud
1		黑	3022	Plate 2 x 2
16		金属银	2420	Plate 2 x 2 Corner
2		黑	3021	Plate 2 x 3
1		黑	3020	Plate 2 x 4
4		金属银	54200	Slope Brick 31 1 x 1 x 2/3
4		金属银	30602	Slope Brick Curved Top 2 x 2 x 1
7		金属银	2412b	Tile 1 x 2 Grille with Groove

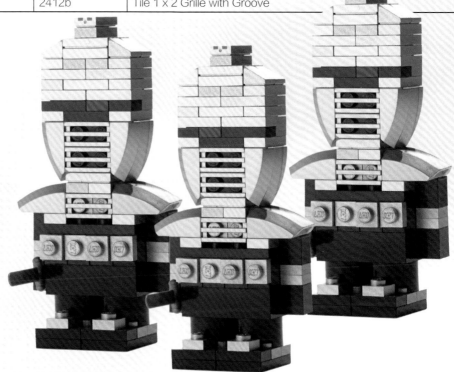

毒蛇号

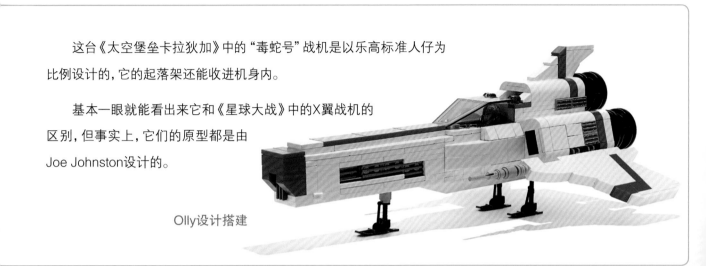

这台《太空堡垒卡拉狄加》中的"毒蛇号"战机是以乐高标准人仔为比例设计的,它的起落架还能收进机身内。

基本一眼就能看出来它和《星球大战》中的X翼战机的区别,但事实上,它们的原型都是由Joe Johnston设计的。

Olly设计搭建

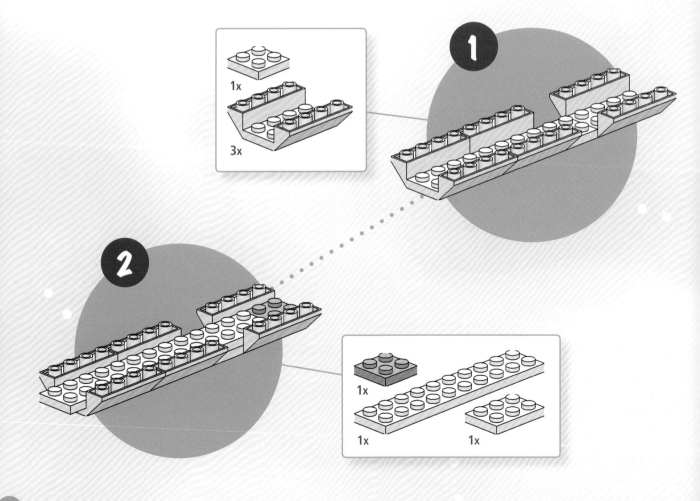

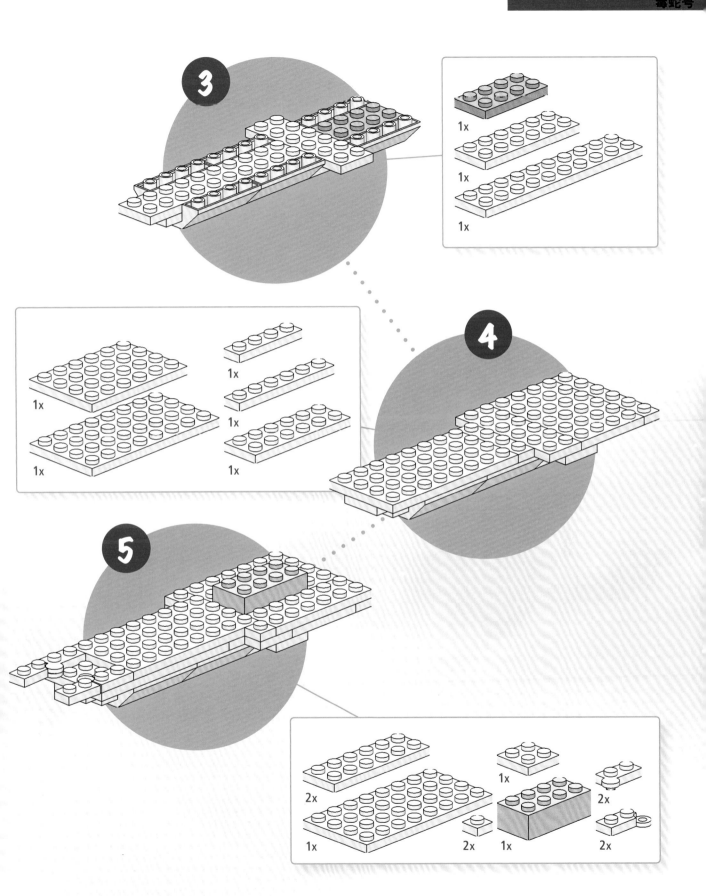

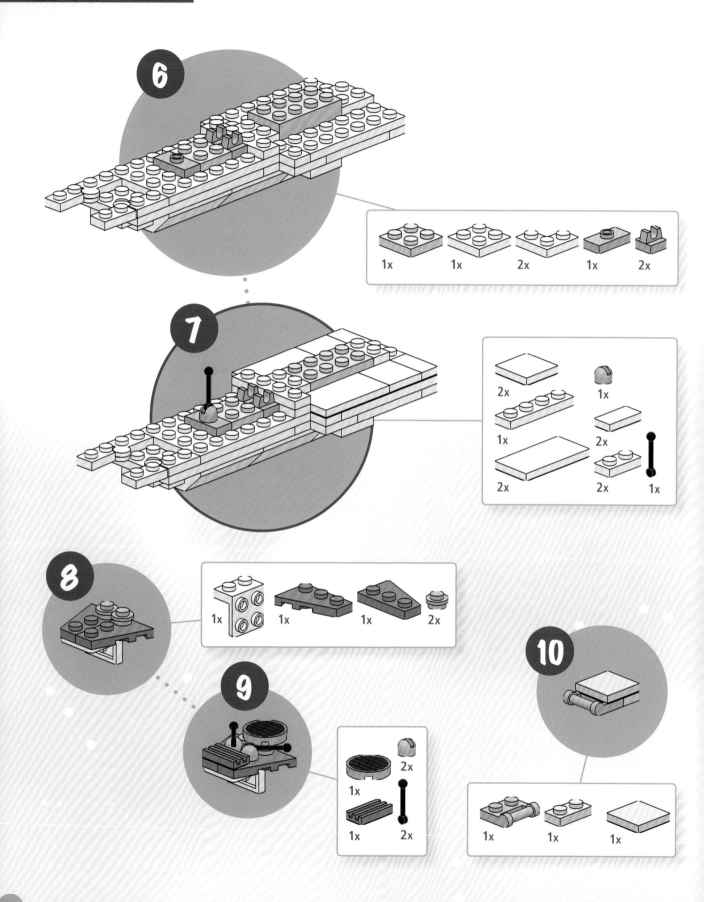

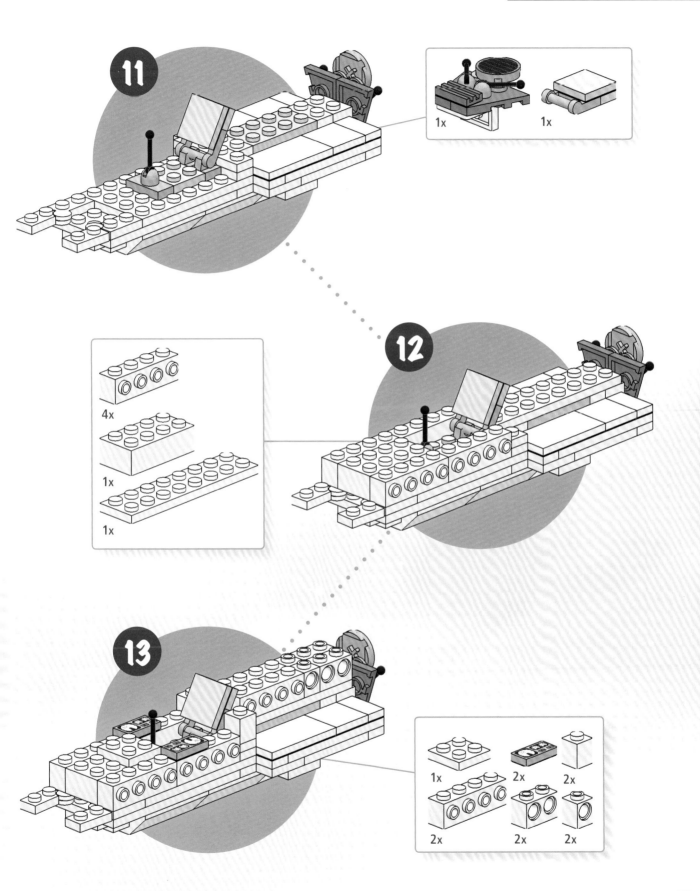

11

1x 1x

12

4x

1x

1x

13

1x 2x 2x

2x 2x 2x

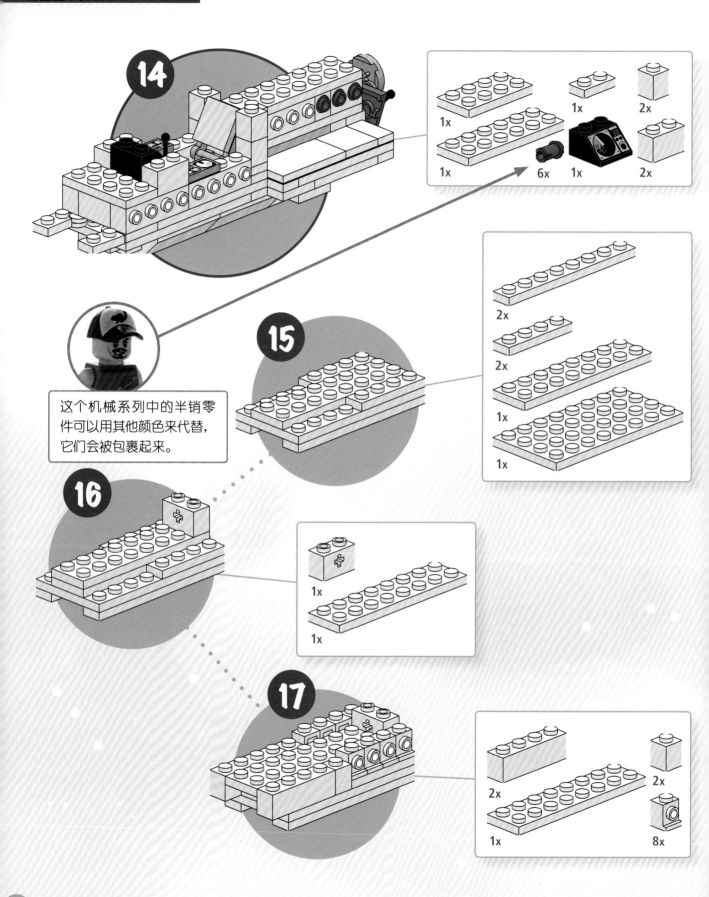

14

1x
1x

1x
6x

1x

2x

1x
2x

15

2x

2x

1x

1x

这个机械系列中的半销零
件可以用其他颜色来代替，
它们会被包裹起来。

16

1x

1x

17

2x

2x

1x

8x

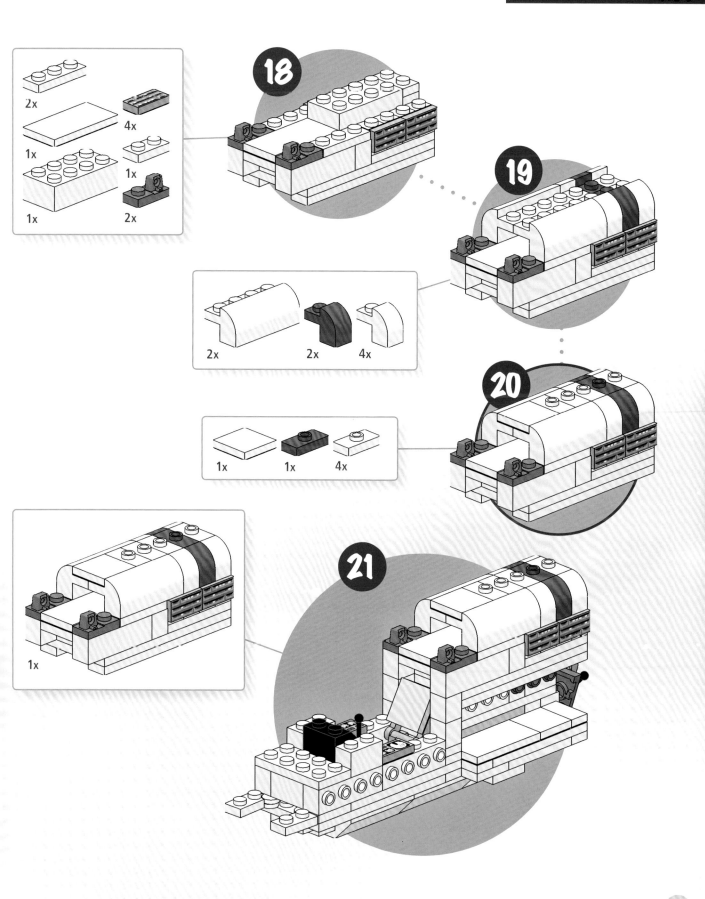

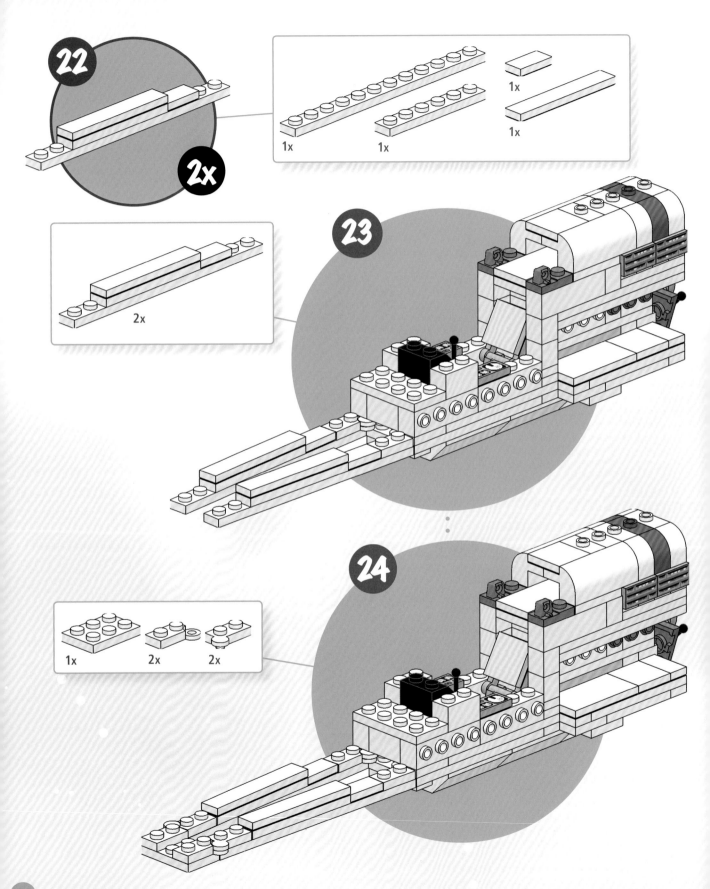

22

1x
1x
1x
1x

2x

2x

23

24

1x
2x
2x

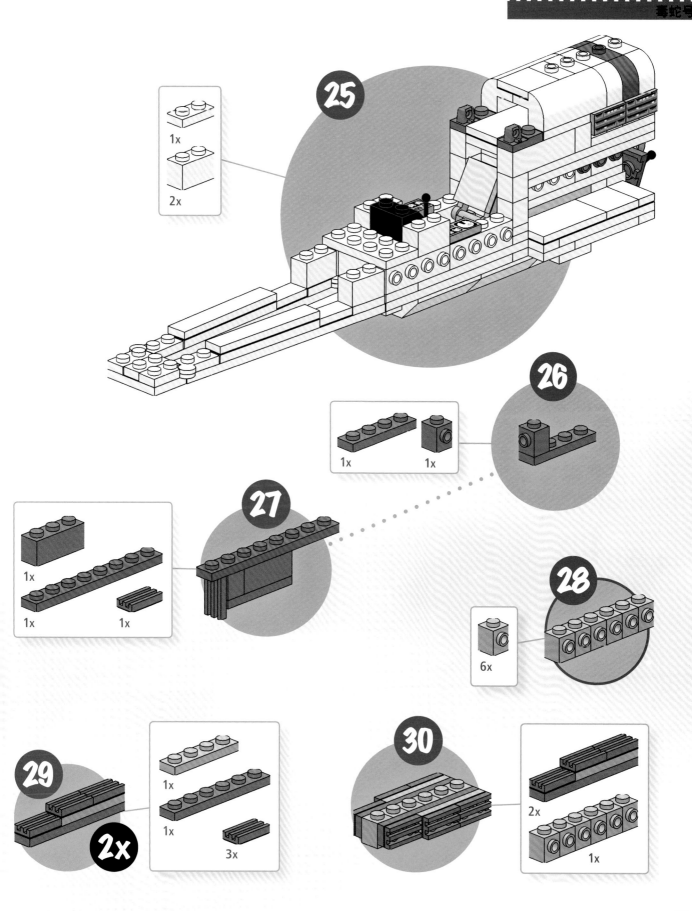

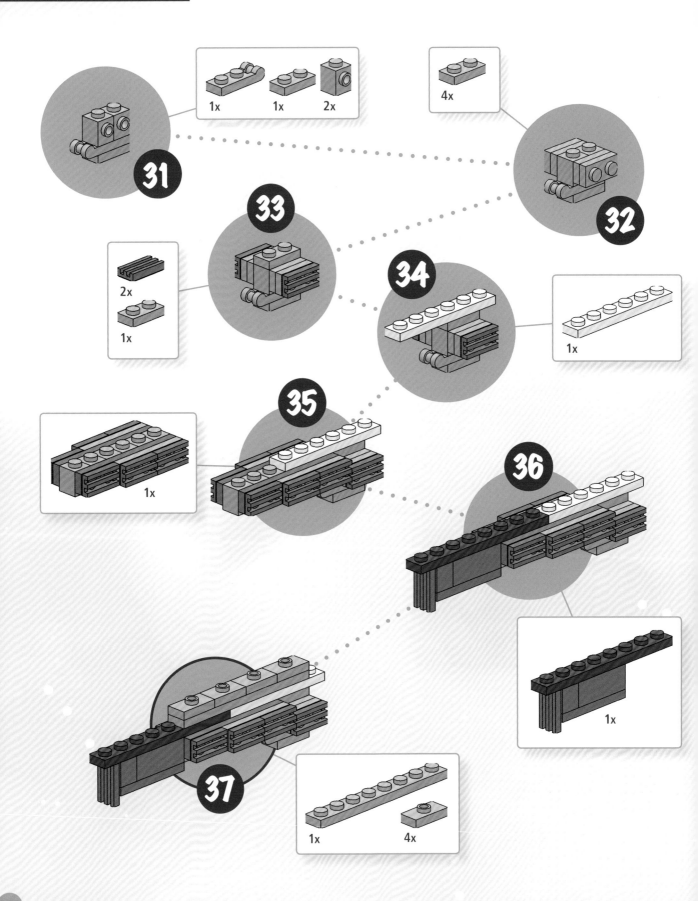

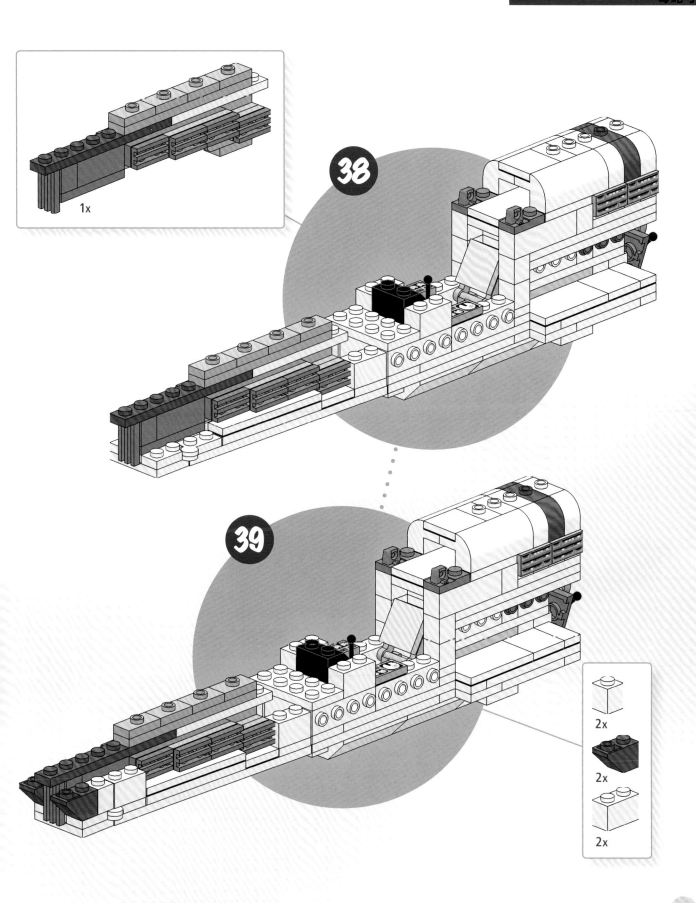

1x

38

39

2x

2x

2x

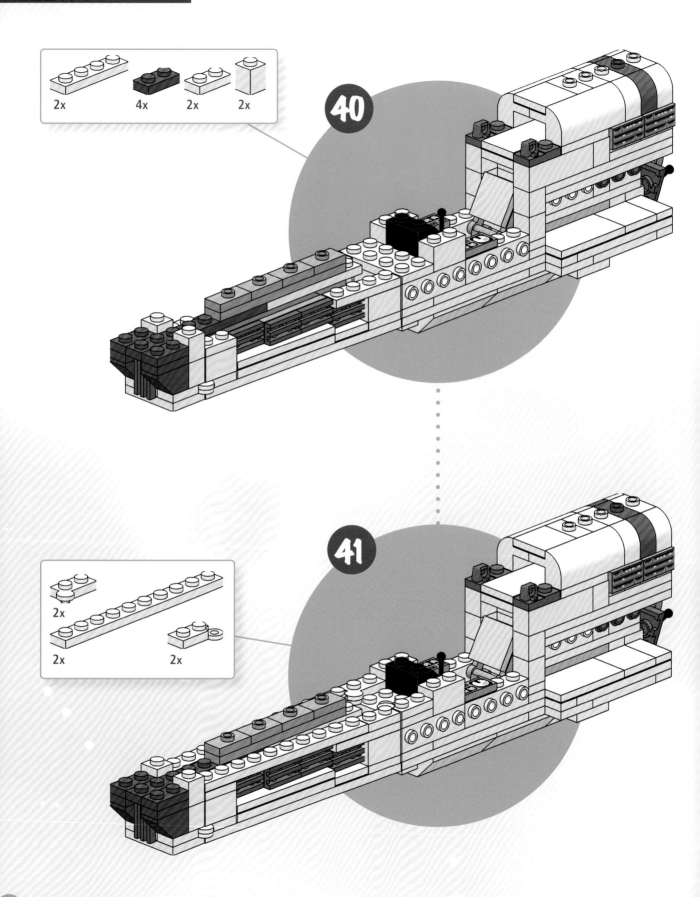

40

2x 4x 2x 2x

41

2x
2x 2x

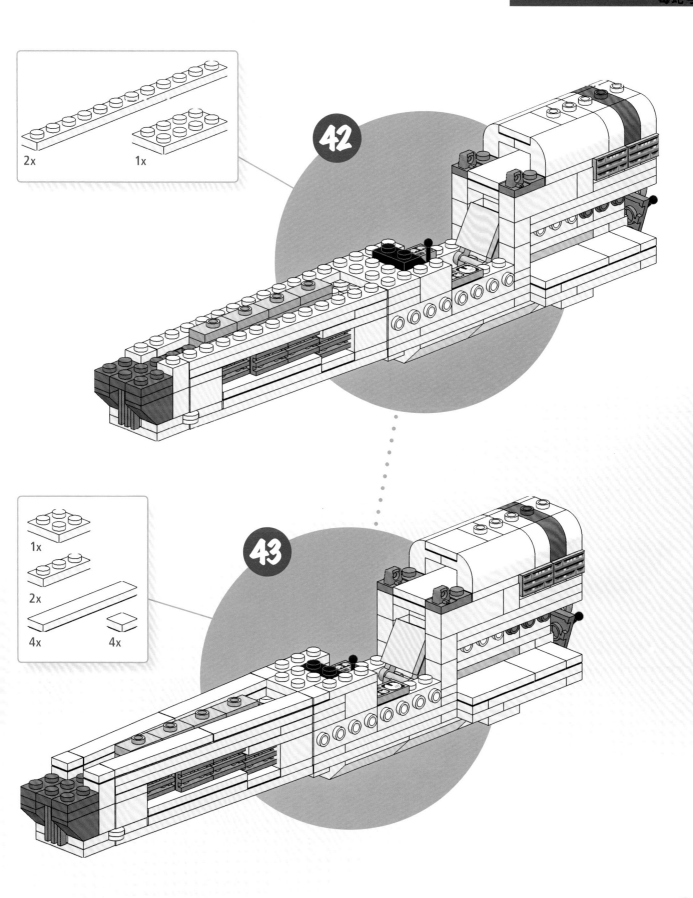

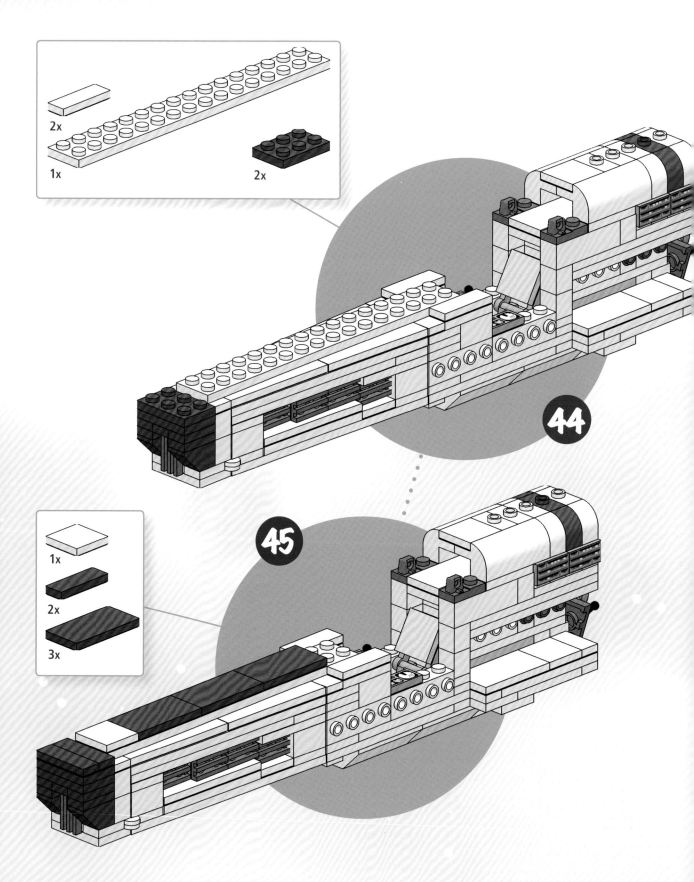

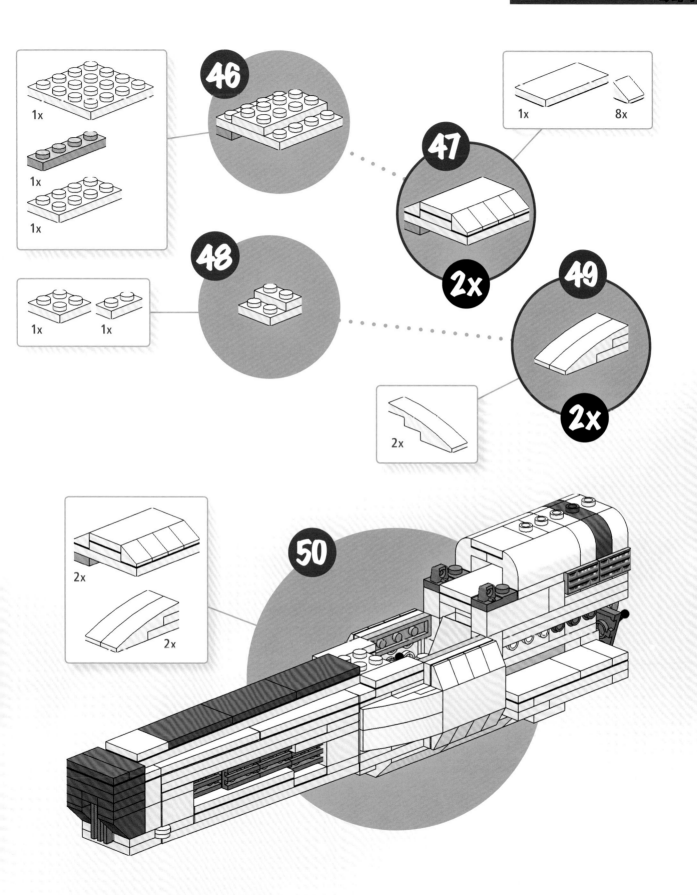

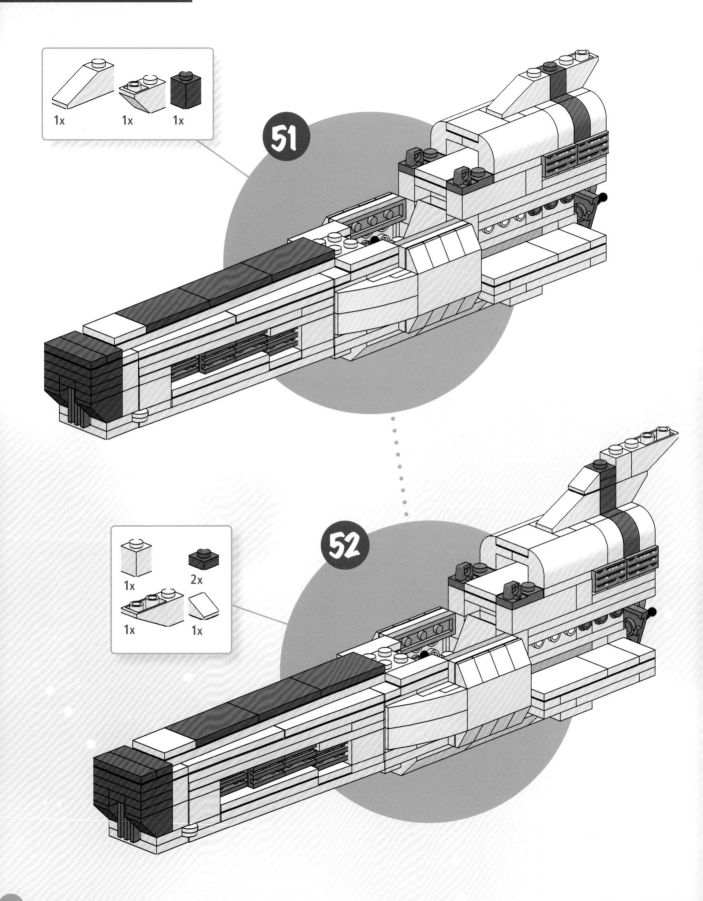

51

1x   1x   1x

52

1x   2x

1x   1x

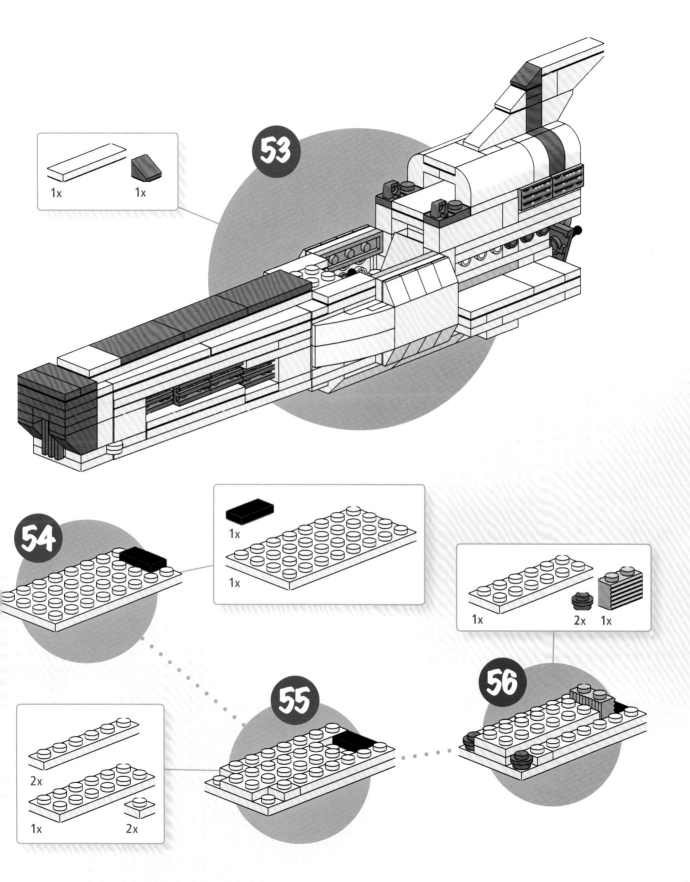

1x 1x

53

54

1x

1x

1x 2x 1x

56

2x

1x 2x

55

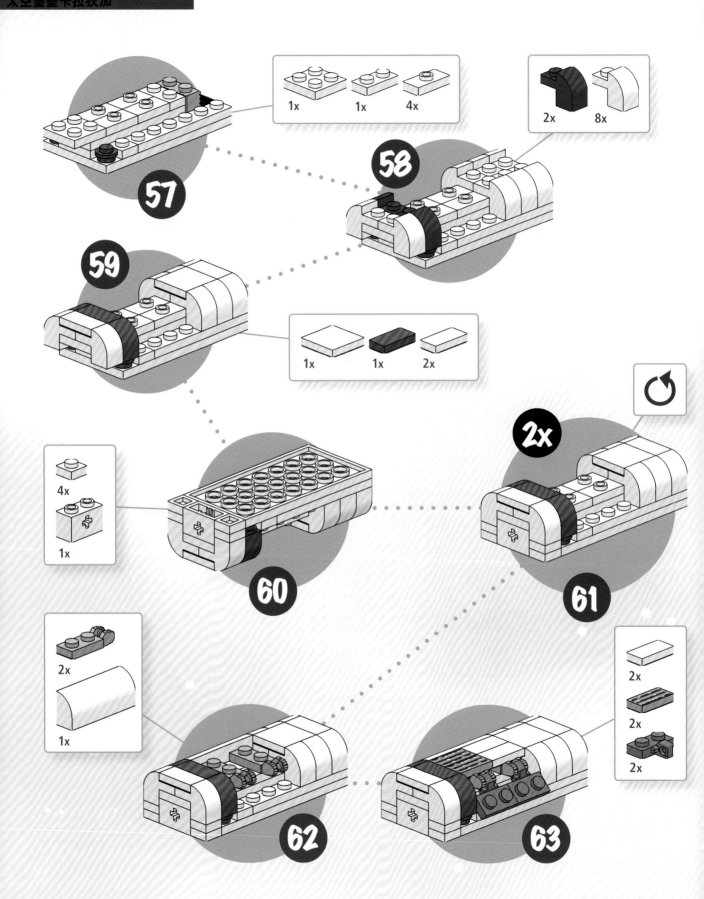

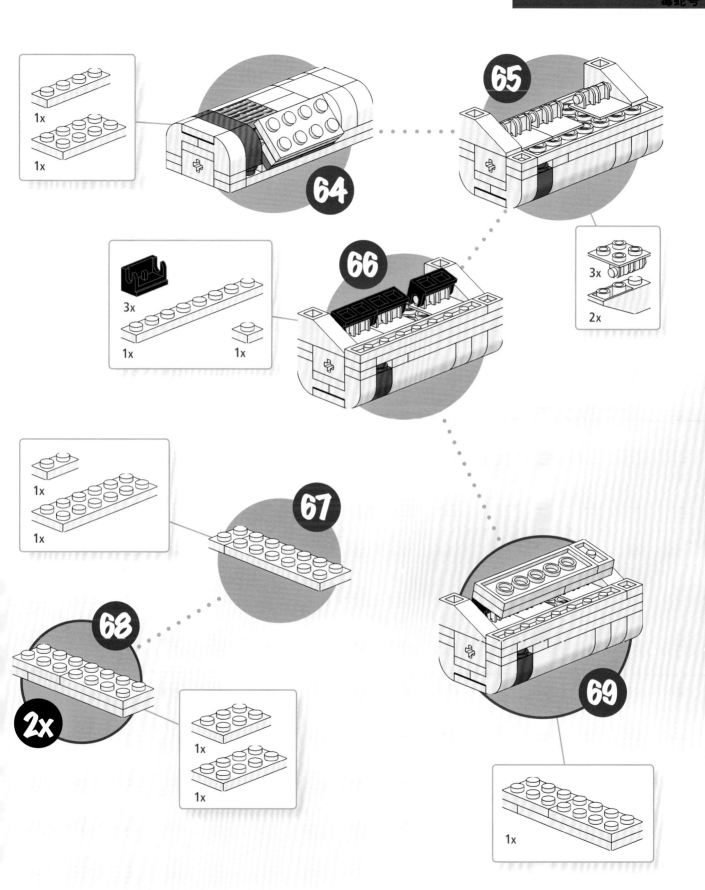

1x
1x

64

65

3x
2x

66

3x
1x   1x

67

1x
1x

68

2x

1x
1x

69

1x

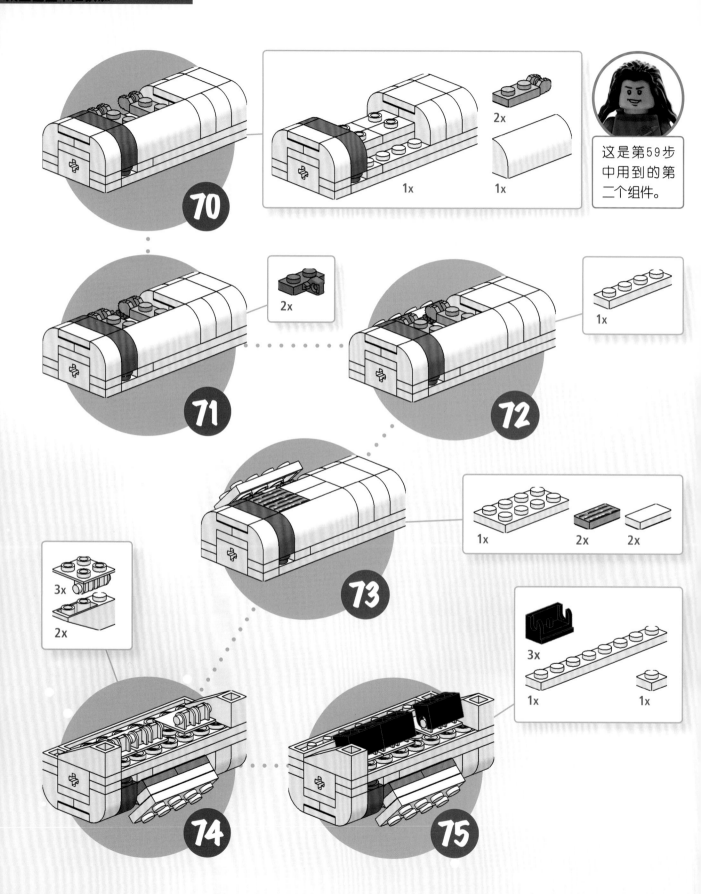

这是第59步
中用到的第
二个组件。

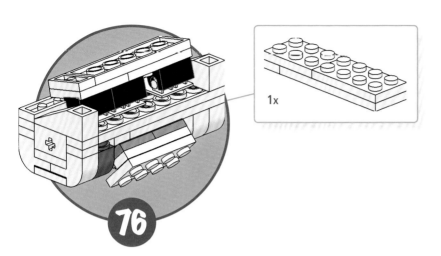

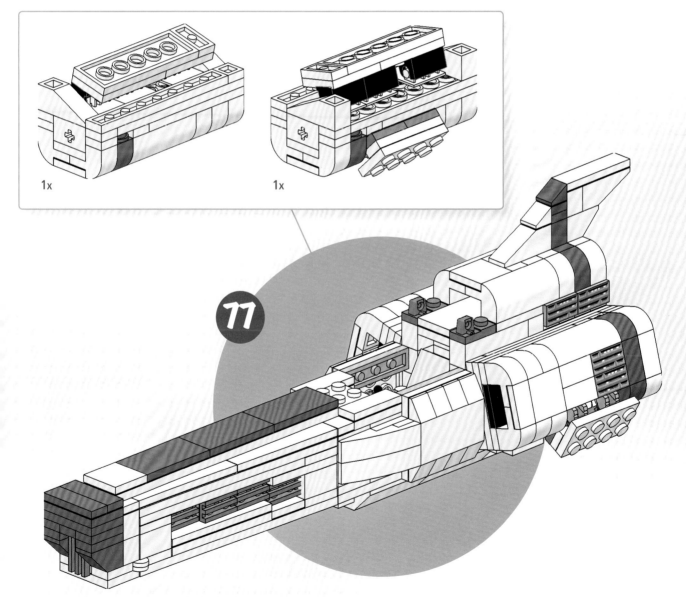

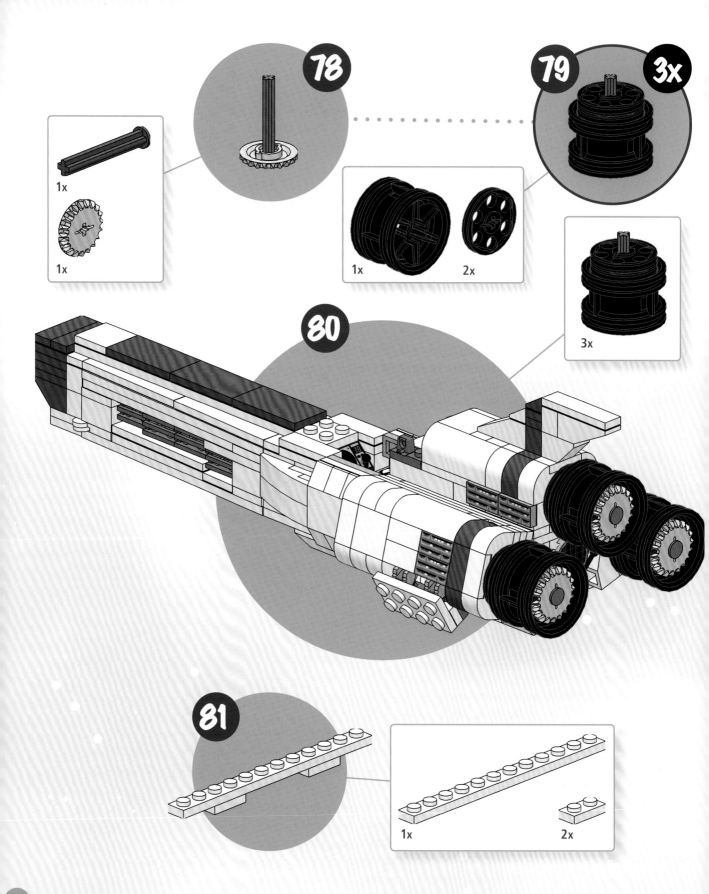

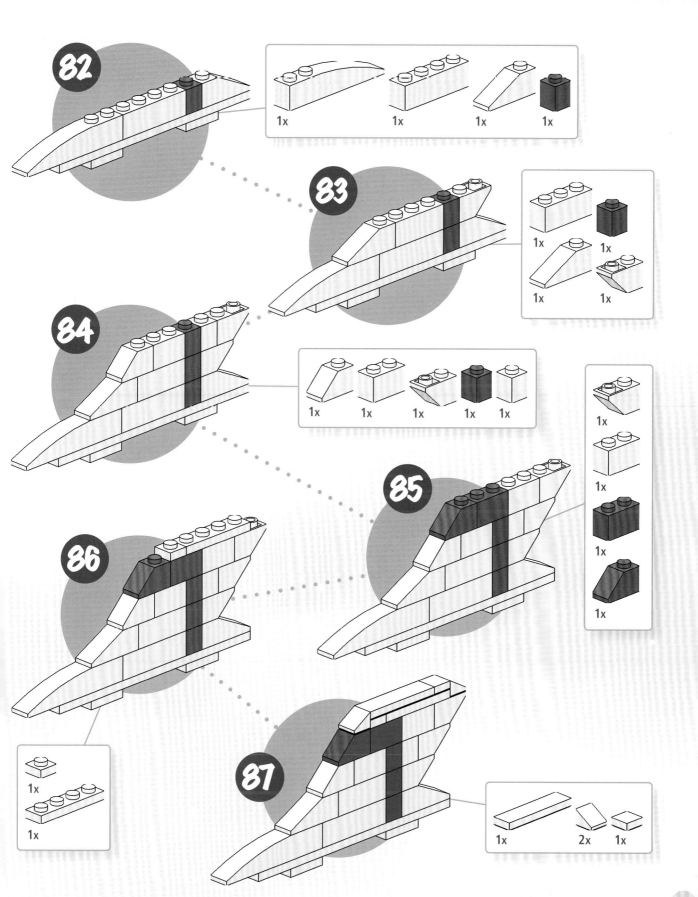

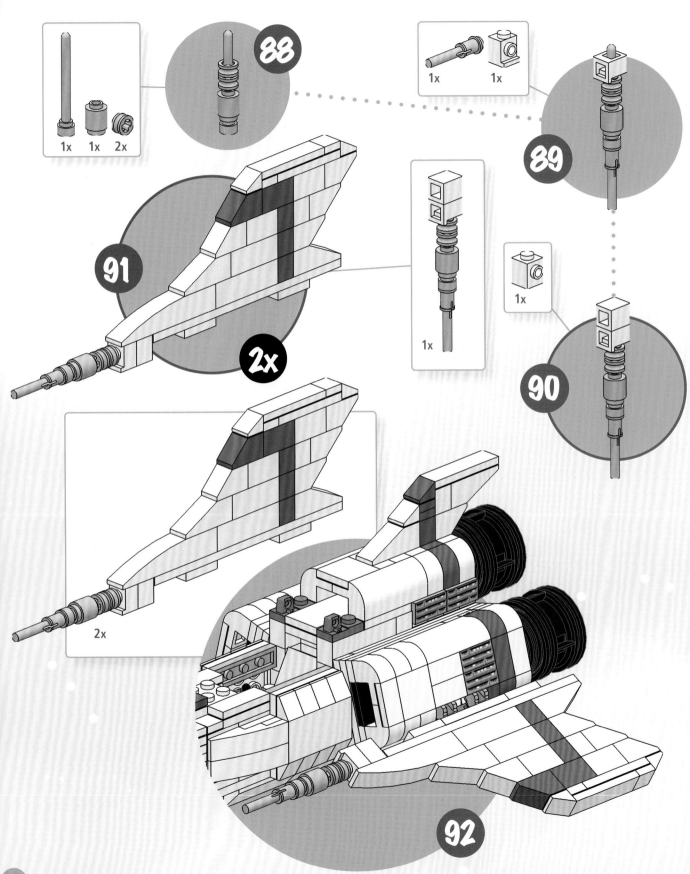

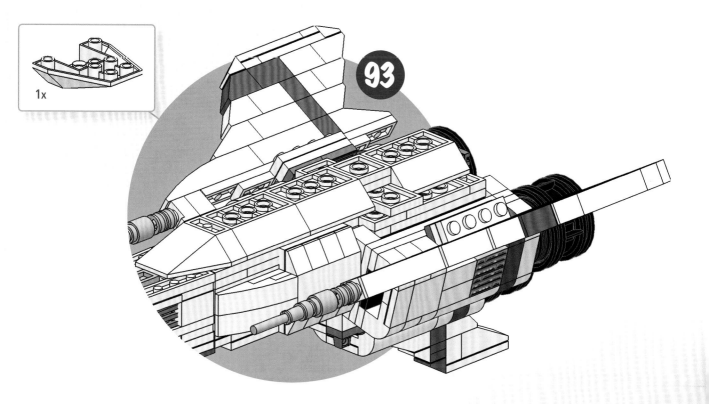

93

1x

94

1x

1x

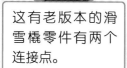

这有老版本的滑雪橇零件有两个连接点。

95

2x

1x

1x   1x

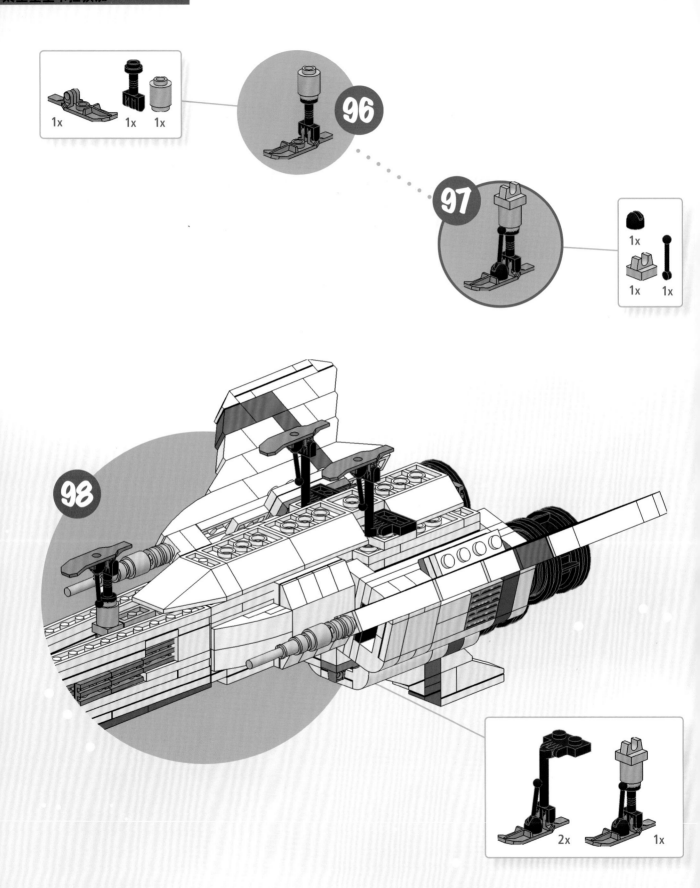

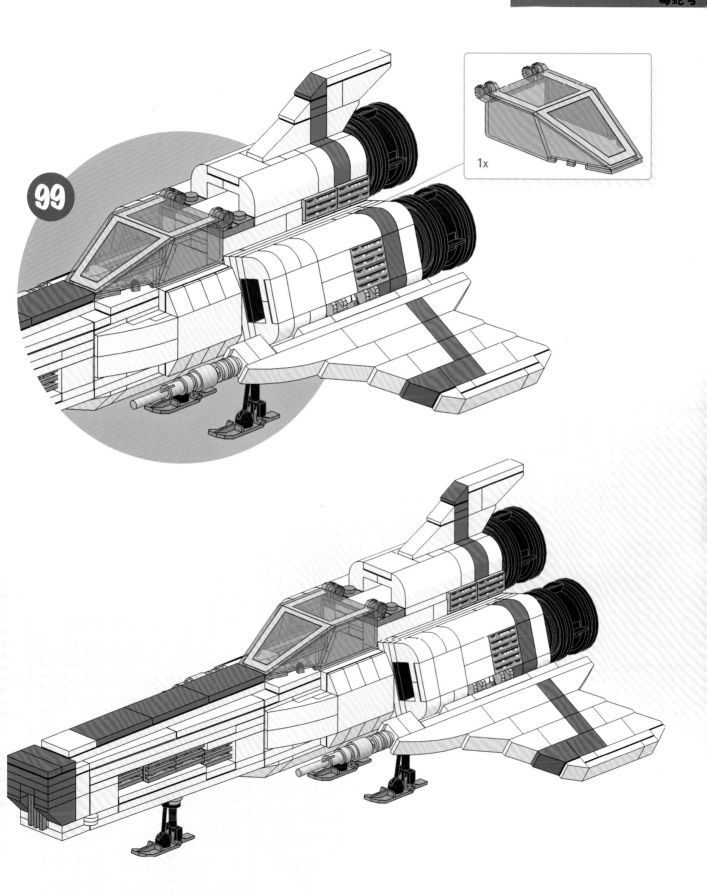

零件清单

 8x

 6x

 2x

 2x

 20x

 1x

 10x

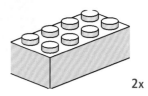 2x

 7x

 2x

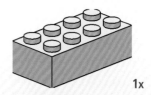 1x

 13x

 1x

 4x

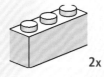 2x

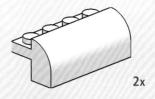 2x

 10x

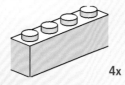 4x

 6x

 1x

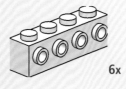 6x

 6x

 2x

 2x

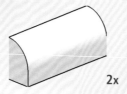 2x

 2x

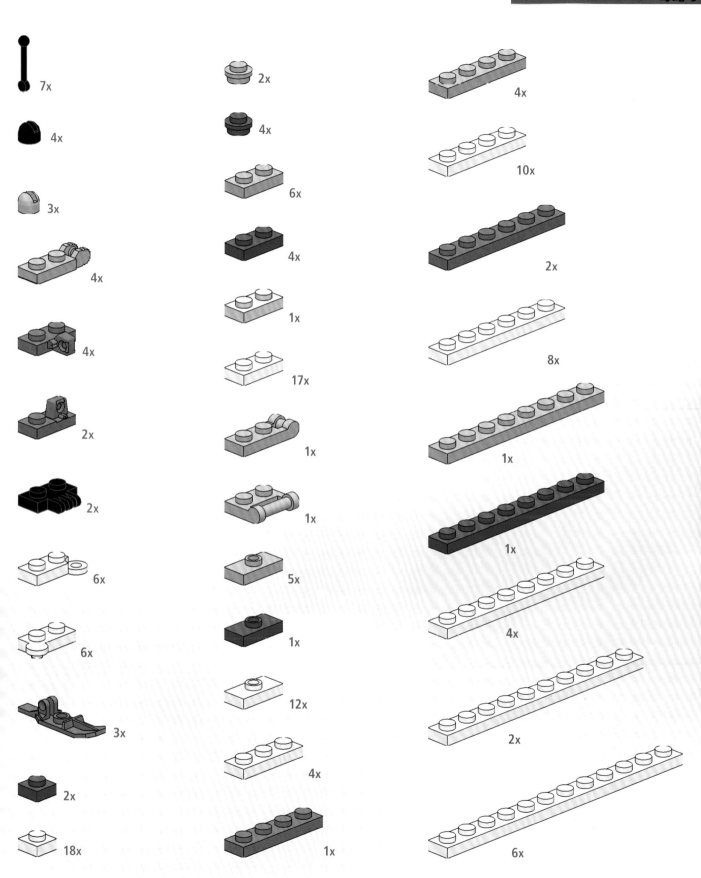

7x
4x
3x
4x
4x
2x
2x
6x
6x
3x
2x
18x

2x
4x
6x
4x
1x
17x
1x
1x
5x
1x
12x
4x
1x

4x
10x
2x
8x
1x
1x
4x
2x
6x

1x

1x

9x

2x

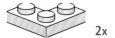
2x

4x

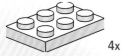
1x

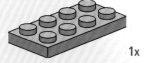
8x

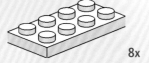
11x

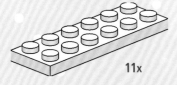
4x

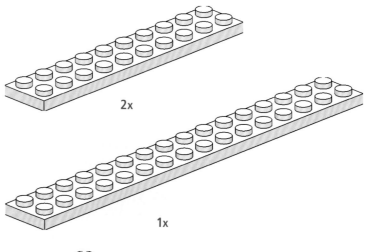
2x

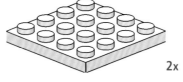
1x

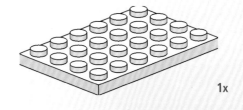
2x

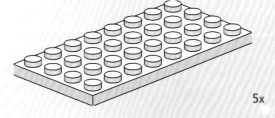
1x

5x

1x

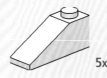
21x

5x

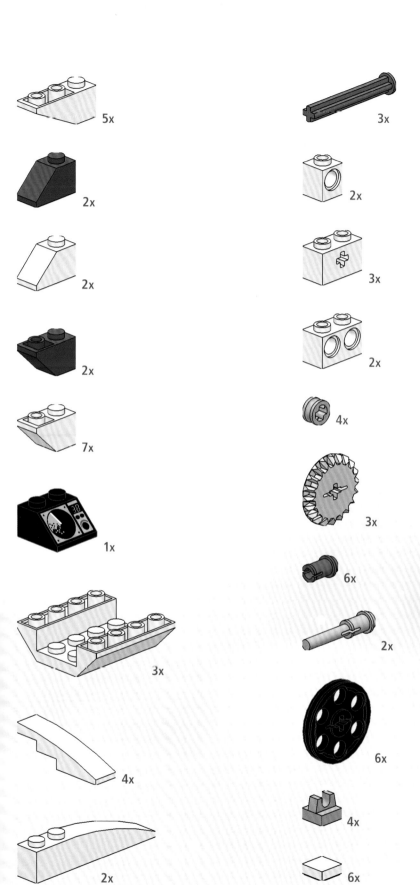

5x

3x

2x

2x

2x

2x

3x

2x

7x

2x

4x

1x

3x

6x

3x

2x

4x

6x

4x

2x

6x

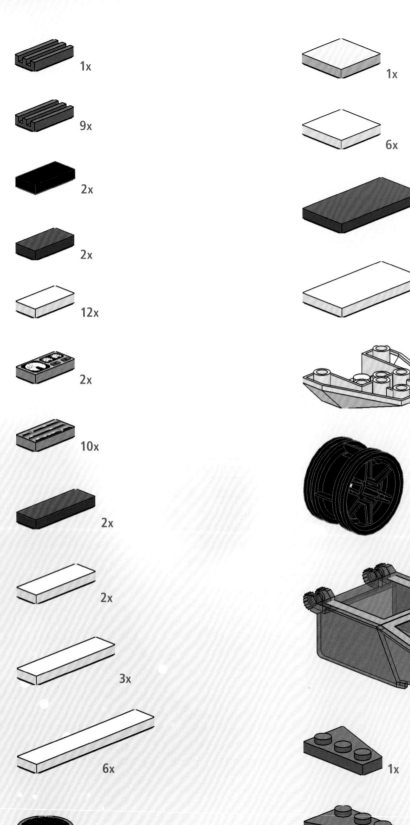

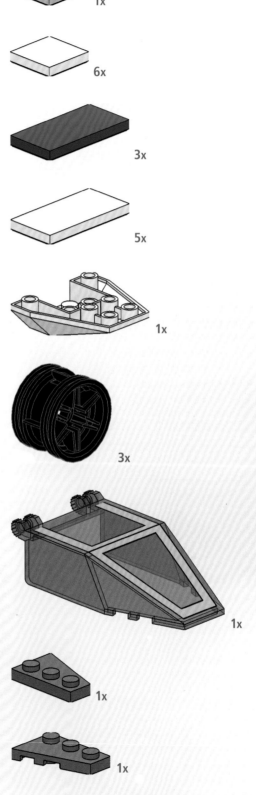

1x

9x

2x

2x

12x

2x

10x

2x

2x

3x

6x

1x

1x

6x

3x

5x

1x

3x

1x

1x

1x

数量	颜色	零件编号	零件名称
2	浅蓝灰	3957	Antenna 4l l
1	白	44728	Bracket 1 x 2 – 2 x 2
7	红	3005	Brick 1 x 1
13	白	3005	Brick 1 x 1
4	浅蓝灰	3062b	Brick 1 x 1 Round with Hollow Stud
10	白	4070	Brick 1 x 1 with Headlight
1	深蓝灰	87087	Brick 1 x 1 with Stud on 1 Side
2	白	87087	Brick 1 x 1 with Stud on 1 Side
8	浅蓝灰	47905	Brick 1 x 1 with Studs on Two Opposite Sides
2	红	3004	Brick 1 x 2
10	白	3004	Brick 1 x 2
2	浅蓝灰	2877	Brick 1 x 2 with Grille
1	深蓝灰	3622	Brick 1 x 3
2	白	3622	Brick 1 x 3
4	白	3010	Brick 1 x 4
6	白	30414	Brick 1 x 4 with Studs on Side
2	白	6191	Brick 1 x 4 x 1 & 1/3 with Curved Top
6	红	6091	Brick 2 x 1 x 1 & 1/3 with Curved Top
20	白	6091	Brick 2 x 1 x 1 & 1/3 with Curved Top
2	白	3001	Brick 2 x 4
1	黄	3001	Brick 2 x 4
2	白	6081	Brick 2 x 4 x 1 & 1/3 with Curved Top
6	黑	3937	Hinge 1 x 2 Base
6	白	6134	Hinge 2 x 2 Top
2	黑	2433	Hinge Bar 2 with 3 Fingers and Top Stud
2	黑	2923	Hinge Bar 2.5 with 2 and 3 Fingers on Ends
7	黑	4593	Hinge Control Stick
4	黑	4592	Hinge Control Stick Base
3	浅蓝灰	4592	Hinge Control Stick Base
4	浅蓝灰	44302	Hinge Plate 1 x 2 Locking with Dual Finger on End Vertical
4	深蓝灰	44567	Hinge Plate 1 x 2 Locking with Single Finger On Side Vertical
2	深蓝灰	30383	Hinge Plate 1 x 2 Locking with Single Finger On Top
2	黑	2452	Hinge Plate 1 x 2 with 3 Fingers On Side
6	白	2429	Hinge Plate 1 x 4 Base
6	白	2430	Hinge Plate 1 x 4 Top
3	深蓝灰	6120	Minifig Ski 4L with Hinge
2	红	3024	Plate 1 x 1
18	白	3024	Plate 1 x 1
2	浅蓝灰	4073	Plate 1 x 1 Round
4	红	4073	Plate 1 x 1 Round
6	浅蓝灰	3023	Plate 1 x 2

续表

数量	颜色	零件编号	零件名称
4	红	3023	Plate 1 x 2
1	米	3023	Plate 1 x 2
17	白	3023	Plate 1 x 2
1	浅蓝灰	60478	Plate 1 x 2 with Handle on End
1	浅蓝灰	48336	Plate 1 x 2 with Handle Type 2
5	浅蓝灰	3794a	Plate 1 x 2 without Groove with 1 Centre Stud
1	红	3794a	Plate 1 x 2 without Groove with 1 Centre Stud
12	白	3794a	Plate 1 x 2 without Groove with 1 Centre Stud
4	白	3623	Plate 1 x 3
1	深蓝灰	3710	Plate 1 x 4
4	浅蓝灰	3710	Plate 1 x 4
10	白	3710	Plate 1 x 4
2	深蓝灰	3666	Plate 1 x 6
8	白	3666	Plate 1 x 6
1	浅蓝灰	3460	Plate 1 x 8
1	红	3460	Plate 1 x 8
4	白	3460	Plate 1 x 8
2	白	4477	Plate 1 x 10
6	白	60479	Plate 1 x 12
1	浅蓝灰	3022	Plate 2 x 2
1	米	3022	Plate 2 x 2
9	白	3022	Plate 2 x 2
2	白	2420	Plate 2 x 2 Corner
2	红	3021	Plate 2 x 3
4	白色	3021	Plate 2 x 3
1	浅蓝灰	3020	Plate 2 x 4
8	白	3020	Plate 2 x 4
11	白	3795	Plate 2 x 6
4	白	3034	Plate 2 x 8
2	白	3832	Plate 2 x 10
1	白	4282	Plate 2 x 16
2	白	3031	Plate 4 x 4
1	白	3032	Plate 4 x 6
5	白	3035	Plate 4 x 8
1	红	50746	Slope Brick 31 1 x 1 x 2/3
21	白	54200	Slope Brick 31 1 x 1 x 2/3
5	白	4286	Slope Brick 33 3 x 1
5	白	4287	Slope Brick 33 3 x 1 Inverted
2	红	3040b	Slope Brick 45 2 x 1
2	白	3040b	Slope Brick 45 2 x 1
2	红	3665	Slope Brick 45 2 x 1 Inverted

续表

数量		颜色	零件编号	零件名称
7		白	3665	Slope Brick 45 2 x 1 Inverted
1	■	黑	3039pc6	Slope Brick 45 2 x 2 with Radar Screen Pattern
3		白	4854	Slope Brick 45 4 x 4 Double Inverted with Open Center
4		白	61678	Slope Brick Curved 4 x 1
2		白	42022	Slope Brick Curved 6 x 1
3		深蓝灰	87083	Technic Axle 4 with Stop
2		白	6541	Technic Brick 1 x 1 with Hole
3		白	32064a	Technic Brick 1 x 2 with Axlehole
2		白	32000	Technic Brick 1 x 2 with Holes
4		浅蓝灰	32123a	Technic Bush 1/2 Smooth
3		米	32198	Technic Gear 20 Tooth Bevel
6		蓝	4274	Technic Pin 1/2
2		浅蓝灰	61184	Technic Pin 1/2 with Bar 2L
6	■	黑	4185	Technic Wedge Belt Wheel
4		浅蓝灰	2555	Tile 1 x 1 with Clip
6		白	30039	Tile 1 x 1 with Groove
1		深蓝灰	30244	Tile 1 x 2 Grille with Groove
9		深蓝灰	2412b	Tile 1 x 2 Grille with Groove
2	■	黑	3069b	Tile 1 x 2 with Groove
2		红	3069b	Tile 1 x 2 with Groove
12		白	3069b	Tile 1 x 2 with Groove
2		浅蓝灰	3069bpc3	Tile 1 x 2 with 红 „82" and 黄色 and 白色 Gauges Pattern
10		浅蓝灰	3069bps1	Tile 1 x 2 with SW Computer Pattern
2		红	63864	Tile 1 x 3 with Groove
2		白	63864	Tile 1 x 3 with Groove
3		白	2431	Tile 1 x 4 with Groove
6		白	6636	Tile 1 x 6
1		浅蓝灰	4150ps4	Tile 2 x 2 Round with Star Wars Millennium Falcon Vent Pattern
1		米	3068b	Tile 2 x 2 with Groove
6		白	3068b	Tile 2 x 2 with Groove
3	■	红	87079	Tile 2 x 4 with Groove
5		白	87079	Tile 2 x 4 with Groove
1		白	4855	Wedge 4 x 4 Triple Inverted
3	■	黑	56145	Wheel Rim 20 x 30 with 6 Spokes and External Ribs
1	■	透明黑	30372p79	Windscreen 4 x 7 x 1 2/3 w/ SW Pattern
1		深蓝灰	43723	Wing 2 x 3 Left
1		深蓝灰	43722	Wing 2 x 3 Right

太空机甲

我们这个年轻的爱好者Tim在16岁时设计了这台机甲。

这也显示了不同乐高爱好者的年龄跨度。即使是一个成年资深乐高爱好者对这台机甲的复杂程度也非常赞赏。

Tim设计搭建

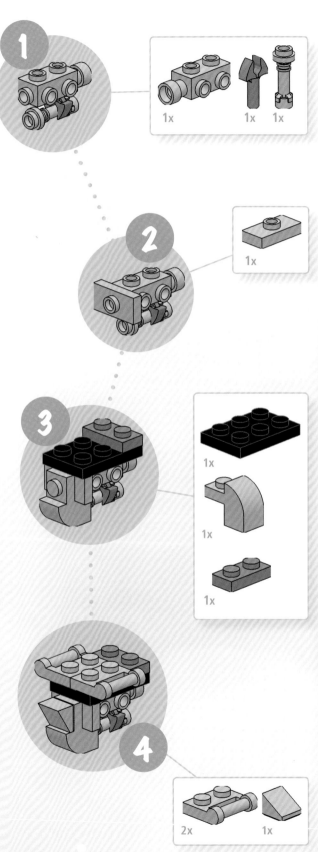

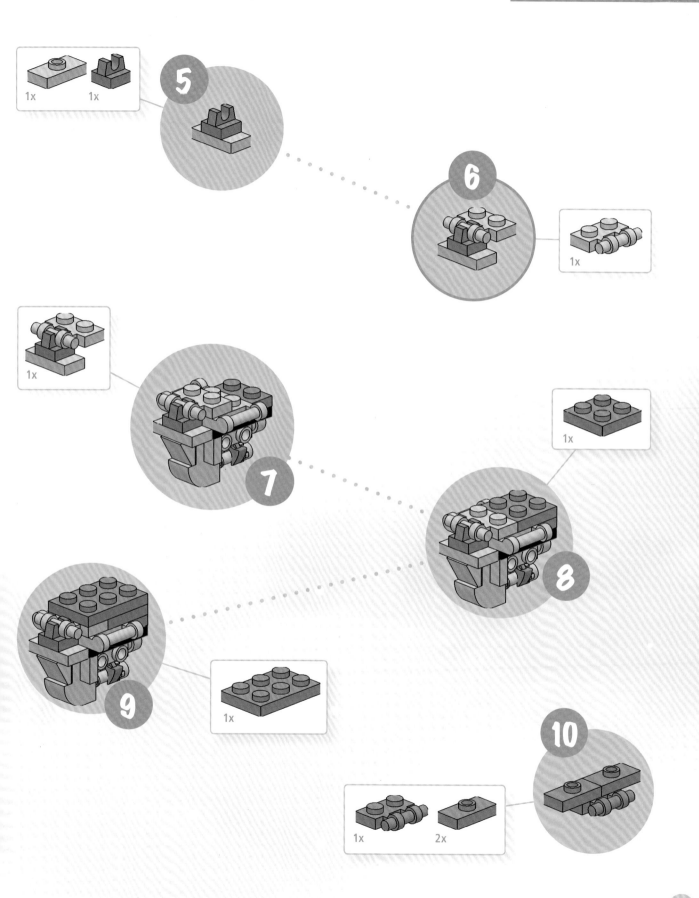

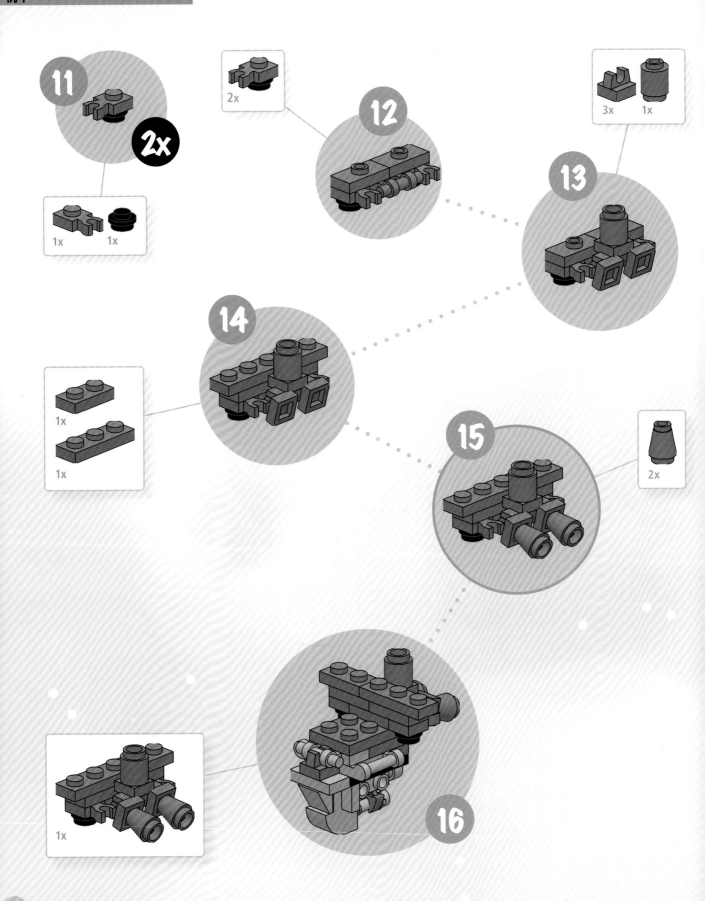

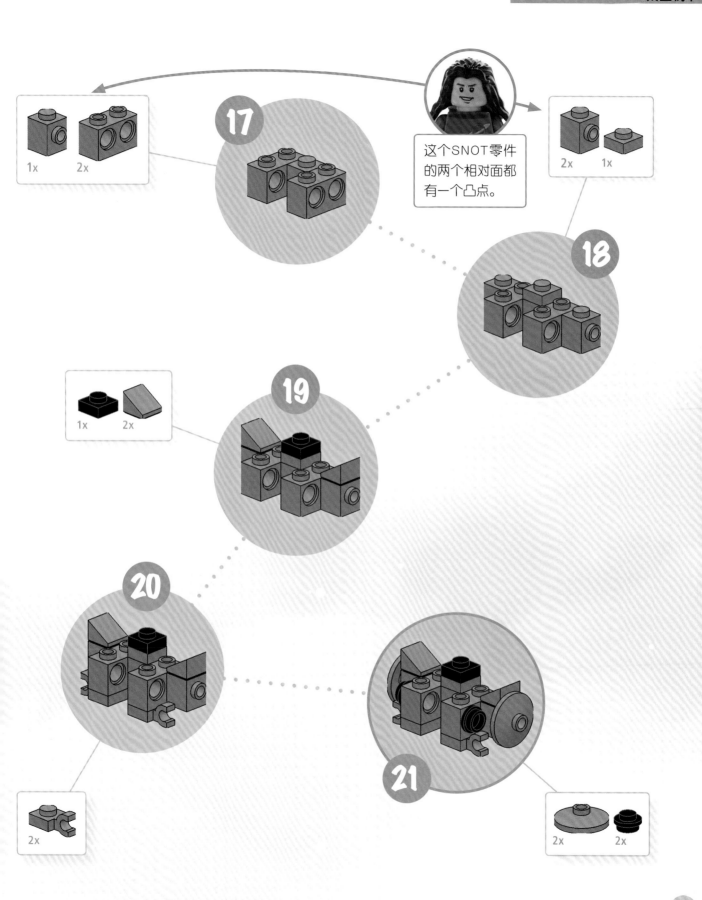

这个SNOT零件的两个相对面都有一个凸点。

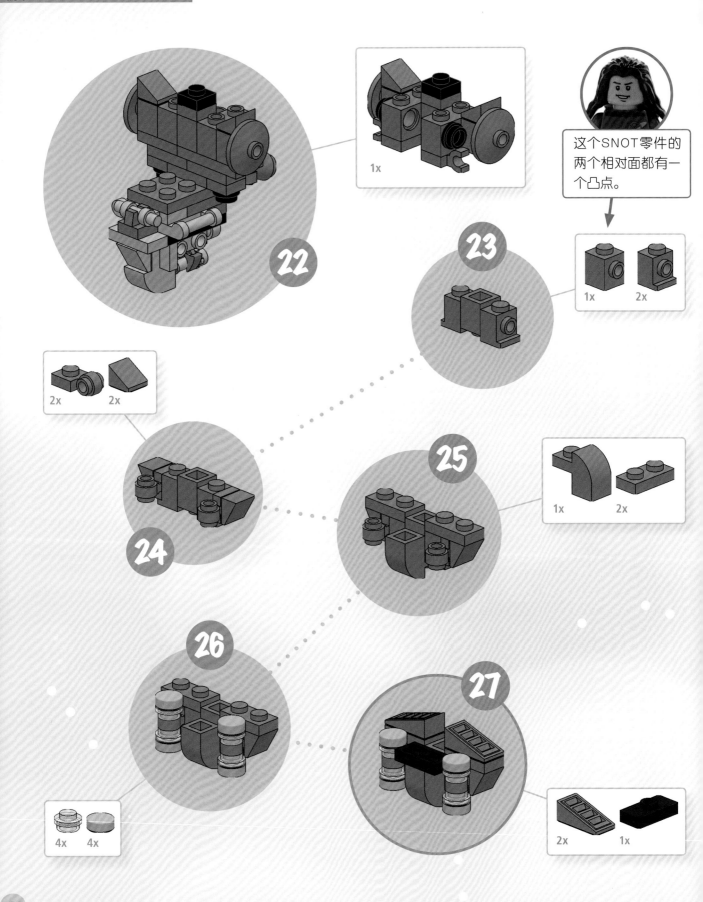

这个SNOT零件的两个相对面都有一个凸点。

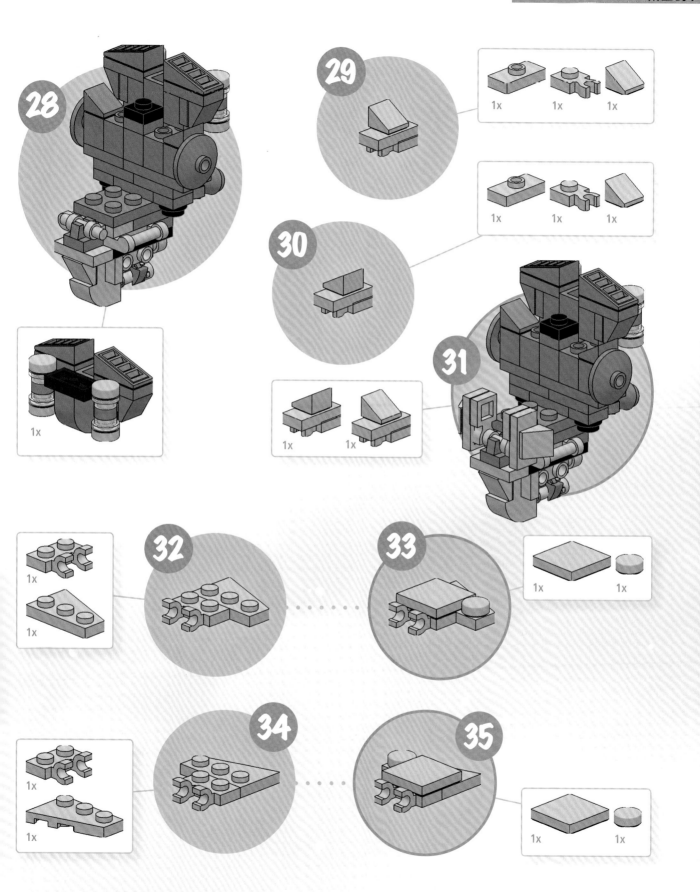

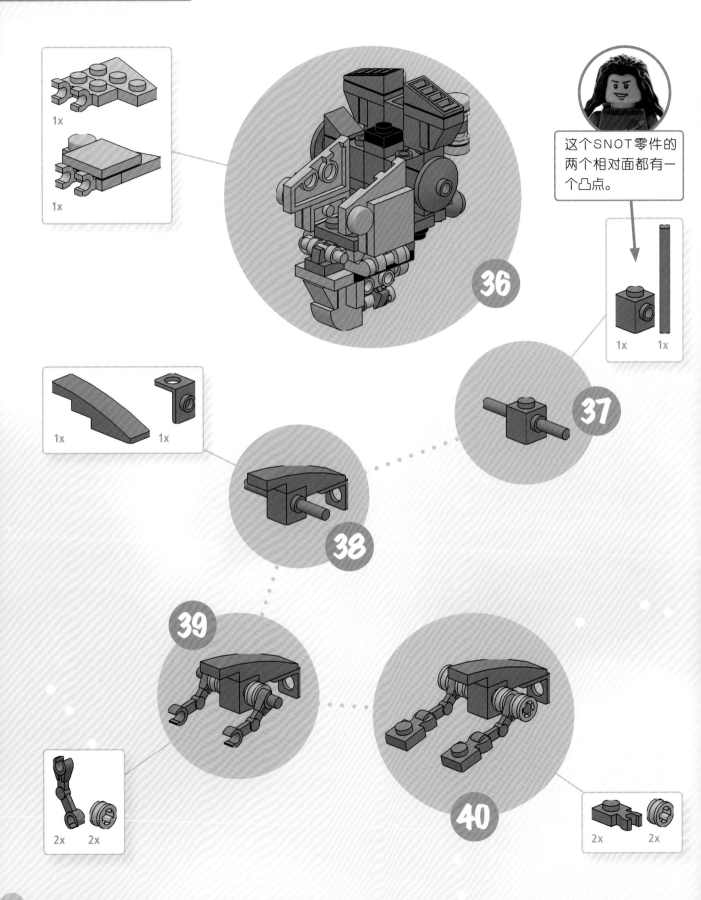

这个SNOT零件的
两个相对面都有一
个凸点。

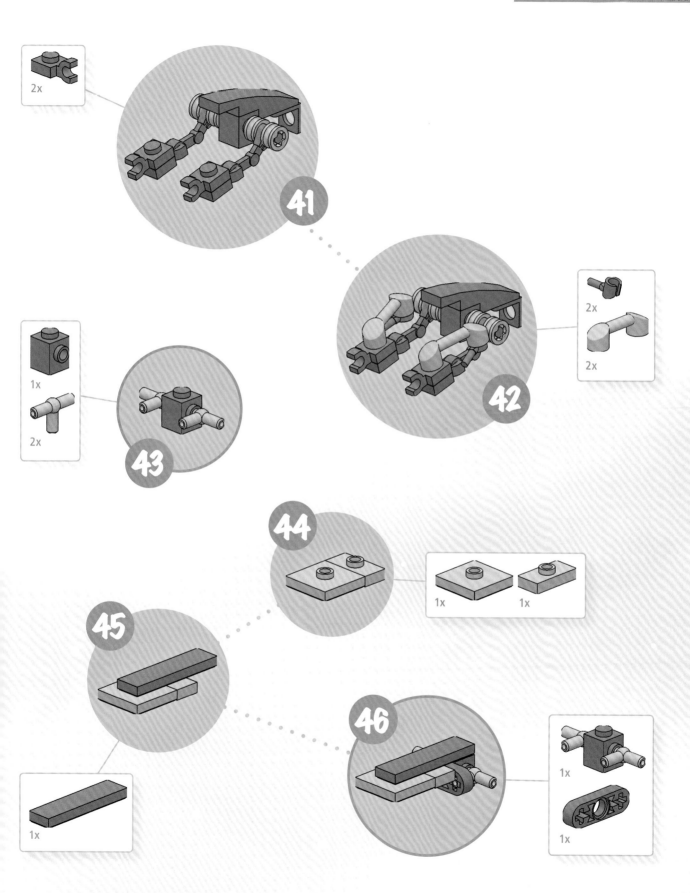

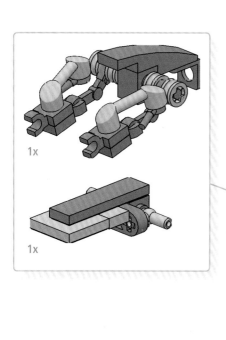

1x

1x

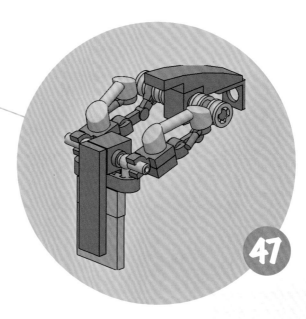

47

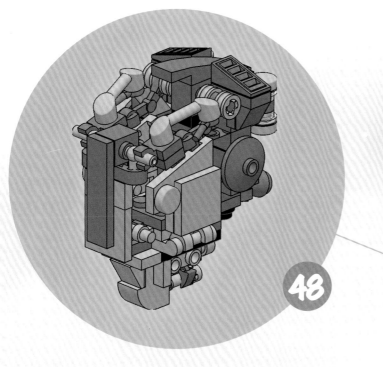

48

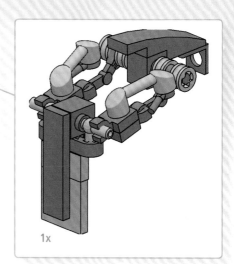

1x

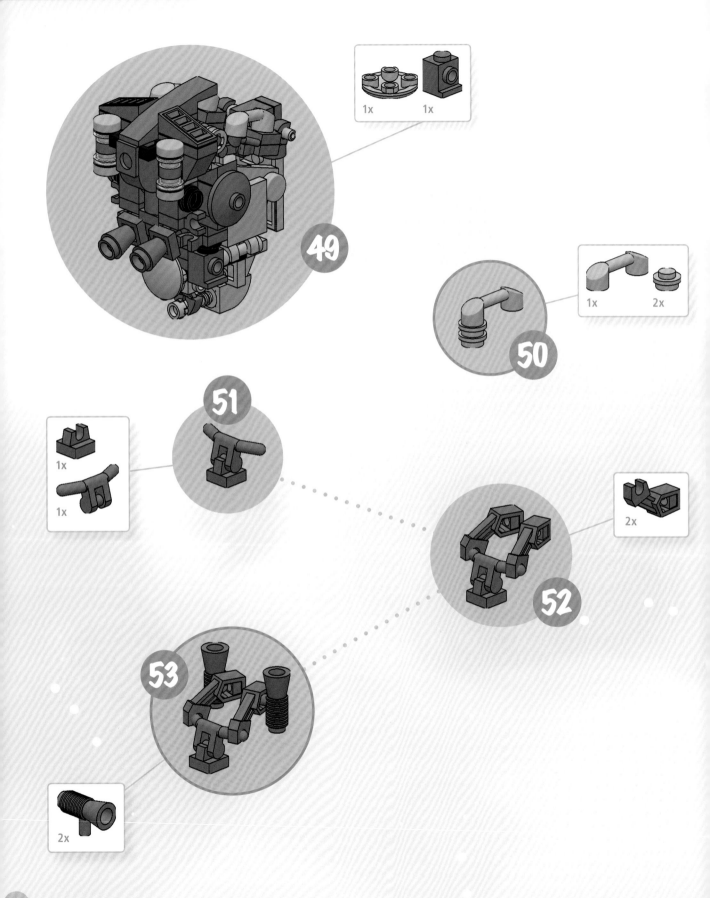

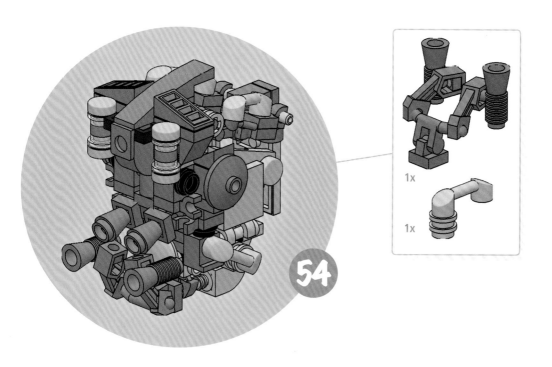

54

1x

1x

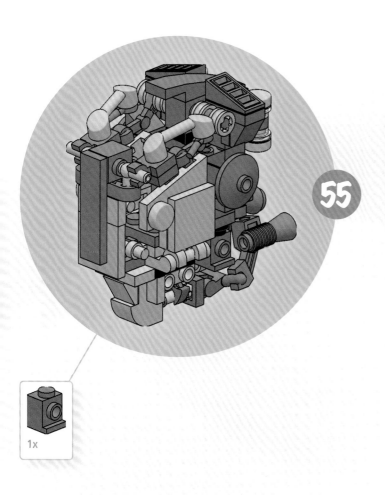

55

56

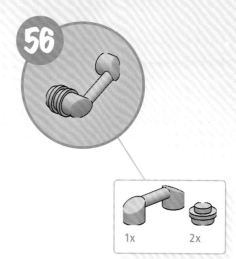

1x

1x　　2x

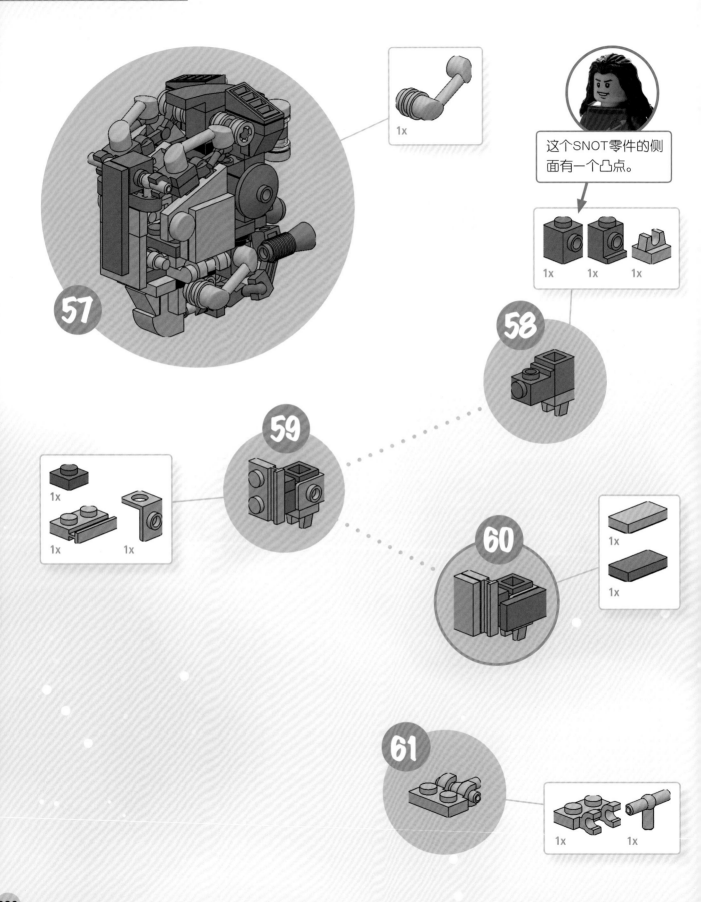

57

1x

这个SNOT零件的侧面有一个凸点。

1x 1x 1x

58

59

1x

1x 1x

60

1x

1x

61

1x 1x

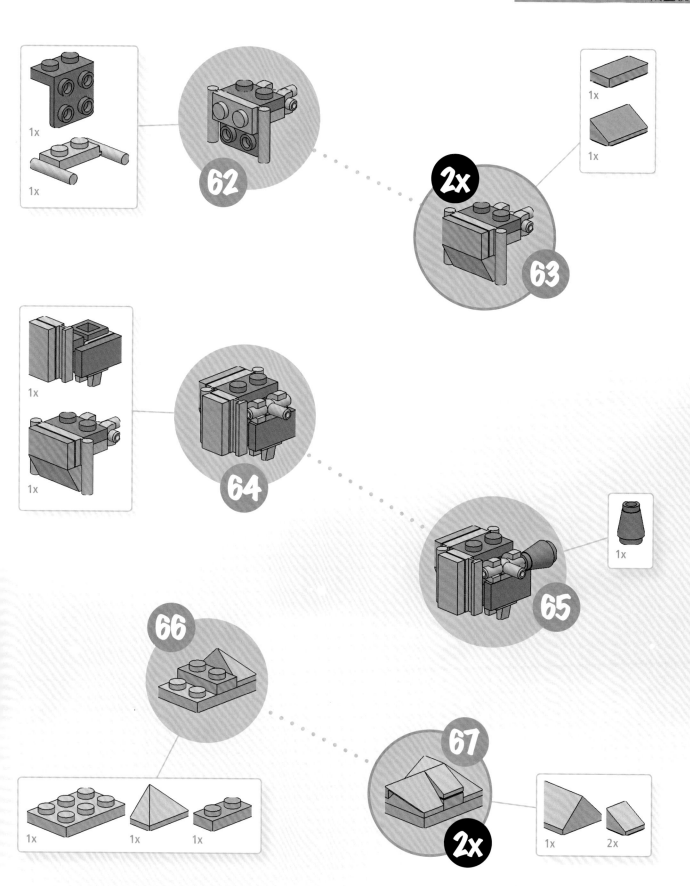

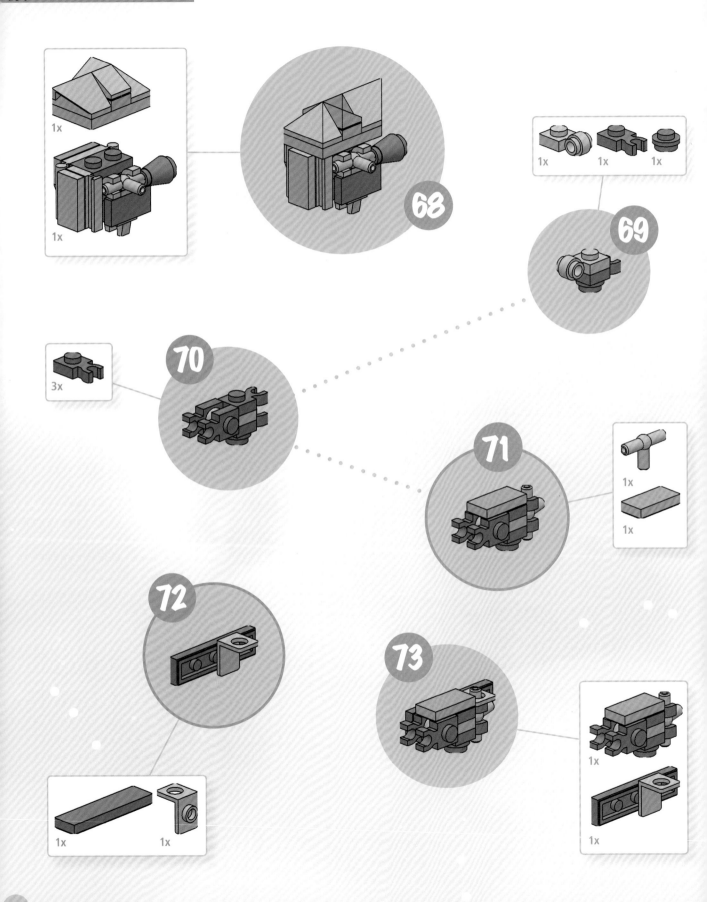

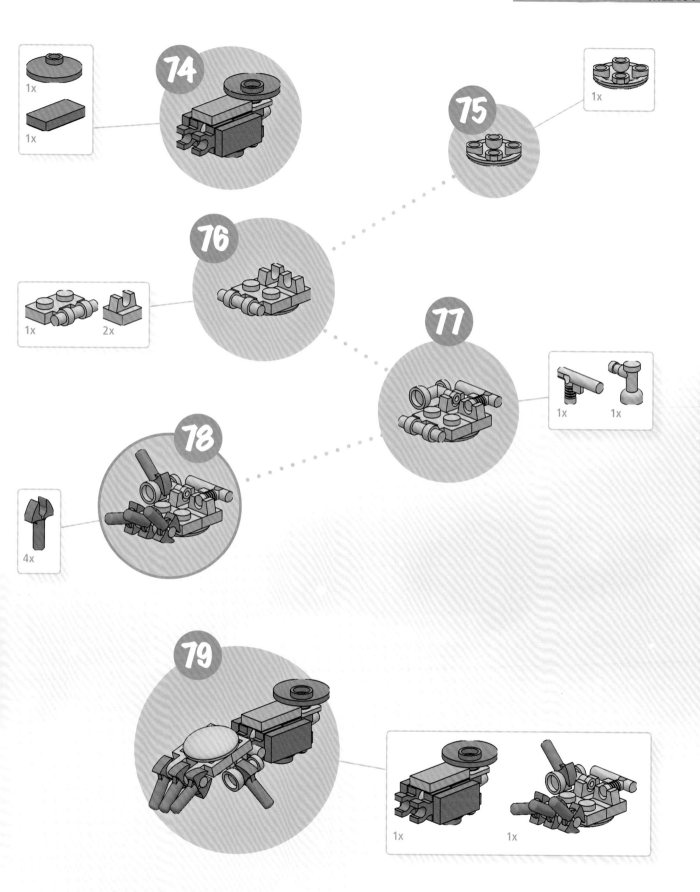

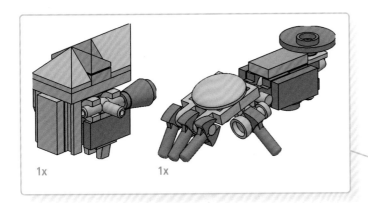

1x 1x

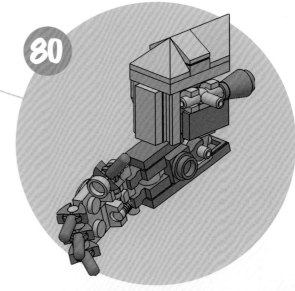

80

81

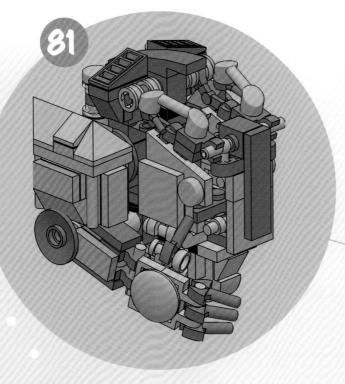

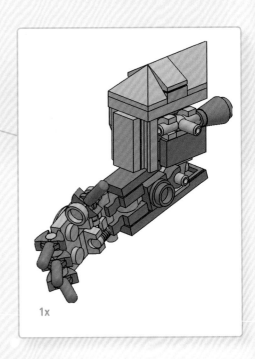

1x

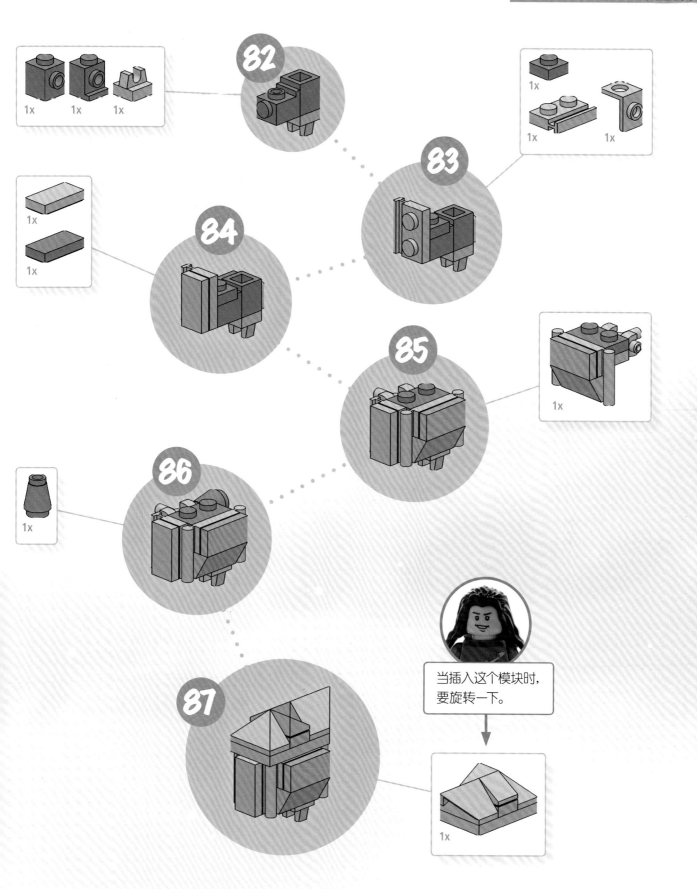

当插入这个模块时，
要旋转一下。

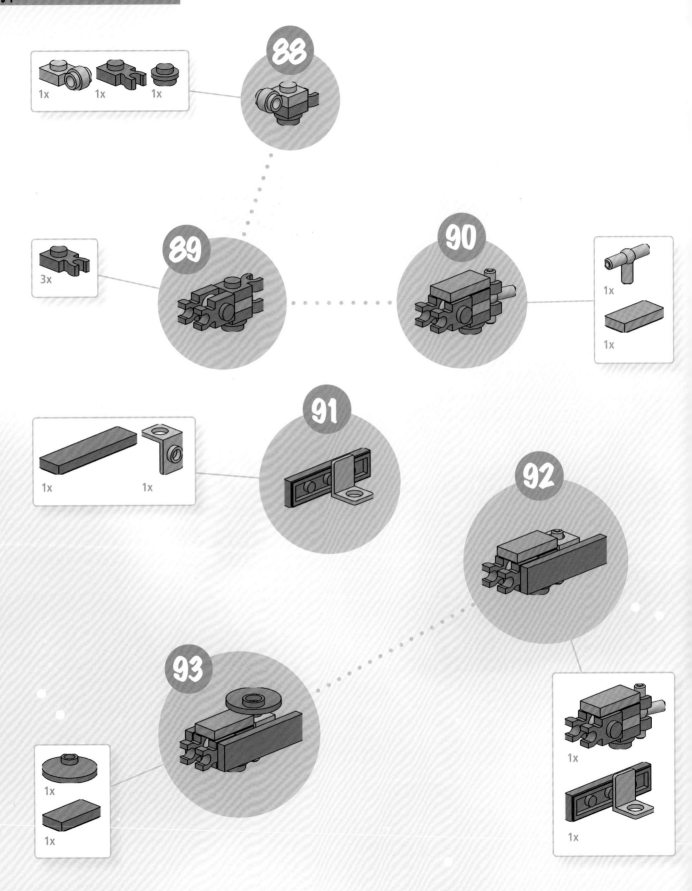

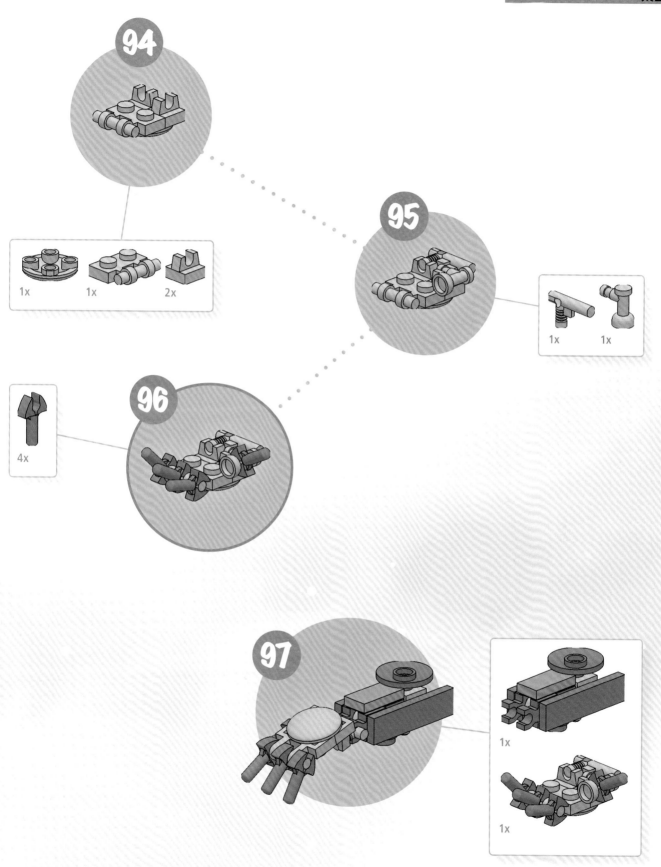

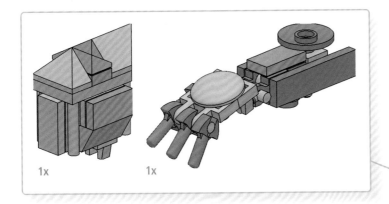

1x 1x

98

99

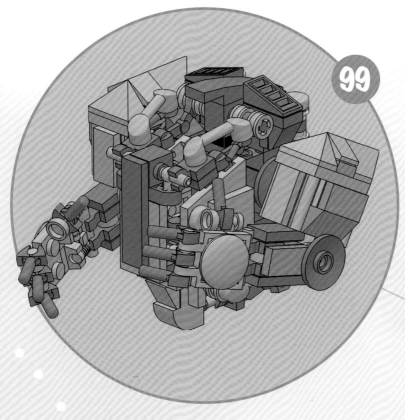

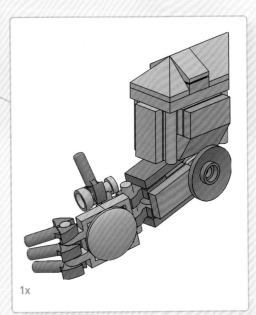

1x

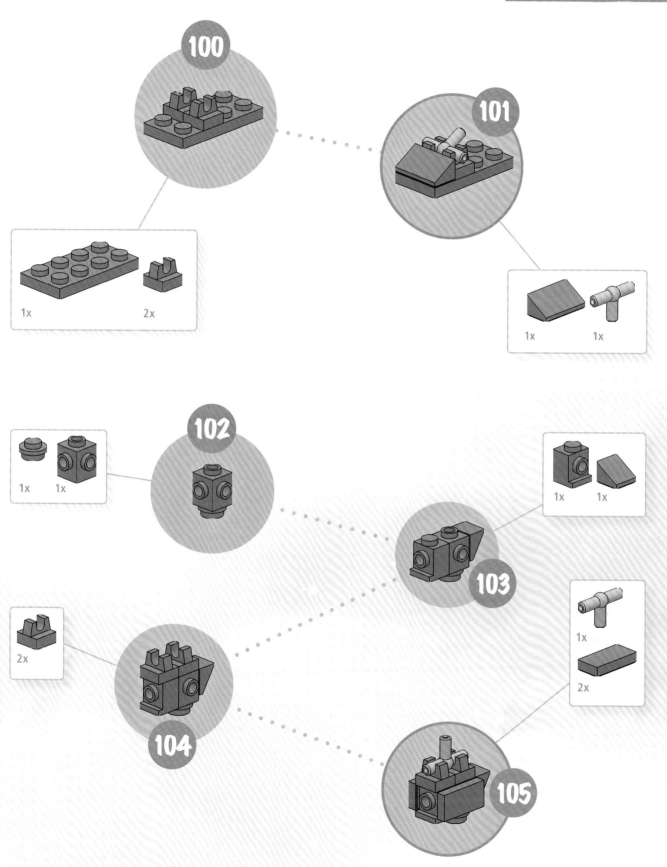

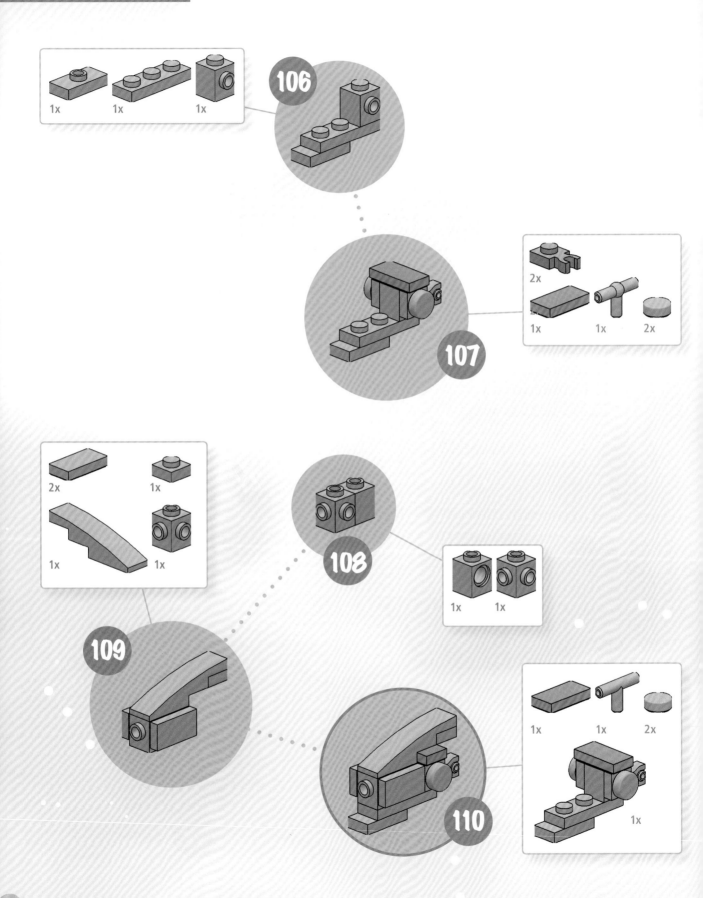

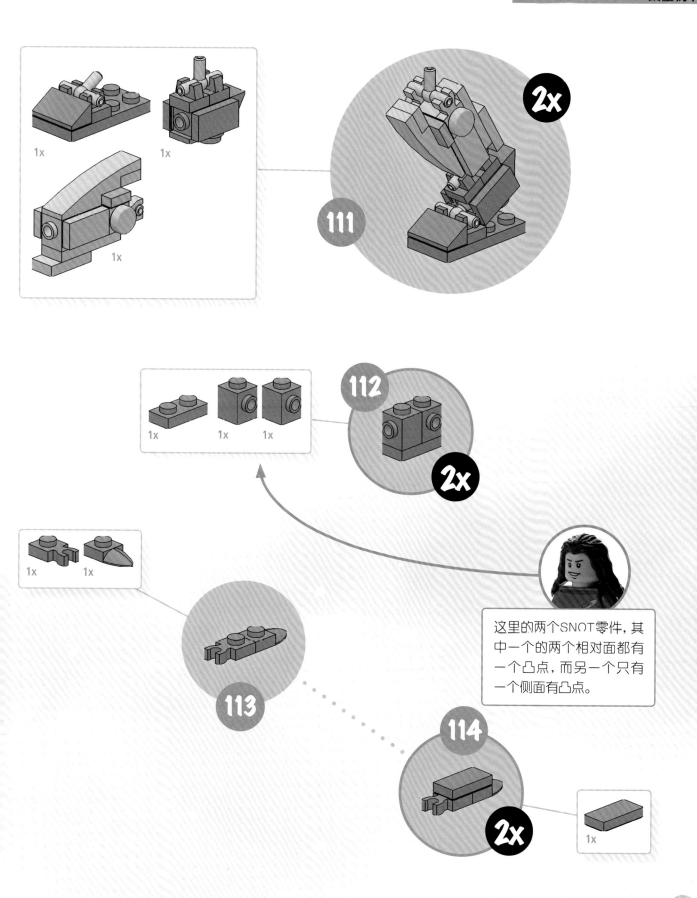

111

2x

1x

1x

1x

112

2x

1x

1x

1x

113

1x

1x

这里的两个SNOT零件，其
中一个的两个相对面都有
一个凸点，而另一个只有
一个侧面有凸点。

114

2x

1x

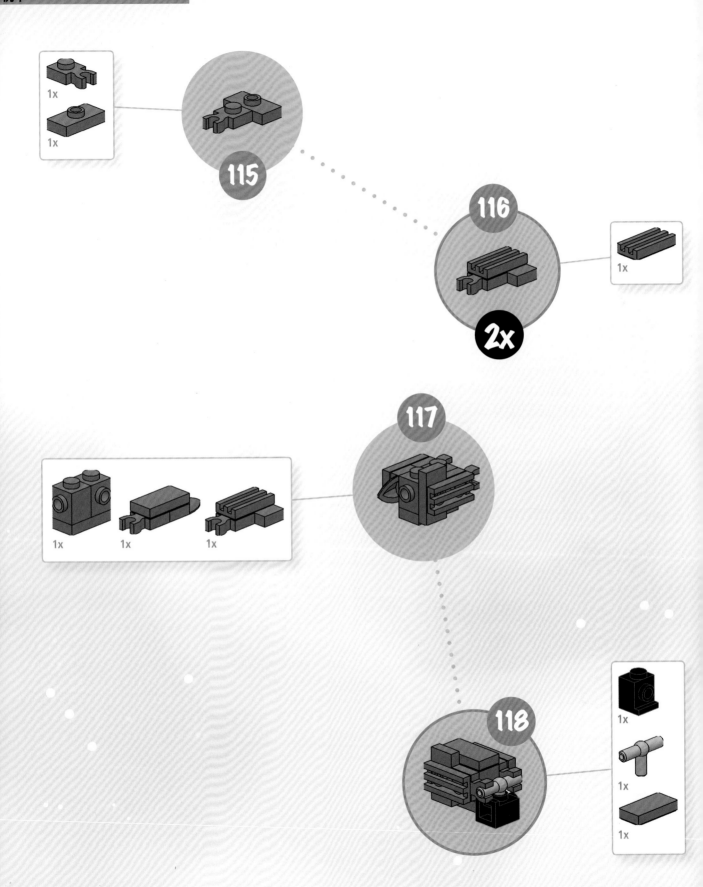

115

1x
1x

116

2x

1x

117

1x
1x
1x

118

1x
1x
1x

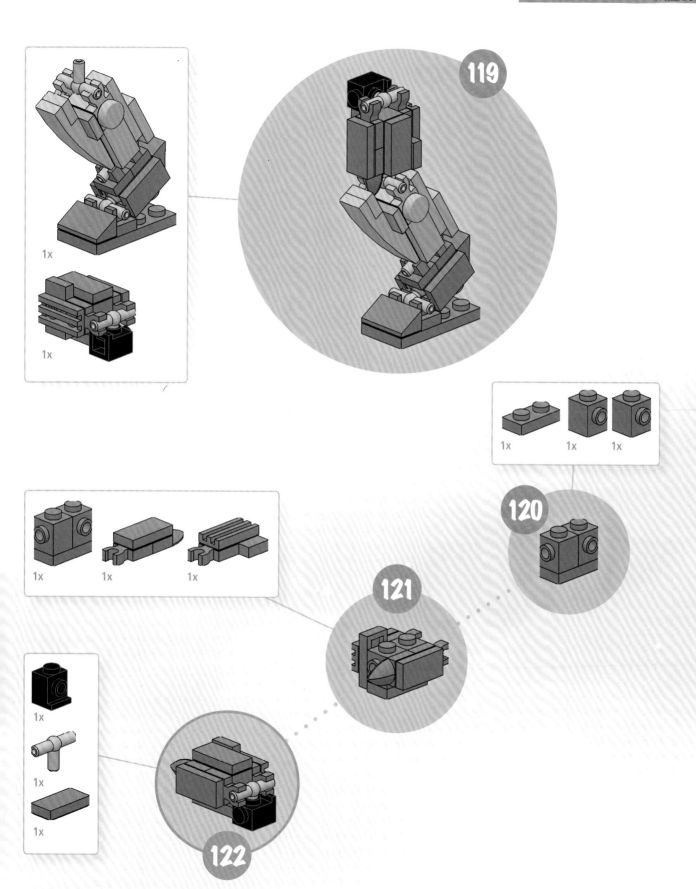

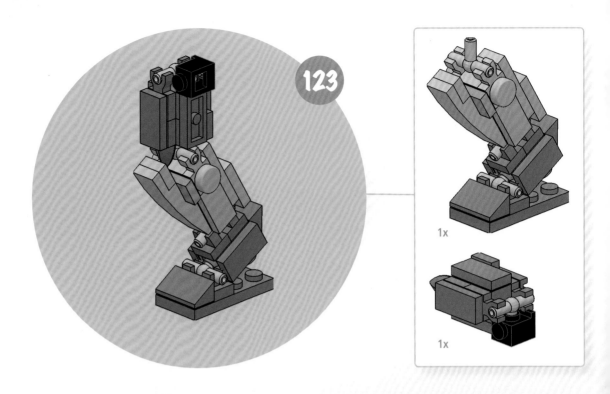

123

1x

1x

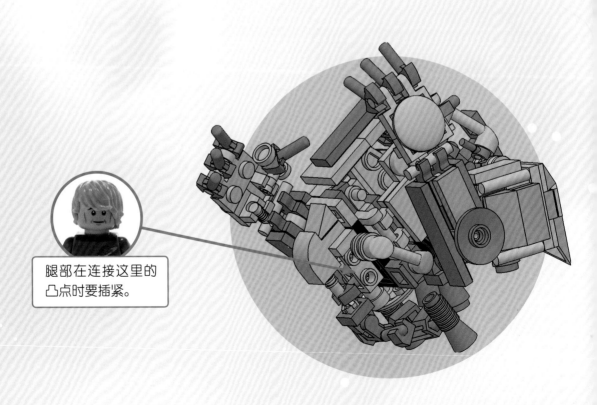

腿部在连接这里的
凸点时要插紧。

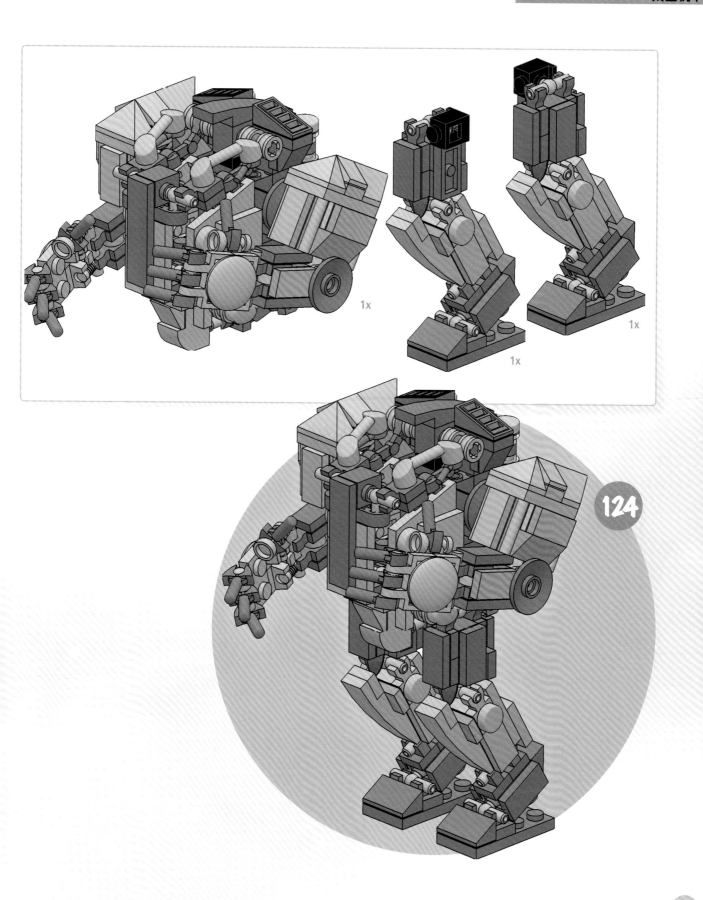

1x

1x

1x

124

零件清单

 4x

 9x

 1x

 1x

 4x

 2x

 1x

 2x

 8x

 2x

 6x

 2x

 2x

 12x

 1x

 1x

 1x

 4x

 3x

 4x

 2x

 1x

 2x

 2x

 1x

 2x

 2x

 1x

 1x

 3x

 2x

 4x

 4x

 4x

 4x

 4x

 2x

 2x

 16x

 2x

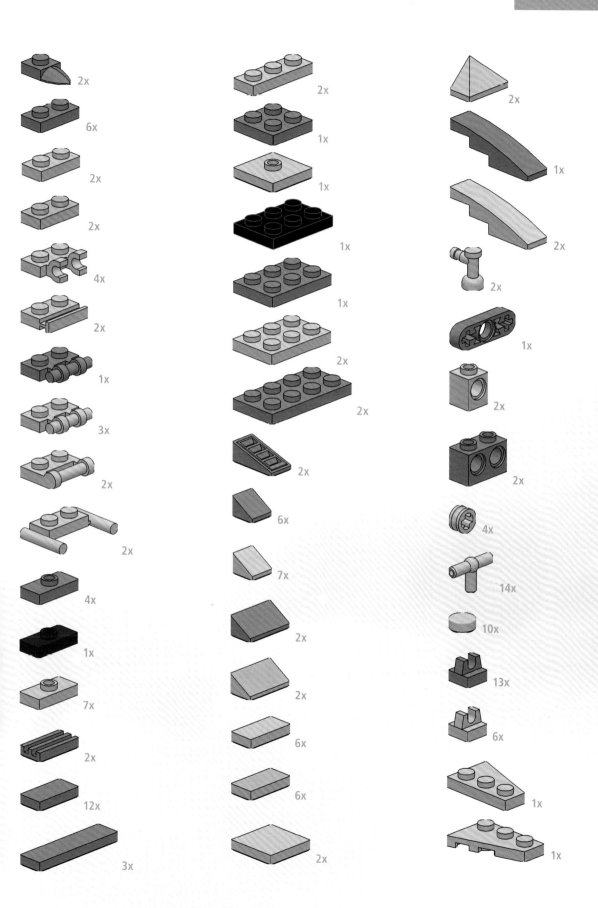

2x
6x
2x
2x
4x
2x
1x
3x
2x
2x
4x
1x
7x
2x
12x
3x

2x
1x
1x
1x
1x
2x
2x
2x
6x
7x
2x
2x
6x
6x
2x

2x
1x
2x
1x
2x
2x
2x
4x
14x
10x
13x
6x
1x
1x

数量		颜色	零件编号	零件名称
4		浅蓝灰	6190	Bar 1 x 3
9		深蓝灰	48729	Bar 1.5L with Clip
1		深蓝灰	30374	Bar 4L Light Sabre Blade
1		深蓝灰	42446	Bracket 1 x 1 – 1 x 1
4		浅蓝灰	42446	Bracket 1 x 1 – 1 x 1
2		深蓝灰	44728	Bracket 1 x 2 – 2 x 2
1		深蓝灰	3062b	Brick 1 x 1 Round with Hollow Stud
2		黑	4070	Brick 1 x 1 with Headlight
8		深蓝灰	4070	Brick 1 x 1 with Headlight
2		深蓝灰	87087	Brick 1 x 1 with Stud on 1 Side
2		深蓝灰	4733	Brick 1 x 1 with Studs on Four Sides
2		浅蓝灰	4733	Brick 1 x 1 with Studs on Four Sides
12		浅蓝灰	47905	Brick 1 x 1 with Studs on Two Opposite Sides
1		浅蓝灰	4595	Brick 1 x 2 x 2/3 with Studs on Sides
1		深蓝灰	6091	Brick 2 x 1 x 1 & 1/3 with Curved Top
1		浅蓝灰	6091	Brick 2 x 1 x 1 & 1/3 with Curved Top
4		深蓝灰	59900	Cone 1 x 1 with Stop
3		浅蓝灰	2654	Dish 2 x 2
4		深蓝灰	4740	Dish 2 x 2 Inverted
2		深蓝灰	3820	Minifig Hand
1		深蓝灰	30031	Minifig Handlebars
2		浅蓝灰	60849	Minifig Hose Nozzle with Side String Hole Simplified
2		深蓝灰	4349	Minifig Loudhailer
2		深蓝灰	30377	Minifig Mechanical Arm
2		深蓝灰	53989	Minifig Mechanical Arm with Clip and Rod Hole
1		浅蓝灰	577	Minifig Tool Light Sabre Hilt
1		黑	3024	Plate 1 x 1
3		深蓝灰	3024	Plate 1 x 1
2		浅蓝灰	3024	Plate 1 x 1
4		黑	4073	Plate 1 x 1 Round
4		深蓝灰	4073	Plate 1 x 1 Round
4		浅蓝灰	4073	Plate 1 x 1 Round
4		透明黄	4073	Plate 1 x 1 Round
4		深蓝灰	6019	Plate 1 x 1 with Clip Horizontal
2		深蓝灰	4081b	Plate 1 x 1 with Clip Light Type 2
2		浅蓝灰	4081b	Plate 1 x 1 with Clip Light Type 2
16		深蓝灰	4085c	Plate 1 x 1 with Clip Vertical Type 3
6		浅蓝灰	4085c	Plate 1 x 1 with Clip Vertical Type 3
2		深蓝灰	49673	Plate 1 x 1 with Tooth
6		深蓝灰	3023	Plate 1 x 2
2		浅蓝灰	3023	Plate 1 x 2
2		橙	3023	Plate 1 x 2
4		浅蓝灰	60470	Plate 1 x 2 with 2 Clips Horizontal

数量		颜色	零件编号	零件名称
2		浅蓝灰	32028	Plate 1 x 2 with Door Rail
1		深蓝灰	2540	Plate 1 x 2 with Handle
3		浅蓝灰	2540	Plate 1 x 2 with Handle
2		浅蓝灰	48336	Plate 1 x 2 with Handle Type 2
2		浅蓝灰	3839b	Plate 1 x 2 with Handles Type 2
4		深蓝灰	3794a	Plate 1 x 2 without Groove with 1 Centre Stud
1		深红	3794a	Plate 1 x 2 without Groove with 1 Centre Stud
7		浅蓝灰	3794a	Plate 1 x 2 without Groove with 1 Centre Stud
1		深蓝灰	3623	Plate 1 x 3
2		浅蓝灰	3623	Plate 1 x 3
1		深蓝灰	3022	Plate 2 x 2
1		浅蓝灰	87580	Plate 2 x 2 with Groove with 1 Center Stud
1		黑	3021	Plate 2 x 3
1		深蓝灰	3021	Plate 2 x 3
2		浅蓝灰	3021	Plate 2 x 3
2		深蓝灰	3020	Plate 2 x 4
2		深蓝灰	61409	Slope Brick 18 2 x 1 x 2/3 Grille
6		深蓝灰	54200	Slope Brick 31 1 x 1 x 2/3
7		浅蓝灰	54200	Slope Brick 31 1 x 1 x 2/3
2		深蓝灰	85984	Slope Brick 31 1 x 2 x 2/3
2		橙	85984	Slope Brick 31 1 x 2 x 2/3
2		浅蓝灰	3049b	Slope Brick 45 1 x 2 Double/Inverted
2		浅蓝灰	3048	Slope Brick 45 1 x 2 Triple
1		深蓝灰	61678	Slope Brick Curved 4 x 1
2		浅蓝灰	61678	Slope Brick Curved 4 x 1
2		浅蓝灰	4599	Tap 1 x 1
1		深蓝灰	6632	Technic Beam 3 x 0.5 Liftarm
2		浅蓝灰	6541	Technic Brick 1 x 1 with Hole
2		深蓝灰	32000	Technic Brick 1 x 2 with Holes
4		浅蓝灰	32123a	Technic Bush 1/2 Smooth with Axle Hole 红uced
14		浅蓝灰	4697b	Technic Pneumatic T-Piece –Type 2
10		浅蓝灰	98138	Tile 1 x 1 Round with Groove
14		深蓝灰	2555	Tile 1 x 1 with Clip
6		浅蓝灰	2555	Tile 1 x 1 with Clip
2		深蓝灰	2412b	Tile 1 x 2 Grille with Groove
12		深蓝灰	3069b	Tile 1 x 2 with Groove
6		浅蓝灰	3069b	Tile 1 x 2 with Groove
6		橙	3069b	Tile 1 x 2 with Groove
3		深蓝灰	2431	Tile 1 x 4 with Groove
2		浅蓝灰	3068b	Tile 2 x 2 with Groove
1		浅蓝灰	43723	Wing 2 x 3 Left
1		浅蓝灰	43722	Wing 2 x 3 Right

China LUG 介绍

　　成立于2012年的China LUG是中国的乐高玩家自发成立的组织，主要为中国乐高玩家提供一个线上线下交流的平台。China LUG由丹麦乐高公司授权认证，并得到丹麦乐高公司支持，自称为"中国乐客"，在北京有一间专门的乐高工作室。

　　在过去的四年里，China LUG举办了相关主题的乐高展览及乐高玩家面对面的交流座谈，通过网络、微博、微信等多种平台与乐高玩家建立联系与互动。会员主要集中在北京、上海、广州等地，欢迎更多玩家加入我们，与我们一起分享搭建乐高的经验与乐趣。

Keep Building。

微博：ChinaLUG
微信：China_LUG
京版北美微信号：jbbm2014